U0529444

国家社科基金项目"M-health导向下农村公共卫生服务供给侧创新研究"（16BGL179）

国家社科基金项目"基于双层效率评价的农村公共产品与服务供给模式研究"（13CGL084）

国家社科基金项目"社会主要矛盾转变背景下被征地农民社会保障供给优化研究"（18BGL196）

湖南农业大学公共管理学科博士点建设专项资助（HNNDbx2018001）

乡村振兴战略下
中国农村老年人社会保障研究

于勇 胡扬名 江维国 著

中国社会科学出版社

图书在版编目（CIP）数据

乡村振兴战略下中国农村老年人社会保障研究/于勇，胡扬名，江维国著 . —北京：中国社会科学出版社，2018.10
（乡村振兴战略下中国农村社会保障研究）
ISBN 978-7-5203-3408-2

Ⅰ.①乡… Ⅱ.①于…②胡…③江… Ⅲ.①农村—老年人—社会保障—研究—中国 Ⅳ.①D669.6

中国版本图书馆 CIP 数据核字（2018）第 242901 号

出 版 人	赵剑英
责任编辑	刘晓红
责任校对	孙洪波
责任印制	戴　宽
出　　版	中国社会科学出版社
社　　址	北京鼓楼西大街甲 158 号
邮　　编	100720
网　　址	http：//www.csspw.cn
发 行 部	010-84083685
门 市 部	010-84029450
经　　销	新华书店及其他书店
印　　刷	北京明恒达印务有限公司
装　　订	廊坊市广阳区广增装订厂
版　　次	2018 年 10 月第 1 版
印　　次	2018 年 10 月第 1 次印刷
开　　本	710×1000　1/16
印　　张	17.5
插　　页	2
字　　数	218 千字
定　　价	78.00 元

凡购买中国社会科学出版社图书，如有质量问题请与本社营销中心联系调换
电话：010-84083683
版权所有　侵权必究

作者简介

于勇，湖南永州人，博士。现就职于湖南农业大学公共管理与法学学院，硕士生导师，湖南农业大学"1515"学术骨干人才。主要研究领域：农村健康服务、卫生信息管理、卫生资源配置等。近年来主持国家社科基金项目"M-health 导向下农村公共卫生服务供给侧创新研究"，主持、参与多项省厅级项目，公开发表论文10余篇，在上海交通大学出版社出版专著2本。

胡扬名，湖南祁东人。现为湖南农业大学公共管理与法学学院副教授，博士生导师，湖南农业大学"1515"学术创新团队带头人才培养对象，湖南省普通高等学校优秀青年骨干教师，湖南省民政厅社会组织评估委员会专家。主要研究领域：农村社会保障、农村公共产品、基层社会治理等。先后在《光明日报》（理论版）、《中国行政管理》等刊物发表论文40余篇，在国家行政学院出版社等出版著作、教材5部（含合著）。获湖南省科技进步奖二等奖1项，三等奖1项，湖南省教学成果奖三等奖1项。主持国家社科基金、教育部人文社科基金、湖南省社科基金重点项目、湖南省自然基金等省部级以上纵向科研课题6项，主要参与国家社科基金重大课题、国家社科基金一般项目5项。

江维国，湖南益阳人，管理学博士，硕士研究生导师。湖南农业大学公共管理与法学学院副教授、高级经济师，湖南农业大学"1515"人才培养团队核心人员，主要从事农民社会保障与农村公共管理研究。主持在研国家社科基金项目1项，作为主要研究人员参与完成国家社会科学基金项目1项，主持完成省级科研项目1项、厅级科研项目2项。近五年在《华南农业大学学报》（哲学社会科学版）、《马克思主义与现实》、《现代经济探讨》等CSSCI来源期刊上发表论文10篇，在其他中文核心期刊上发表论文12篇，在省级期刊上发表论文21篇，在湖南人民出版社、上海交通大学出版社等出版社出版专著5本。

总　序

　　务农重本，国之大纲。习近平总书记多次指出："重农固本，是安民之基""没有农村的小康，特别是没有贫困地区的小康，就没有全面建成小康社会""中国要强，农业必须强；中国要美，农村必须美；中国要富，农民必须富"。农业、农村、农民问题是关系国计民生的根本性问题，"三农"问题也是全党工作的重中之重。2017年10月18日，习近平总书记在党的十九大报告中提出乡村振兴战略，全面解决"三农"问题的战略蓝图应运而生。作为多年研究"三农"问题的学者，我对此深感欢欣鼓舞！当前，中国特色社会主义建设进入一个新时代，我国社会主要矛盾已经转化为人民日益增长的美好生活需要和不平衡不充分发展之间的矛盾。乡村振兴作为国家战略，是新时代做好"三农"工作的新旗帜，是从根本上解决城乡差别、乡村发展不平衡不充分问题的总抓手，它关系到中国整体发展的均衡，关系到城乡统筹一体化的可持续发展。乡村振兴战略的总要求包括"产业兴旺、生态宜居、乡风文明、治理有效、生活富裕"，其中，生活富裕是最能体现农民群众获得感的根本，关系着农民群众最关心、最直接、最现实的利益问题。因此，从根本上看，乡村振兴战略的实施需要坚持"以人为本"的宗旨，造福于民；乡村振兴战略实施的关键在于积极培育农村人力资源，保障民生，丰富优质的农村人力资源是振兴乡村的原动力。2018年中央一号文件《中共中央国务院关于实施乡村振兴战略的意见》对战略的实施进行了宏观布局，要求加强农村社会保障体系建设，其主要内容包括：完善城乡居民基本养老保险制度，构建多层次农村养老保障体系，创新多元化照料服务模式；统筹城乡社会救助体系，完善最低生活保障制度，做好农村社会救助兜底工作；完善统一的城乡居民基本医疗保险制度和大病保险制度，做好农民重特大疾病救助工作；将进城落户农业转移人口全部纳入城镇住房保障体系；健全农村留守儿童和妇女、老年人以及困境儿童关爱服务体系；加强和改善农村残疾人服务，等等。这些内容也体现了我国农村社会保障体系建设的重点和方向。湖南农业大学公共管理与法学学院劳动与社会保障系的教师，专注于农村社会保障研究，笔耕不倦，持之以恒。此次，他们在李立清教授带领下，发扬团队合作精神，共同撰写"乡村振兴战略下中国农村社会保障研究"系列丛书6部，包括《乡村振兴战略下中国农村贫困人口社会保障研究》《乡村振兴战略下中国农村老年人社会保障研究》《乡村振兴战略下中国农村儿童社会保障研究》《乡村振兴战略下中国农村妇女社会保障研究》《乡村振兴战略下中国农民工社会保障研究》和《乡村振兴战略下中国农村残疾人社会保障研究》。这些著作紧扣中央一号文件关于农村社会保障建设主旨，详细论述了在乡村振兴战略下重点人群社会保障体系的完善工作。这套系列丛书以习近平新时代中国特色社会主义思想为引领，具有研究选题的前沿性、研究内容的系统性、研究方法的规范性、学术观念的创新性等特点，每本著作既相对独立，六部著作合成又体现出农村社会保障建设的完整体系，洋洋百万余字，为我校公共管理一级学科博士点社会保障方向的发展立下新功，可喜可贺！尽管这套系列丛书仍然存在有待进一步完善之处，但作者们立志学术、奉献"三农"、服务社会的精神令我甚感欣慰！故而，应邀为之作序，祝愿他们在中国农村社会保障领域取得更加丰硕的成果！

李燕凌

2018 年 8 月 18 日于长沙勺水斋

序

据全国老龄办数据统计,早在1999年,我国60岁及以上老年人口就已经占人口总数的10%以上,中国进入老龄化社会已经近20年。而且,每年的老年人数量都在增加,2017年年底,中国60岁及以上的老年人口达到2.14亿人,占总人口的17.3%。目前,我国是世界上唯一一个老年人口超过两亿的国家,预计2030年将增至6.3亿,2050年将达到9.4亿,届时将占到全球老年人口的45%。老年人口数量众多、老龄化速度快、老年人口分布不均衡等问题,使我国应对老龄化社会的任务越发繁重。在经济相对落后的农村地区,农村老年人的养老、医疗健康等问题更为突出。根据《中国城乡老年人口状况追踪调查》研究报告,我国60岁及以上老年人中,农村老年人占73.7%,城乡老龄化水平倒置现象显著。这也是中国人口老龄化不同于发达国家的重要特征之一。发达国家人口老龄化的历程表明,城市人口老龄化水平一般高于农村,而我国这种城乡倒置的状况将一直持续到2040年。由此可见,解决农村养老是我国养老问题的重点和难点之所在。

"治理之道,莫要于安民;安民之道,在于察其疾苦。"习近平总书记多次就我国养老事业做出指示,"推动养老事业多元化、多样化发展,让所有老年人都能老有所养、老有所依、老有所乐、老有所安"。乡村振兴是解决农村养老问题的有效途径,2018年中央一号文件《中共中央国务院关于实施乡村振兴战略的意见》中明确提出"完善城乡居民基本养老保险制度,构建多层次农村养老保障体系,创新多元化照料服务模式"。按照党的十九大提出的决胜全面建成小康社会、分两个阶段实现第二个百年奋斗目标的战略安排,实施乡村振兴战略的目标任务是,到2020年,乡村振兴取得重要进展,制度框架和政策体系基本形成;到2035年,乡村振兴取得决定性进展,农业农村现代化基本实现;到2050年,乡村全面振兴,农业强、农村美、农民富全面实现。随着乡村振兴目标的实现,农村老年人的社会保障体系也将逐步完善。

  本书共六章,第一章介绍了研究背景和研究意义,从文献综述、理论梳理入手阐述了研究的理论基础;第二章阐述了农村老年人社会保障的发展历程,介绍了传统家庭老年保障制度、以集体社队为主体的农村社区老年保障制度、改革初期以土地承包经营为基础的农村家庭老年保障制度;第三章探析了农村老年人社会保障现状及其原因;第四章结合乡村振兴的阶段目标,构建了农村老年人社会保障制度评价体系,提出了农村老年人社会保障制度的阶段目标;第五章论述了乡村振兴战略下农村老年人社会保障制度目标的实现机制,借鉴国际经验,对我国的农村老年人社会保障体系的完善提出建议;第六章是结论及展望。全书结构严谨,布局合理,叙述清晰,论证有力。

  该著作者团队是一支长期坚持奉献"三农"、牢牢守护农村公共管理研究阵地的青年学者群体。特别是团队带头人于勇博士,社会保障理论知识深厚、研究经验丰富、学术功底扎实,近年来,他主持国家社科基金课题专注于农村社会保障研究,取得了丰硕成果,为我校公共管理一级学科博士点社会保障方向做出了突出贡献。于勇博士关注乡村、关注社会保障、关注农村老年人,大爱无疆，大道无垠，其学风与精神都令我十分欣慰与敬佩。期待于勇博士带领自己的团队创作出更多学术精品，为中国农村老年人社会保障事业做出更大贡献！

是为序！

李燕凌

2018 年 8 月 12 日于长沙勺水斋

目 录

第一章 绪论 …………………………………………… 1

第一节 研究背景与概念界定 ……………………………… 1
  一 研究背景 ……………………………………………… 1
  二 主要概念的内涵 ……………………………………… 7

第二节 文献综述 …………………………………………… 13
  一 乡村振兴战略的解读 ………………………………… 13
  二 农村老年人社会保障研究综述 ……………………… 24

第二章 农村老年人社会保障的发展历程 …………… 37

第一节 我国传统家庭老年保障制度概述 ………………… 37
  一 传统家庭养老的历史发展 …………………………… 37
  二 传统家庭养老的丰富内涵 …………………………… 43
  三 传统家庭养老发展的社会基础 ……………………… 45
  四 宗族内部救助是传统家庭养老的重要补充 ………… 51
  五 传统家庭养老的历史评价 …………………………… 56

第二节 新中国以集体社队为主体的农村社区
      老年保障制度 ……………………………………… 61

  一 新中国成立初期传统家庭老年保障制度的延续 … 62
  二 集体社队时期农村老年人保障的供给 ………… 66
  三 集体社队时期农村社区老年保障的项目 ………… 72
  四 以集体社队为主体的农村老年人保障制度的
    评价 ………………………………………………… 91
 第三节 改革初期以土地承包经营为基础的农村家庭
    老年保障制度 …………………………………… 97
  一 改革初期农村老年人保障面临的变革与机遇 …… 98
  二 改革初期家庭老年保障的内容及其他
    老年保障状况 …………………………………… 101

第三章 农村老年人社会保障现状及其原因分析 ……………… 115
 第一节 市场经济条件下农村老年人保障制度变迁的
    影响因素 ………………………………………… 116
  一 工业化趋势下农村剩余劳动力的转移 ………… 116
  二 计划生育政策调控下农村家庭
    结构及规模的改变 ……………………………… 118
  三 资源禀赋差异下地区经济发展的不均衡 ……… 120
  四 社会舆论的导向与国家执政理念的转变 ……… 122
  五 国家经济实力的增强 …………………………… 124
 第二节 市场经济条件下多元化农村老年人保障形式 …… 124
  一 家庭保障 ………………………………………… 124
  二 自我保障与社区保障 …………………………… 130
  三 商业养老保险 …………………………………… 132
 第三节 市场经济条件下农村老年社会保障制度的
    初步构建 ………………………………………… 134

  一 "五保"供养制度的改革与创新 …………… 134
  二 新型农村合作医疗制度的开展 ……………… 136
  三 新型农村养老保险制度的试点与推进 ……… 139
  四 农村最低生活保障制度的实施 ……………… 141
  五 农村高龄老年津贴的初步设想和实践 ……… 144
 第四节 市场经济体制下农村老年人保障制度评价 ……… 145
  一 农村老年社会保障制度体系初步构建 ……… 145
  二 农村老年社会保障制度水平仍待提高 ……… 148

第四章 乡村振兴战略下农村老年人社会保障制度目标 ……… 150

 第一节 乡村振兴战略的内涵及其阶段目标 …………… 150
  一 乡村振兴战略的理论逻辑 …………………… 152
  二 乡村振兴战略的内涵 ………………………… 155
  三 乡村振兴战略的阶段目标 …………………… 158
 第二节 乡村振兴战略下农村老年人社会保障制度
    评价体系 ………………………………………… 161
  一 乡村振兴战略下农村老年人社会保障制度
    评价体系的构建 ………………………………… 162
  二 乡村振兴战略下农村老年人社会保障制度
    评价体系的使用方法 …………………………… 177
 第三节 乡村振兴战略下中国农村老年人社会保障
    制度目标 ………………………………………… 187
  一 乡村振兴战略下中国农村老年人社会保障
    制度2020年目标 ……………………………… 187
  二 乡村振兴战略下中国农村老年人社会保障
    制度2035年目标 ……………………………… 189

三　乡村振兴战略下中国农村老年人社会保障
　　　　制度2050年目标 …………………………………… 191
　　四　乡村振兴战略下中国农村老年人社会保障
　　　　制度阶段目标的对比分析 ……………………………… 193

第五章　乡村振兴战略下农村老年人社会保障制度目标的实现机制 …………………………………………… 197

第一节　国际农村养老模式的经验介绍及其启示 ………… 197
　　一　国际农村养老模式的简介 …………………………… 197
　　二　国际农村养老模式对我国的启示 …………………… 206

第二节　乡村振兴战略下农村老年人社会养老保险
　　　　制度的模式选择 ……………………………………… 211
　　一　养老保险的筹资模式选择 …………………………… 212
　　二　农村社会养老保险制度的筹资模式选择 …………… 214
　　三　养老保险的基金管理模式选择 ……………………… 216
　　四　养老保险的缴费方式选择 …………………………… 219

第三节　加快农村商业养老保险的发展 …………………… 220
　　一　宽松的财政税收政策 ………………………………… 221
　　二　完善适应中国农村特点的保险监管制度 …………… 221
　　三　加强农民风险意识和保险意识的培养 ……………… 223
　　四　增加农村商业养老保险的有效供给 ………………… 224

第四节　完善农村老年救助制度 …………………………… 225
　　一　政府承担老年社会救助的主要责任 ………………… 225
　　二　建立有效衔接的农村社会救助体系 ………………… 227
　　三　建立普惠型老年津贴制度 …………………………… 228
　　四　完善农村最低生活保障制度 ………………………… 228

  五 完善"五保"供养制度 …………………………… 229

第五节 建立健全农村老年医疗保障制度 ……………… 230

  一 加强农村多层次医疗保障之间的有效衔接 …… 230

  二 加大对农村医疗保障的资金投入 ……………… 233

  三 完善城乡居民基本医疗保险制度 ……………… 233

第六节 发挥非正式养老保障的作用 …………………… 234

  一 强化家庭养老保障的基础作用 ………………… 235

  二 开拓多渠道的养老方式 ………………………… 238

第六章 结论及展望 …………………………………………… 240

  一 研究结论 …………………………………………… 240

  二 研究展望 …………………………………………… 241

参考文献 …………………………………………………………… 243

后 记 ……………………………………………………………… 259

第一章　绪论

第一节　研究背景与概念界定

一　研究背景

（一）新时代乡村振兴的战略规划

农业、农村、农民问题是关系国计民生的根本性问题，必须始终把解决好"三农"问题作为全党工作重中之重。2017年10月18日，在党的十九大报告中习近平总书记提出了乡村振兴战略。按照党的十九大提出的决胜全面建成小康社会、分两个阶段实现第二个百年奋斗目标的战略安排，明确实施乡村振兴战略的目标任务是，到2020年，乡村振兴取得重要进展，制度框架和政策体系基本形成；到2035年，乡村振兴取得决定性进展，农业农村现代化基本实现；到2050年，乡村全面振兴，农业强、农村美、农民富全面实现。乡村振兴战略是促进我国农业农村现代化的宏观战略，也是提高农民获得感和幸福感的重要途径。在实施振兴乡村战略的过程中，必须积极进取、勇于创新，破除农业农村发展的制度障碍，优化农村各类资源的配置，激发农村社会组织的潜能与活力，促进城乡一体化建设，实现乡村的发展与复兴。

进入21世纪以来,党和国家将全面建设小康社会作为我国经济社会发展的头等大事,充分体现了"以人为本"的善治理念。党的十六大、十七大和十八大,都为实现2020年全面建成小康社会的战略目标,对"三农"工作作出战略安排与部署。党的十六大报告以"全面繁荣农村经济,加快城镇化进程"为宗旨,明确提出统筹城乡经济社会发展,建设现代农业,发展农村经济,增加农民收入,是全面建设小康社会的重大任务。党的十七大报告以"统筹城乡发展,推进社会主义新农村建设",统领关于"三农"工作的部署,强调要加强农业基础地位,走中国特色农业现代化道路,建立以工促农、以城带乡长效机制,形成城乡经济社会发展一体化新格局。党的十八大报告以"推动城乡发展一体化"统领关于"三农"工作的部署,强调城乡发展一体化是解决"三农"问题的根本途径,要加大统筹城乡发展力度,增强农村发展活力,逐步缩小城乡差距,促进城乡共同繁荣。在此基础上,党的十九大报告以"实施乡村振兴战略"统领关于"三农"工作的部署,展现从城乡统筹、城乡一体化到乡村振兴的清晰脉络。这既保持了思路、目标的连续性,又尊重社会发展的规律,根据新时代的要求,进一步拓宽思路和提高目标。拓宽思路主要体现在明确提出要"建立健全城乡融合发展体制机制和政策体系",突出农业农村优先发展、城乡融合发展,意味着解决好"三农"问题要借助城市的力量,解决好城市的问题也要借助乡村的力量,城市与乡村应水乳交融、双向互动、互为依存。提高目标主要体现在明确提出要"加快推进农业农村现代化",在以前多次单纯强调农业现代化和新农村建设目标的基础上,这次新提出了农村现代化的目标,而农村现代化既包括产业和基础设施等的现代化即"物"的现代化,又包括农民的现代化即"人"的现代化。

实施乡村振兴战略的意义和价值主要体现在以下几个方面：

第一，实施乡村振兴战略有利于解决发展不平衡不充分的问题。改革开放以来，我国城乡状况发生了巨大的改变，但发展不平衡不充分的问题依旧存在，最大的结构性问题就是城乡二元结构，农业农村发展滞后的情况表现突出。从收入和消费情况进行对比，可以发现尽管近年来农村居民的人均收入和消费支出增长速度快于城镇居民，但2016年我国城镇居民人均收入和消费支出仍分别是农村居民的2.72倍和2.28倍，城乡居民家庭家用汽车、空调、计算机等耐用消费品的普及率差距仍然很大。从全员劳动生产率进行对比，2016年非农产业达到人均12.13万元，而农业只有人均2.96万元，前者是后者的4.09倍。从基础设施进行对比，根据第三次全国农业普查的数据显示，2016年全国农村还有46.2%的家庭使用普通旱厕，甚至还有2%的家庭没有厕所；26.1%的村生活垃圾、82.6%的村生活污水未得到集中处理或部分集中处理；38.1%的村村内主要道路没有路灯。从基本公共服务情况来进行对比，2016年67.7%的村没有幼儿园、托儿所；18.1%的村没有卫生室；45.1%的村没有执业（助理）医师。从社会保障的情况来进行对比，目前农村地区的低保、新农保、新农合保障标准均低于城镇居民和城镇职工。这不仅仅表现为数量上的差距，更体现在各项服务的质量方面，城乡差距巨大。

第二，实施乡村振兴战略有利于满足人民日益增长的美好生活需要。社会主义新时代社会主要矛盾的变化，对农业农村发展提出了更高新要求。从城镇居民对农产品供应数量的需求方面来看，量的需求已得到较好满足，但对农产品供给质量的需求尚未得到很好满足；不仅要求农村提供充足、安全的农产品，而且要求农村提供清洁的空气、洁净的水源、恬静的田园风光等生态产品，以及农耕文化、乡愁寄托等精神产品。从农村居民来看，不仅要求农业得到发展，而且要求农村经济全面繁荣；不仅要求在农村有稳定的就业和收入，而且要有完善的基础设施、便捷的公共服务、可靠的社会保障、丰富的文化活动，过上现代化的、有尊严的生活；不仅要求物质生活上的富足，而且要求生活在好山、好水、好风光之中。无论是城市居民还是农村居民都对全面振兴乡村提出了非常现实的客观要求。

第三，实施乡村振兴战略的社会条件已经成熟。从农村内部来看，党的十六大以来城乡统筹取得积极进展，在新农村建设方面采取了很多措施，农村水、电、路等基础设施条件明显改善，免费义务教育、新农合、新农保、低保等基本公共服务实现了从无到有的历史性变化。近年来，一些地方在美丽乡村建设方面摸索出了好的做法，农业正在绿起来，农村正在美起来。这为实施乡村振兴战略奠定了扎实的基础。从国家能力来看，我国工业化、城镇化水平已有很大提高，2016年我国乡村人口占比已下降到42.65%，第一产业就业占比已下降到27.7%，第一产业国内生产总值占比已下降到8.6%，完全能够以城市带动乡村的发展、以工业支援农业。这为实施乡村振兴战略创造了比较成熟的社会条件和资源平台。

第四，实施乡村振兴战略是对其他国家经验教训的借鉴。欧洲的部分发达国家在面对环境问题恶化、年轻人口大量流失、乡村不断衰落的社会问题时，都转向实行综合性的乡村发展政策，从而解决了农业生产、乡村环境、农民福利等"一揽子"问题。日本、韩国工业化城镇化发展到一定阶段后，也都先后实施乡村振兴计划。而拉美、南亚一些国家没有能力或没有政治意愿实施乡村振兴计划，大量没有就业的农村人口涌向大城市，导致较严重的社会问题，这是其落入"中等收入陷阱"的重要原因之一。我国正处于中等收入发展阶段，能否像一些专家预测的那样在 2024 年前后迈入高收入发展阶段，进而顺利地向现代化目标迈进，在很大程度上取决于"三农"问题解决得如何。从正反两方面情况看，我国现代化进程已到实施乡村振兴战略的时候。

根据党的十九大的部署，2035 年我国要基本实现社会主义现代化，这在时间上比以前的计划提前了 15 年；2050 年要把我国建成富强、民主、文明、和谐、美丽的社会主义现代化强国，这比以前设计的目标更高、更全面。尽管在未来 3 年决胜全面建成小康社会过程中，农业农村还会发生新的变化、取得新的进步，但到 2020 年实现全面建成小康社会目标时，我国城乡二元结构仍将突出。从这个起点出发，我国将迈入全面建设社会主义现代化新征程，农业农村发展如何跟上整个国家现代化的步伐，是摆在我们面前的重大挑战。

（二）老龄化阶段的农村老年人社会保障

自 20 世纪 90 年代末我国开始进入老龄化社会阶段。人口老龄化是当今世界社会发展的重要趋势，与其他国家不同的是，我国人口老龄化具有一个明显的特点，也就是农村老龄化问题更为严峻。首先，我国农村老龄人口的数量庞大。据统计，2000 年年底我国 1.3 亿老年人口中农村老年人将近 1 亿，几乎占老年总人口的 3/4，这一结构比例预计会持续到 2040 年。其次，我国农村老龄化的人口比例高。2000 年年底，我国农村老龄化的人口比例达到 7.35%，比城镇老龄化水平 6.30% 高出 1.05 个百分点。较高的老龄化水平必然导致较高的老年抚养比。2001 年我国农村老年抚养比为 11.6%，高于城市的 11.25%。这一状况预计要到 2050 年以后才能有所改变。最后，我国农村老龄化的速度非常快。特别是随着工业化和城市化的发展，我国农村青壮年剩余劳动力加速转移，这将使我国农村社会的老龄化进程进一步加快。

　　而面对农村社会老龄化的严峻形势，我国农村老年人的社会保障状况却不容乐观。首先，伴随着工业化、城市化和农村社会现代化的进程，我国农村社会结构发生了很大变化。传统的尊老、养老家庭伦理观念不断弱化。作为一个不断变化的社会单位，农村家庭组织也出现了核心化、小型化的发展趋势。在这种情况下，传统家庭的老年保障功能已经弱化，不能适应社会发展的要求。其次，自农村家庭联产承包责任制实施以来，土地收入一直是农民最可靠的收入来源，也是农村家庭养老的主要经济基础。但是，随着城市的扩张以及市场经济的深入，这种以土地收入为基础的老年保障形式因为失地农民的不断增多以及农业收益的下滑，也出现了弱化。在此状况下，我国农村老年人的生存生活面临着很大的压力和困难，贫困、疾病等各类生活风险给他们造成很大困扰，使其晚年生活处在一种不确定状态，极大损伤了农村老年人的自尊和对幸福的体验。更为严重的是，我国农村老年人保障制度的这一困境不仅关乎农村老年群体的个人生活，还在更大的范围上影响了整个国家经济的发展。由于对未来生活的担忧，我国农民消费长期不足，农村市场仍然无法成为推动整个社会经济发展的新引擎。因此，随着影响农村社会稳定的一些焦点问题的不断解决，到目前为止，我国农村社会研究的角度开始更多地向关注农民的社会福利和社会保障等民生方向转变。农村社会保障问题尤其是农村弱势群体——老年保障问题开始成为农村社会问题研究中的一个重要议题。

　　在社会舆论以及政府的高度关注下，依靠强大的经济实力，我国农村老年人保障工作发展迅速。首先，2003年党的十六大确立了科学发展观和构建和谐社会的重要战略思想，提出了城乡统筹发展的思路。在此思想指导下，有关农村社会的教育、医疗、社会保障等公共事业的建设逐步开始提上日程。2006年10月《中共中央关于构建社会主义和谐社会若干重大问题的决定》作出了"积极探索建立覆盖城乡居民的社会保障体系"的重要决策。2009年6月24日，新型农村社会养老保险试点工作正式实施。这次试点选取全国10%的县（市、区），并郑重承诺了中央财政对农村养老保障工作的转移支付责任。农村社会养老保险试点的开展标志着我国农村老年人保障制度开始由家庭养老这一非正式制度安排向正式制度安排的转变，我国农村老年人保障工作进入一个全新的阶段。

面对机遇与挑战，我国农村老年人保障制度如何发展将成为我国当前以及未来农村老年人保障工作的重点，如何推动整个农村老年人保障制度良性有序稳步地发展与转型需要政府对农村老年人社会保障做出科学合理、高瞻远瞩的宏观规划，对养老资源进行公平有效的配置。

二 主要概念的内涵

(一) 乡村振兴战略的内涵

党的十九大报告用"五句话、二十字"概括了乡村振兴的总要求，即"产业兴旺、生态宜居、乡风文明、治理有效、生活富裕"。党的十六届五中全会提出"五句话、二十字"的新农村建设总要求，即"生产发展、生活宽裕、乡风文明、村容整洁、管理民主"。那时，我国刚刚实现总体小康、迈入建设全面小康新征程，城乡差距较大，农村基础薄弱，提出的新农村建设目标既要鼓舞人心，又不能让人感到高不可攀。现在，我们进入了中国特色社会主义新时代，社会主要矛盾发生了变化，需要与国家现代化目标对标，对乡村振兴的总要求作出新概括。两相比较，党的十九大报告提出的"五句话、二十字"总要求，除"乡风文明"外，其他要求的变化不仅体现在字面的调整上，更体现在内涵的深化上，可以说是其升级版。

1. 从"生产发展"到"产业兴旺",要求农业农村经济更加全面繁荣发展

无论是新农村建设还是乡村振兴,第一位的任务都是发展生产力、夯实经济基础。但在不同发展阶段,发展生产力的着力点是不同的。2005年前后,农业面临的主要矛盾是供给不足,发展农业生产、提高农产品供给水平是主要任务,相应的要求便是"生产发展"。经过这些年的努力,我国农业综合生产能力有了很大提高,农业的主要矛盾已经由总量不足转变为结构性矛盾,主要表现为阶段性的供过于求和供给不足并存。面向未来,我国农业综合生产能力还需要进一步提高,而且要把提高农业综合效益和竞争力作为主攻方向。与此同时,还要拓展发展农村生产力的视野,全面振兴农村第二、第三产业,防止农村产业"空心化"。当年,乡镇企业"异军突起"开辟了我国工业化的第二战场,虽然分散布局造成环境污染、土地资源低效利用,但提供了大量就业,使一些乡村完成了资本积累。随着20世纪90年代初期乡镇企业改制、集中布局的推进,以及90年代后期土地管理制度的调整,除了硕果仅存的部分"明星村",全国大多数乡村的第二、第三产业发展陷入低谷。如果这个局面不改变,农村局限于发展农业、农业局限于发展种养,在我国这种资源禀赋条件下,农民不可能得到充分就业,乡村不可能得到繁荣发展。现代化的农村,不仅要有发达的农业,而且要有发达的非农产业体系。为此,要瞄准城乡居民消费需求的新变化,以休闲农业、乡村旅游、农村电商、现代食品产业等新产业、新业态为引领,着力构建现代农业产业体系、生产体系、经营体系,推动农业向第二、第三产业延伸,促进农村第一、第二、第三产业融合发展,使农村产业体系全面振兴。

2. 从"生活宽裕"到"生活富裕",要求持续促进农民增收、促进农民消费升级、提高农村民生保障水平

提高农民收入和消费水平,是农业农村发展的根本落脚点。2005年前后,我国农村居民生活水平刚刚从温饱转向小康,消费支出的恩格尔系数仍高达46%左右,处于联合国划分的40%—50%的小康标准范围内,总体上刚刚温饱有余。按每人每年2300元(2010年不变价格)的现行农村贫困标准,2005年全国农村还有贫困人口28662万人,占当时农村人口的比重高达30.2%。当时,农业税刚刚取消,农业富余劳动力转移刚刚迈过刘易斯第一拐点、就业不充分,新农合制度刚刚建立、筹资水平和保障程度较低,低保和新农保制度尚未建立,农村义务教育尚未全面免费。基于当时这种现实,把"生活宽裕"作为未来新农村的一种愿景,是恰当的。随着这些年农民就业和收入来源的多元化,农村教育、医疗、养老、低保制度的完善,农民收入水平和生活质量有了很大提高。2016年全国农村居民消费支出的恩格尔系数为32.2%,即将跨越联合国划分的30%—40%的相对富裕标准,进入20%—30%的富足标准。2016年全国农村贫困人口仅剩下4335万人,仅占农村人口的4.5%。这表明,即便按国际标准,把"生活富裕"作为未来乡村振兴的一种愿景,也是可望可即的。实现"生活富裕",必须注重提高农民的就业质量和收入水平,把农民作为就业优先战略和积极就业政策的扶持重点,加强职业技能培训,提供全方位公共就业服务,多渠道促进农民工就业创业;推动城乡义务教育一体化发展,努力让每个农村孩子都能享有公平而有质量的教育,使绝大多数农村新增劳动力接受高中阶段教育、更多接受高等教育;完善城乡居民基本养老保险制度,完善统一的城乡居民基本医疗保险制度和大病保险制度,统筹城乡社会救助体系、完善最低

生活保障制度。

3. 从"村容整洁"到"生态宜居",要求促进农业农村可持续发展,建设人与自然和谐共生的现代化农业农村

生态环境和人居条件既是从外部看乡村的"面子",也是衡量乡村生产生活质量的"里子"。2005年前后,我国农业仍处于增产导向的发展阶段,没有精力关注农业资源环境问题。农村还不富裕,没有定力和底气抵制城市污染下乡。农村建设缺乏规划,人居环境脏、乱、差。基于这种现实,同时为了避免大拆大建、加重农民负担,当时仅仅提出了"村容整洁"的要求,一些地方也仅限于"有钱盖房、没钱刷墙"。目前,我国农业生产中存在的资源透支和环境超载问题已充分暴露,有必要也有能力促进农业绿色发展。农民衣食住行等物质生活条件得到改善,对优美生态环境的需要日益增长。发展休闲旅游养老等新产业,吸引城市消费者,也要求有整洁的村容村貌、优美的生态环境、舒适的居住条件。适应这些新的变化,未来有必要把"生态宜居"作为乡村振兴的重要追求。为此,要以体制机制创新促进农业绿色发展,强化土壤污染管控和修复,加强农业面源污染防治;加大农村生态系统保护力度,开展农村绿化行动,完善天然林保护制度,扩大退耕还林还草;开展农村人居环境整治行动,继续搞好农村房前屋后的绿化美化、垃圾和污水处理、村内道路硬化。

4. 从"管理民主"到"治理有效",要求健全自治、法治、德治相结合的乡村治理新体系

乡村善治是国家治理体系和治理能力现代化的基础。2005年前后,农村税费改革正在推进,公共财政覆盖农村刚刚开始,农村基础设施和公益事业还需要农民负担部分费用;乡村债务较为严重,如何化解需要审慎决策;农业补贴制度刚刚建立,补贴资金如

何真正发放到农民手中需要周密部署;农村基层民主选举制度还不完善。为解决好这些问题,缓解农村社会矛盾,当时把着力点放在"管理民主"上,强调在农村社区事务管理中村干部要尊重农民的民主权利,规范的是干群关系。随着农村人口结构、社区公共事务的深刻调整,以及利益主体、组织资源的日趋多元,仅仅依靠村民自治原则规范村干部与群众的关系是不够的。城乡人口双向流动的增多、外来资本的进入、产权关系的复杂化,需要靠法治来规范和调节农村社区各类关系。但自治和法治都是有成本的,如果能够以德化人、达成共识,促进全社会遵守共同行为准则,就可以大幅度降低农村社会运行的摩擦成本。为此,需要在完善村党组织领导的村民自治制度的基础上,进一步加强农村基层基础工作,根据农村社会结构的新变化、实现治理体系和治理能力现代化的新要求,健全自治、法治、德治"三治结合"的乡村治理机制。

5. 以更高标准促进乡风文明

尽管"乡风文明"保留了字面的一致,但内涵也在发生变化。在未来现代化进程中,要深入挖掘乡村优秀传统文化蕴含的思想观念、人文精神、道德规范,结合时代要求继承创新,让乡村文化展现出永久魅力和时代风采。要注重人的现代化,提高农民的思想觉悟、道德水准、文明素养,普及科学知识,抵制腐朽落后文化侵蚀。特别是在婚丧嫁娶中,要摒弃传统陋习,减轻农村人情消费负担。积极应对农村人口老龄化,构建养老、孝老、敬老政策体系和社会环境。需要注意的是,促进乡风文明不仅是提高乡村生活质量的需要,也有利于改善乡村营商环境、促进乡村生产力发展。

(二)老年保障的内涵

老年保障(Old Age Security)与养老保障、老年人保障等概念关联密切,是指为满足老年人生活需求所提供的经济支持、生活照料以及精神慰藉等。具体内容包括物质保障、医疗保障、生活照料、精神慰藉四个方面。其中，物质保障主要是指为老年人衣食住行等基本生活需求提供的生活资料支持。医疗保障在家庭老年保障中是作为物质保障的一项内容。在社会保障出现以后，因为医疗保障的特殊性，被独立出来作为一项单独的保障项目。

老年保障制度（Old Age Security System）是指"在广大发展中国家和农村地区依靠家庭保障的'非正式制度'及其在现代工业化国家和一些发展中国家城镇中的养老金制度"（World Bank，1994）。根据该报告的定义，老年保障制度既包括家庭老年保障等非正式制度安排，也包括国家提供的养老保险等正式制度安排。但是本书认为这一定义尚不够全面，至少不能涵盖我国老年保障制度的全部形式，新中国成立后我国农村集体社区老年保障制度作为一种老年保障制度安排客观存在。同时，该定义将养老金制度等同于老年保障制度的说法也不够严谨。老年生活涉及各个方面，上文提到的物质保障、医疗保障、生活照料、精神慰藉等都应该涵盖在老年保障制度的范围内，而养老金制度只是老年保障制度中的经济保障范畴。本书认为，主要用于老年经济供养的养老金、医疗保障以及涉及并主要覆盖对象为老年群体的社会救助、社会福利等相关制度措施也都应该包含在老年保障制度的范围内。因此，本书借鉴陆风雷（2003）的定义，认为老年保障制度是指一个国家或社会提供老年人的基本养老保障而采取的各种政策安排的总称。

我国农村老年人保障制度作为我国政府为确保农村老年人的基本养老保障而采取的各种政策安排的总称，主要包括以下三种类型：家庭老年保障制度、集体社区老年保障制度和老年社会保障制度。家庭老年保障制度是指家庭为老年人提供基本养老保障而采取的各种安排。集体社区老年保障制度特指我国集体经济时期集体社区为其老年成员提供基本养老保障而采取的各种政策安排。在集体经济时期，主要包括"五保"供养制度、农村合作医疗制度以及集体社区提供的退休制度等。老年社会保障制度是指一个国家提供老年人的基本养老保障而采取的各种政策安排。在我国目前条件下主要包括农村社会养老保险、新型农村合作医疗制度、"五保"供养制度、最低生活保障制度、高龄老年津贴以及其他涉老的相关社会福利和社会救济。

第二节 文献综述

一 乡村振兴战略的解读

农业、农村、农民问题是关系国计民生的根本性问题，也是建设现代化经济体系、全面实现小康社会的重要抓手。党的十九大报告强调，要坚持农业农村优先发展，按照"产业兴旺、生态宜居、乡风文明、治理有效、生活富裕"的总要求，建立健全城乡融合发展的体制机制和政策体系，加快推进农业农村现代化。2017年12月，中央农村工作会议在全面分析"三农"工作面临形势和任务的基础上，围绕乡村振兴战略"产业兴旺、生态宜居、乡风文明、治理有效、生活富裕"的总要求进行了七个方面的重大部署，明晰了实施乡村振兴战略的总纲领和路线图，为新时期"三农"工作尤其是"农业农村如何优先发展"提供了根本依循。

对于乡村振兴战略的理解和解读主要集中在以下几个方面。

（一）乡村振兴战略的时代意义

实施乡村振兴战略，是基于对当前社会发展中"最大的发展不平衡是城乡发展不平衡，最大的发展不充分是农村发展不充分"

的主要矛盾判断；实施乡村振兴战略，着力于提高农村农业发展新动能发掘和民生改善，让广大农民获得感提升；实施乡村振兴战略，侧重于通过持续推进农业供给侧结构性改革，强化环境保障，努力实现不均衡发展过程中的结果均衡。实施乡村振兴战略，涉及城乡协调、区际交互、产业关联、文化冲突、秩序重构等多重内涵，是涵盖社会治理、产业发展和乡村文明等多维领域的全面进步和全面振兴，需要各利益相关者在乡村振兴战略发展政策设计、转变发展理念、高效配置生产要素、优化经济结构以及转换经济增长动力等方面开展符合乡村发展规律的理论阐释与实践探索。

实施乡村振兴战略就是要从根本上解决"三农"问题，其根本目标就是要推进农业农村现代化。"农业农村现代化"也是党的重要文件、党的代表大会报告中首次出现的提法。以前谈"三农"问题，更多的是谈论"农业"，强调农业现代化，对农村整体规划、政策、布局方面着力不够。实现乡村振兴战略，不仅农业要现代化，农村也要现代化，更广义地说，还包括农民的现代化。只有同步实现农业和农村现代化，才能给生活在农村的亿万农民带来更大的福祉。

(二) 乡村振兴战略的政策解读

(1) 在乡村振兴战略的实施过程中，需要坚持农业农村优先发展的原则，旨在尽快填补农业和农村发展中存在的不足和"短板"，解决农民收入难以持续增加的问题，改变农村发展不平衡不充分的状况。"产业兴旺、生态宜居、乡风文明、治理有效、生活富裕" 20 个字概括了乡村振兴战略的总目标，其中"产业兴旺"被放到首位，足以说明现代农业发展的重要地位和作用。要推进农业内涵式发展、实现农业转型升级，就需要进行农业供给侧结构性改革。

（2）农业供给侧结构性改革的关键问题之一是粮食的高产量、高进口量、高库存量，而在确保粮食安全的同时增加农民收入则是政策目标的重点及难点之所在。学者钟甫宁通过对比联合国粮农组织等国际机构对粮食安全的概念与定义，提出民众食物消费的数量、质量及其稳定性是判定粮食安全的重要标准。我国目前粮食自给的衡量标准是粮食自给率即粮食国产量占总供应量的比重，而总供应量等于当年国产量加进口量，这种计算方法过于简单，没有考虑库存量的变化情况。世界粮食首脑会议和世界粮食安全委员会对于粮食安全的界定体现的是一种政治愿景，是对终极目标的设定，但由于收入分配制度的影响和制约，以私有制为基础的市场经济中无法完全保障所有消费者的粮食安全。政治愿景和长期规划目标是十分必要的，可在实施具体工作时更需要制定基于现实的阶段性行动方案。阶段性行动方案的目标就是要在一定时期内减少甚至消除饥饿；在从"吃得饱"向"吃得健康"发展的过程中，要重点关注饥饿和营养不良人群。在增加农村居民收入的途径方面，实现农业经营性收入的提高将面临一系列的制约因素。无论是绝对收入还是相对收入，农民经营规模是决定农业经营收入的根本，增加农民收入就需要减少农业从业人员的数量，扩大农业生产经营的规模。农业支持政策面临制约，这不仅限制了农业供给侧结构性改革的空间，而且限制了农民增加收入的空间。为了促进农业供给侧结构性改革，增加农民收入，有必要允许农民对农业生产结构进行更大幅度的调整，为扩大农民经营和就业范畴创造更好的条件，同时应该大幅度提高农村的社会保障水平，增加农民的转移性收入（钟甫宁，2018）。

（3）乡村振兴战略的实施是解决"三农"问题、实现城乡发展一体化、实现全面小康和现代化强国的需要，旨在解决经济社会发展不平衡和不充分的问题。乡村振兴的关键在于破解城乡二元机制,实现城乡一体化发展,这个目标的达成主要影响因素在乡村之外,而不是乡村之内。随着乡村振兴的实施,应确立城乡一体、城乡互动的新型城镇化战略的主导地位。乡村振兴战略应成为新型城镇化战略的重要组成部分。乡村应该成为田园生态城市与城市群发展的新空间,也是城市居民追求更美好生活的地方。在农村振兴的过程中,建立一个自治、法治和德治相结合的"三治"体系的关键是将经济治理与社区治理分开。经济治理应该实现政府、市场和行业的"三位一体",而社区治理应该实现法治、德治和自治的"三位一体"。要深化乡村振兴中的产权制度改革,关键是要在"长久不变"的条件下理顺"三权分置"的关系,特别是要解决好集体所有与农民承包的关系问题,探索农村土地集体所有制的有效形式,发挥乡村振兴中土地作为生产要素的优化配置作用。在乡村振兴的过程中,现代农业不再局限为一产农业,而是接二连三的农业;要重视农业的多功能性,促进第一、第二、第三产业的融合,实现现代农业与小农户的有机联系;要突出多形式产业组织、多特点经营制度、多类型规模经营、多元化服务体系,加快构建现代农业的产业体系、生产体系、经营体系(黄祖辉,2018)。

(4)当乡村振兴成为社会关注的热点时,更需要学者冷静地思考乡村振兴战略的实现路径。学者何秀荣提出,当全国人民谈论农业和农村的发展时,现在都一致地直奔乡村振兴的主题。但是,农村基层工作组织出现了萎缩趋势。自21世纪以来,我国每年减少11000个村民委员会,2010年至2016年每年减少5826个村民委员会,其中2016年更是减少了2万多个村民委员会。因此,他在解读乡村振兴的方向、对象、总体目标和具体战略过程中,认为关键在于:乡村振兴中的产业兴旺是以农业农村为基础的产业兴旺。深化农村土地制度改革,完善农村土地"三权分置"制度,巩固和完善农村基本管理体制；深化农村集体产权制度改革，保护农民财产和利益，加强集体经济；加强农村基层工作，与农村治理体制相结合，加强自治、法治、德治的建设；培养一支懂农业、爱农村、爱农民的"三农"工作队伍。

（5）乡村振兴战略是根据我国主要社会矛盾的变化而作出的顶层设计。学者蒋永穆对新中国成立以来中国社会两次主要矛盾的变化进行了分析。他认为，新时代主要社会矛盾的确定是基于对社会的调研、对数据的深入计算和研究，发展不平衡主要是指各地区各方面的发展还不够平衡，发展不充分主要是指一些地方、一些领域、一些方面还存在发展不足的问题。不平衡和不充分的发展最根本地反映在经济发展不平衡不充分上。经济发展不平衡包括城乡发展不平衡、区域发展不平衡和结构不平衡。经济发展的不充分主要体现为改革不充分、开放不充分、创新不充分。社会主要矛盾的变化说明，我国的发展已经出现本质性的提高，从"如何更快发展"转变为"如何更好地发展"，这就需要努力解决发展不平衡不充分的问题，提高发展的质量。新时代的主要社会矛盾不是短期概念，而是一个相当长历史时期的概念，至少会到 21 世纪中叶。乡村振兴战略不仅是十六届五中全会提出的社会主义新农村建设的延续，也是中央政府农业工作的新发展、新部署和新战略。它反映了中央政府确定了农业、农村、农民问题的根本地位，将解决"三农"问题作为全党工作的重中之重。

（6）乡村振兴战略是我国"三农"政策的延续和升华。学者万忠分析了乡村振兴战略实施的宏观背景，将乡村振兴的 20 字的总要求和社会主义新农村建设的 20 字目标进行了对比。他以广东省的调研数据为例，探析乡村振兴的实施路径。广东省经济总产值连续 29 年排在全国第一，人均国内生产总值居全国第 8 位，民生投入严重滞后，经济发展存在不平衡不充分现象。广东省城乡之间的水、电、路、通信、教育等公共产品的供给存在较大差距，城乡固定资产投资额比值达 4.7∶1。在广东省实施乡村振兴战略的主要任务包括提高乡村教育质量，改善乡村医疗卫生条件，加强农村基础设施设备建设，推进农村危房旧房改造和整治，加快农村产业发展，美化乡村环境。加快推进乡村振兴进程需要加强各级层面的领导，通过调整行政区划来推动区域经济的平衡发展，制订乡村振兴战略的具体规划，引导资金投入，充分调动农村尤其是贫困地区干部群众的积极性。

（三）创新社会治理体系，推进区域城乡协调发展

新时期乡村振兴战略的提出与实施意味着传统城乡发展系统的重建，意味着社会主义市场经济体制与行政机制相结合的发展秩序重构。"自治、法治、德治的三治结合"是加强乡村治理的思路创新，城乡统筹与融合发展是推进区域协调发展的关键路径。中国农业大学何秀荣教授在其题为"人气、产业与乡村振兴"报告中指出乡村振兴的提法是对当前农村实况的客观认识，"乡村振兴战略"的 20 字要求与"新农村建设"的 20 字要求相比，把握更准、要求更高，与新时代总体战略相匹配。乡村振兴需要人气，"人气兴、乡村兴；人气旺、乡村旺。""乡村如何聚集人气"是新时代乡村振兴值得探索的内容。"产业兴旺"是通过经济途径聚集人气的根本途径，但是否还可以从超经济方面来聚集人气呢？应当去思考挖潜，以找到更多途径。"生态宜居"就是经济的人气聚集途径，也有助于产业兴旺。古时"告老还乡"也许是落叶归根和衣锦还乡观念的结果，今天是否可以转借为乡村向城市居民开放居住的制度设计？从而促进城乡要素双向流动、提高乡村消费力、缓解城市压力、提高农民财产性收入等。当然，这会涉及城乡一体化的

制度改革，比如乡村宅基地和小镇制度、异地医疗报销制度，以及相关法律和风险防范等。中国社会科学院魏后凯研究员在其题为"实施乡村振兴战略的难点与政策导向"的报告中认为，城市与乡村是一个相互依存、相互融合、互促共荣的生命共同体，城市的发展和繁荣绝不能建立在乡村衰败的基础上。乡村振兴必须多措并举，破解人才、资金难题和农民增收难三大难题：通过建立职业农民制度，强化各类农业新型主体和农民企业家的培训以及支持"城归"群体和外出农民工回乡创业就业等，解决乡村人才短缺问题；建立多渠道、低成本、可持续的投融资机制，全面激活农村资源，破解资金短缺问题；加快发展现代高效农业和促进第一、第二、第三产业融合，通过农村产业振兴逐步建立一个可持续的农业农村导向型农民增收长效机制，促进农民增收。借此，国家农业政策亟须从增产导向转向提质导向，调整农业补贴方式，增强补贴政策的指向性和精准性，同时强化公共资源配置的城乡公平。中国农业政策研究中心刘承芳研究员关注了城乡协调发展过程中的公共服务领域发展，认为改革开放40年我国农村公共基础设施和公共服务不断改善，但是要满足乡村振兴和新四化同步实现的需要，农村公共物品提供任重道远。当前，我国在生产、生活、社会发展和生态服务等方面的公共物品提供，无论在数量还是质量上都存在很大的城乡差距和地区差距，西部地区、贫困地区、少数民族地区、山区、生态环境脆弱地区等依然是"短板"中的"短板"。进入新时代，应进一步加大对农村公共物品的投入力度，以人为中心，结合各地的实际情况，补齐"短板"，建立持续增加农村公共物品提供的制度体系。一国经济社会持续发展最根本的源泉在于不断地创新，农村公共物品提供的不断改善将为创新提供持续的硬件支持和人力资本保障。

人口的流动性是分析区域城乡协调发展问题时不可忽视的特征，矫正资源配置扭曲的关键则在于城乡融合发展的体制机制和政策体系的进一步健全，切实保障广大农民能够平等地享受财产权利和发展权利。华南农业大学张同龙教授在其《退出与转换：农村劳动力市场就业灵活性研究》报告中指出农村劳动力人力资本水平提升有助于提高其就业灵活性。江西农业大学陈科宇提出农地流转需要因势利导，引导农地集约化经营，加强基础设施建设，改善交通条件，完善土地承包户与规模经营户的利益共享机制，以规范粮农土地流转的市场化行为和提高粮农土地流转的市场化水平。

作为社会主义新农村建设的重要升级，乡村振兴战略继续统筹推进工农城乡协调发展，"小康路上一个都不能少"，使农村脱贫攻坚成为乡村振兴的底线任务。江西农业大学杨晶副教授在回顾江西省产业扶贫所取得的成效的基础上，基于农村脱贫攻坚的产业扶贫工程实践总结分析了"龙头+产业脱贫""绿色+产业脱贫""旅游+产业脱贫""电商+产业脱贫"以及"金融+产业脱贫"5个典型的产业扶贫模式及其作用机制，提出防范产业风险、统筹扶贫产业发展规划、加强产业组织建设和关注深度贫困地区产业扶贫效率是促进产业扶贫工程提质增效的重心工作。基于实施健康中国战略要求，结合农村脱贫攻坚的深度贫困表现，江西农业大学邱海兰从"健康水平何以影响贫困退出"的视角，研究发现健康水平对农村贫困户退出贫困具有显著的负向影响，且通过增加家庭总收入促进农村贫困户退出贫困的作用仅占总效应的1/4左右，健全和完善农村医疗保障体系与合理引导贫困户增收将是健康扶贫的两大着力点，只有培养贫困户的生存和发展能力，才能真正实现贫困户的长久脱贫。

（四）实施乡村振兴战略的根本目标和重要举措

专家学者就如何在乡村振兴的过程中实现农业农村现代化，从不同的角度阐述了各自的观点。概括起来主要包括以下几个方面。

第一，要处理好乡村振兴战略与其他战略之间的关系。在党的十九大报告中，乡村振兴战略是与科教兴国战略、人才强国战略、创新驱动发展战略、区域协调发展战略、可持续发展战略、军民融合发展战略并列提出的，同时也是作为建设现代化经济体系的六大战略部署之一提出的。在推进乡村振兴战略的过程中，一方面要处理好乡村振兴战略与其他战略之间的关系，使各大战略协调共举；另一方面要将乡村振兴战略放在建设现代化经济体系这个大战略中来理解，跟上国家经济发展方式转变、经济结构优化和经济增长动力转换的步伐，坚持质量第一、效益优先的发展原则，加快推进农业发展由增产导向转向提质导向，优化农业结构，培育农业农村发展新动能，不断深化农业农村改革，推进质量变革、效率变革、动力变革，提高农业全要素生产率。

第二，深化农业农村改革，激发农村各类要素和各类主体的活力，不断为农业农村发展注入新动能。农业农村改革涉及面很广，党的十八届三中全会提出的336项改革任务中，涉及农业农村的有55项，归纳起来包括四大类，即农村土地制度改革、农村集体产权制度改革、农业支持和保护制度改革和乡村治理制度改革。农村土地制度改革方面，要深化承包地"三权分置"改革、承包地退出改革、宅基地退出改革和集体经营性建设用地入市改革等关联性改革，推动激活农村要素与促进城市资本下乡高效对接。农村集体产权制度改革方面，要保障农民的财产权益和壮大集体经济，构建归属清晰、权能完整、流转顺畅、保护严格的中国特色社会主义农村集体产权制度。农业支持和保护制度改革方面，要在符合WTO

规则对农业支持保护限制的前提下,完善各种大宗农产品的定价机制、补贴政策、收储制度,着力支持农业绿色发展、农民培训,促进金融支农。乡村治理制度改革方面,要进一步完善村民自治制度,健全自治、法治、德治相结合的乡村治理体系。

第三,继续推进农村劳动力转移,扩大农业经营规模,提高农业劳动生产率。经济增长和居民收入增加均建立在劳动生产率提高的基础之上,中国农民要富裕起来,归根结底要靠农业劳动生产率的提高。一般而言,提高农业劳动生产率有两条途径:一是把农村劳动力转移出去;二是用资本替代劳动。不过,如果资本替代劳动推进得太快,就会遭到报酬递减规律的惩罚。近年来,中国农业生产中物质投入的边际报酬率已经在大幅度下降。可见,通过资本深化提高农业劳动生产率遇到了可持续性的"瓶颈"。突破这个"瓶颈"的路径就是扩大土地经营规模,而土地经营规模的大小在一定程度上又取决于农村劳动力转移的数量。因此,从这两条路径看,要提高农业劳动生产率,都需要继续推动农村劳动力转移,降低农业劳动力比重。从目前中国农业劳动力比重——无论是按照官方统计口径的27.7%,还是专家估计的较低水平的18%——来看,中国在跻身高收入国家行列之前,仍需大幅度减少农业劳动力(2016年高收入国家农业劳动力比重平均仅为3.1%)。因此,深化户籍制度改革,大力推进农民工市民化,提高户籍人口城镇化率,具有越来越突出的必要性和紧迫性。

第四,优化农业结构,提升农业竞争力。实施乡村振兴战略,在保障粮食安全的情况下,要做好农业结构调整。

第一,要做"加法",增加短缺农产品的生产,比如大豆、高端农产品。

第二,要做"减法",减少国内供大于求的农产品的生产,比如玉米。

第三,要做"乘法",推进第一、第二、第三产业融合发展,延伸农业产业链、提升价值链、保障供应链,增加农民收入,为农民提供第三就业空间。

第四,要做"除法",以最小的物质投入得到最大的产出,提高农业生态效益和社会效益。

第五,发展农村新产业、新业态,培育农村发展新动能。实施乡村振兴战略,主要有4个产业要大发展。一是乡村旅游观光休闲产业。2016年,该产业增加值达到5700亿元,相当于当年农业增加值6.37万亿元的8.9%,实现了21亿人次的农村旅游观光休闲。二是"互联网+"、农村电商产业。2016年,全国60万个行政村中40万个有农村电商覆盖,实现增加值8945亿元,吸纳劳动力2100万人,约占农业劳动力总数的10%。这类产业是典型的农业农村发展的新生动力。三是农产品加工业。虽然是传统行业,但是农产品加工已经成为一个非常庞大的产业,2016年主营收入达到20万亿元。四是农业生产性服务业。2015年,农业生产性服务业创造了2050亿元的增加值,虽然在农业增加值中占比不高,却是极具成长性的产业。

第六,加强和改善党对"三农"工作的领导,强化"三农"工作队伍建设,调动亿万农民群众的积极性。一是要提高新时代党领导农村工作的能力和水平。二是要强化农村基层党组织建设,着力解决一些农村基层党组织弱化、虚化和边缘化问题。三是要完善党领导"三农"工作的体制机制,创新农村基层治理体制。四是要解决农村人口结构不合理、农村人才流失严重的问题,培养造就一支懂农业、爱农村、爱农民的"三农"工作队伍。五是要明确农民在实施乡村振兴战略中的主体地位,依靠农民,调动亿万农民群众的积极性、主动性、创造性,造就大批懂农业、爱农村的职业农民,使之成为振兴乡村的生力军。

二 农村老年人社会保障研究综述

作为近年来我国农村社会研究的热点,农村老年人保障及其相关的社会保障研究内容非常丰富,涉及老年保障的各个方面。

(一) 以家庭为基础的传统养老方式研究

自20世纪90年代以来,我国进入了老龄化社会。面对老龄化社会的挑战,如何解决日益严峻的社会养老问题,很多学者首先将目光转向了我国传统养老文化,希望从中发掘出有助于我们当前养老问题解决的优秀文化道德传统,用于社会养老的实践当中。

作为儒家道德积极提倡的尊老养老文化,我国传统养老有着丰富的内容。

第一,传统家庭养老的历史分期。对于家庭养老历史分期的研究很少,除了陈功的《我国养老方式研究》、姚远的《中国家庭养老研究》以及穆光宗的《家庭养老制度的传统与变革》有所涉及之外,杨复兴(2007)的《中国农村家庭养老保障的历史分期及前景探析》有了较为详细的论述,在该文中他将我国家庭养老划分为:形成期(原始社会后期—先秦);促进期(汉—南北朝);强化期(南北朝—清);维持期(近现代);争议期(新中国成立后)五个时期。

第二,古代国家养老制度。我国尊老养老的文化传统是在古代国家的积极提倡下进行的,国家养老制度是我国古代养老体系的一个重要组成部分。李玉洁(2004)的《"三老五更"与先秦时期的养老制度》表明,我国先秦时期已经有了较为完备的养老制度。"三老五更"制是一种针对致仕而又留任老年官员的养老制度。对于这些官员,国家给予他们以及他们家人极高的地位、礼仪和待遇,对稳定社会起到很重要的作用。杨兵、王希隆(2003)的《对唐代几种社会救济形式的辨析》对唐代国家养老扶弱政策进行了较为详细的辨析:唐代养老措施更为丰富,对高龄老年人有赏赐粮食和绢的政策,还有着极具象征意义的赐予鸠杖的规定。刘松林(1999)的《古代的养老制度》对我国古代国家的养老制度给予非常详尽的介绍。从先秦时期各个部落的燕、飨、食礼说起,到周代的乡饮酒之礼,汉代的"三老五更"制,以及宋代的"观酺",一直到清时期的"千叟宴",展示了我国古代国家给予老人的极高地位和礼遇。

第三,古代社会养老风俗。在儒家传统的约束和国家的极力提倡下,我国古代有着非常浓厚的尊老养老的传统。冯芳萍(2007)的《汉代"以孝治天下"政策的现实效果——以士人宗族群体为中心的考察》论述了在汉代"以孝治天下"的推动下,在士人宗族中广泛形成了"孝悌"的德行观念,加强了当时以士人为中心的宗族内部的凝聚力。杨金萍(2004)在《汉画像石中的养老图考》一文中,对汉代丰富的民间敬老养老风俗传统进行了详尽的考证。王志芬(2003)的《浅析中国古代的尊老养老体制》从家庭、社会、国家三个方面描述分析了我国古代整个社会对老年人的态度和行为,不仅在家庭内部要对老年人孝敬,在社会上也有着尊长的道德约束,国家也制定了一系列的尊老养老制度,这三者组成了我国古代完整的养老体系。

第四,古代尊老养老文化的政治化。在我国古代,尊老养老不仅仅是一种个人道德修养,更是整个国家稳定政治和社会的一种方式,尊老养老的孝道文化被国家政治化,成为国家控制的工具。黄修明(2005)的《中国古代孝道政治化述论》考证了孝文化的起源,指出孝道政治化在春秋时期开始形成,最终以《孝经》的出现为形成标志,从而形成了融道德伦理、政治伦理于一体的儒家孝道。从汉代开始,被国家奉为施政圭臬,通过"孝治天下"的历史途径和历史实践,获得了极其丰富的社会政治意义。刘厚琴(2004)的《汉代孝道的生存功利精神》也从政治统治的角度对孝道进行了阐释,指出孝道蕴含的生存功利意义,在古代中国发挥了人口增长、经济发展、社会保障、维持社会共存秩序(宗族生存)、强化各级统治机构和维系农村基层统治的作用。李禹阶(2004)的《朱熹的家族礼仪论与乡村控制思想》着重论述了朱熹的家族礼仪思想,强调封建伦理的孝、悌、节的礼仪规范,主张家族礼仪成为教化民众的工具,保证国家意识形态及政治伦理纲常对乡村社会的控制。

第五,传统养老文化伦理的当代应用。尊老养老的文化传统在我国老龄化社会仍然可以发挥积极的作用。潘建锋(2007)的《传统孝道在养老中的作用及现实意义》指出,传统孝道具有保障、文化凝聚、调控、形成良好社会风尚、维护社会稳定的作用。有着为老年人提供精神和情感上的慰藉;弘扬尊老、敬老、助老的传统美德,建设好社会主义精神文明;实现老有所养、老有所终,促进社会稳定与社会经济发展;建立和谐的家庭人际关系和良好的家庭伦理等重要的现实意义。董江爱(1999)的《论儒家孝道思想的现代价值》论述了传统孝道父子亲情,关键在爱;敬老尊长,关键在孝;赡养父母,关键在敬;缅怀先祖,关键在诚四个现代价值。而谢基昌(1999)的《论孝的涵义及现实意义——对传统孝道的反思》通过对传统孝道的反思,希望能够批判地继承"孝道"遗产,大力提倡养亲敬老,发挥传统孝道的积极意义。

(二)"五保"供养制度的研究

作为新中国成立后农村社会保障制度的创新,"五保"供养制度在农村孤寡老人赡养方面曾经发挥了巨大作用。对此的研究主要集中在以下几个方面。

第一,"五保"制度的历史分期。邹云开(2004)在《我国"五保"供养制度的沿革及其前景分析》中将"五保"供养制度划分为三个阶段:形成时期,人民公社保障时期,乡统筹、村提留保障时期。而公维才(2006)在《我国农村"五保"老人供养的困境与出路》中将"五保"供养制度按照我国经济发展的不同时期划分为:新中国成立后到1978年的波折期;1978—1998年平稳发展期;1998年后性质转变及其艰难发展期三个阶段。吴晓林(2007)根据"五保"制度供养主体、适用政策和供养环境(主要是经济环境)等综合因素的考虑,将"五保"供养制度划分为"集体供养"和"国家供养"两个阶段。这两个阶段又划分为农业合作社、乡镇统筹、农业税、后农业税四个时期。

第二,"五保"制度当前的困境及出路。针对"五保"供养制度当前的困境,绝大多数学者都存在共识,认为随着集体经济的衰落,当前很多农村"五保"老人面临无人供养以及供养水平低的困境。如何解决目前尤其是取消农业税之后的农村"五保"供养问题,学者给予了很多关注。徐海富、顾昕、张秀兰、杨团、贡森等很多学者都主张加大财政对农村"五保"制度的投入力度,确定政府对此的责任。

(三)农村社会养老现状、问题及对策研究

随着政治、经济和社会形势的不断变化,我国农村社会的养老出现了很多不适应当前形势的情况,给日益严重的农村社会养老造成了很大困难。面对这些问题如何对待和解决成为当前农村社会养老研究的重点。

第一,家庭养老现状与对策。对于家庭养老的研究,大多数学者针对目前的情况得出了农村家庭养老正在不断弱化的结论。农村家庭养老弱化的原因主要在于：首先，随着计划生育政策的实施，农村家庭人口不断减少，家庭小型化、核心化的趋势非常明显。其次，传统道德和舆论的压力逐渐减弱。最后，随着城市化、工业化的发展，农村剩余劳动力的流动加强，农村家庭"空巢"现象增多，这些因素都造成农村家庭养老的困境。针对家庭功能弱化的情况，农村家庭养老的发展前景究竟如何，很多学者的看法存在分歧。于秋华（2006）在《中国农村家庭养老模式解析》中认为，虽然在当前农村社会，家庭养老功能不可避免地弱化，但是家庭养老形式并不能被社会养老完全取代，它将伴随家庭的存在而存在，并随着社会的变迁转化为现代家庭养老形式。杨复兴（2007）的观点也接近于此，他认为现阶段家庭养老功能虽然呈弱化的趋势，但由于家庭养老独特的文化价值、生活照料和精神慰藉等方面的作用，决定着家庭养老将会在相当长的时间内仍然是我国主要的养老方式。另外，现实是历史的传承过程，我们不可能割断历史发展的连续性。因此，当务之急是政府应建立健全家庭养老保障方面的政策法规，将传统的养老文化上升至国家的法律，并在全社会中大力提倡家庭养老。具体到农村养老保障的战略选择上，我国应在充分尊重传统文化的基础上，把更多的赡养责任放在个人和家庭身上，建立起以家庭养老为主体、其他养老方式为补充、家庭赡养和政府干预相结合的农村养老保障体系。而与上述学者意见不同，樊海林指出了我国农村家庭养老模式终究要被适应中国国情的农村社会养老模式所取代的趋势。

第二，土地保障研究。对于农村土地保障的研究，很多学者有着不同的看法和意见。一部分学者认为，农民可以从土地上获得基本的生活资料，满足自身生活需要，土地对农民起到基本保障的作用。赵小军（2007）就认为，由于土地的收益可以用于农民的医疗、养老，并满足他们的基本生活需要，符合社会保障的构成要件，因此土地是社会保障的一种特殊形式。这些观点遭到了很多人的质疑，更多的学者则认为，随着经济的发展，土地的保障功能正在逐渐弱化，已经不能满足农民基本社会保障的需要，它只是一种非正规的保障形式。张媛媛（2005）的《土地养老，何以为继》对于当前土地保障不断弱化的原因进行了分析，认为我国土地资源禀赋不足，分配不均；农产品价格较低且价格不稳，影响农民收入；政府征地补偿机制不合理，农民补偿低等原因都是造成我国土地保障弱化的因素。土地已经不能承担起农民养老保障的重任。必须通过建立社会养老保险等正式制度，创新养老制度来降低土地保障的风险。因此，除了呼吁建立农村社会养老保险制度等正式社会保障之外，还有很多学者对如何构建新的农村土地制度，强化土地保障功能提出了很多建议。如张守玉、薛兴利（2007）在《基于新型土地股份合作制的农村养老保障设想》中提出，基于新型土地股份合作制的农村养老保障新措施的实施，有利于解决当前农村社会养老问题，保障农村老年人的晚年生活；能够适应当前我国生产力的发展要求，促进现代农业的发展；有利于促进农村剩余劳动力转移，加快城乡经济发展。农村养老保障新措施的实施对农村养老保障及农村经济的发展具有重要的现实意义，其实施是切实可行的。林俊荣也提出了农村土地集体租赁的新模式，以解决农村老龄化及养老问题。而更多学者，如王小英（2007）的《论"以土地换保障"——一个解决农村养老保险资金来源问题的新思路》更提出了"土地换保障"的思路，这一思路的具体做法是：农民通过出让承包地来得到经济补偿，并用经济补偿的一部分来建立养老保险。

第三，社会养老保险研究。社会养老保险是降低农村养老风险的重要举措，农村社会建立社会养老保险的必要性、可行性以及建立怎样的社会养老保险模式都是学者探讨的重要内容。是否有必要在农村社会建立养老保险制度，绝大多数学者支持在农村地区建立养老保险制度，认为这是农村发展的必然。郑红霞（2008）在《构建我国农村社会养老保险制度问题初探》中认为，随着农村老龄化的加剧，农村传统养老模式受到很大挑战，因此有必要在农村社会建立养老保险制度，这也是农村城市化发展的必然要求。曹信邦（2002）的《构建我国农村养老社会保险体系的研究》从市场风险、社会公平以及社会持续发展的角度，指出建立农村社会养老保险的必要性。但是，对于在人数庞大的农村社会能否建立起社会养老保险制度，很多学者出现了分歧。一部分学者认为，根据我国当前经济发展的局面，已经具备了建立覆盖全体农民的社会养老保险制度。陈颐（2003）的《论新型农村社会保障体系的筹资模式》，通过分析我国近年来的经济发展，显示出我国2002年和1997年相比，全国财政收入已由8651亿元增加至18914亿元，平均每年增加2053亿元。同期中央财政收入由4227亿元增加至11020亿元，平均每年增加1359亿元。如果包括养老保险和最低生活保障在内，各级财政对农村社会保障的资助达到每人每年60元，则总额将约为500亿元，和当年全国农业税收大体相当，相当于1997—2002年财政平均年度增加额的1/4。这表明，如果在初始年份将各级财政资助农村社会保障的总额定为500亿元，以后按每年财政增长幅度同比增加财政资助，是完全能够做到的。而另一部分学者认为，农村人口数目庞大，根据目前财力，我国还没有能力建立覆盖全体农民的社会养老保险制度，这将是一个漫长的过程。马利敏（1999）在《农村社会养老保险请缓行》一文中，根据当时我国经济发展的情况,认为应当在实现了工业化的地区、乡镇企业以及农民工当中率先实行养老保险,而覆盖全体农民的社会养老保险并不是当务之急,政府应集中精力,提高农村社会的自我救济能力,扶贫解困,发展贫困农村的经济。梅瑞江(2008)的《欠发达地区农村社会养老保障的出路研究》也认为,在欠发达农村地区的农民不能通过建立现代社会保障制度来解决其社会养老保障问题,在相当长的时期仍然依靠"土地+家庭"的传统保障方式。在怎样建立农村社会养老保险模式方面,吴海盛、赵莉(2008)总结出当前的三种意见。第一个观点:分类分层;第二个观点:"三结合保障";第三个观点:创新制度。并对政府在农村社会养老保险中的财政责任进行了探讨。陈姣娥(2005)在《政府的缴费责任与农村社会养老保险筹资模式选择》中指出,政府缴费责任的缺失是制约农村社会养老保险发展的"瓶颈",应当重构政府缴费责任,针对不同经济发展地区、不同收入人群采取不同的补贴措施,来构建农村社会养老保险制度。公维才(2006)的《强化政府职责,推进农村社会养老保险》也持相似的观点,农村社会养老保险制度进展缓慢的关键原因是政府责任缺失和相关的制度缺陷,应当强化政府职责,完善保险方案,推进农村社会养老的进行。

(四)农村合作医疗制度的研究

有中国特色的农村合作医疗制度是在中央和地方政府的支持下,由农民在自觉自愿的基础上建立的医疗保健制度,是中国农民的伟大创举。在人民公社时期,农村合作医疗制度曾经发挥了巨大的作用,解决了数亿农民看病难的问题,提高了当时农民的健康水平。

第一,农村合作医疗的建立与发展。在《中共党史资料》

2006年第3期中,曹普的《改革开放前中国农村合作医疗制度》将农村合作医疗制度在改革开放前的发展划分为:1949—1958年农村合作医疗制度初步建立;1959—1965年农村合作医疗制度曲折发展;1966—1979年农村合作医疗制度广泛普及三个阶段。而魏兰菊将农村合作医疗制度划分为萌芽、形成、发展、衰落和二次合作医疗五个时期,认为农村合作医疗制度起源于1929年中华平民教育会在定县进行的农村医疗卫生试点。唐旭辉在《农村医疗保障制度研究》中将农村合作医疗的产生和发展划分为出现、推广、普及和衰退四个阶段。

第二,农村合作医疗制度存在发展的背景分析。进入20世纪80年代以后,我国农村合作医疗制度逐渐衰落,表明传统的农村合作医疗制度与当时的社会结构以及政治条件等有着高度的相关性,为了成功推进新型农村合作医疗制度,必须对此有所了解。沈寿文(2007)在《中国农村传统合作医疗制度存续背景研究》一文中指出:传统的农村合作医疗制度的建立与发展跟当时我国城乡二元社会结构、高度集中的计划经济以及高度一元化政治权威有着密切的关系。认为当前正在推行的新型农村合作医疗制度与传统合作医疗存在着极为不同的社会背景,因此在实施新型农村合作医疗制度时必须注意这一差异,另辟新路。对此,谷加恩(2006)认为,人民公社时期农村医疗制度兴盛与发展的原因仍值得关注,政府的强力推动、城市对农村的大力"支援"、稳定赤脚医生队伍、低成本的运行机制对当前新型合作医疗制度的推行有着极为有益的借鉴。

第三,农村合作医疗制度衰落的原因分析及评价。随着20世纪80年代农村合作医疗制度衰落以来,很多学者对其衰落的原因进行了分析。中华人民共和国卫生部医政司的《中国农村合作医疗实施方法概论》对此作出以下分析："文化大革命"推进和普及了合作医疗，却也存在着形式主义和浮夸风，从而使一些人把合作医疗当作"文化大革命"产物而予以否定。1983年，随着农村经济体制改革的深入，农村实行家庭联产承包制，集体经济结构发生变化，在大多数地区集体经济作为合作医疗主要经济来源的支柱地位严重削弱，同时，又忽视农民自己对于增进健康所必需的投入，淡化了个人责任，合作医疗缺乏相应的经济支持。有的同志错误地认为合作医疗不适应经济体制转轨，或错误地认为现在搞市场经济了，看病就医是农民自己的事，农民看病自己掏钱，政府不必干预。有的地方片面强调合作医疗的福利性质，追求全包、全免或高补偿。管理水平较差，制度不完善，缺乏有效的监督机制。并对合作医疗在我国医疗体系中的地位和作用作出了阐释：农村合作医疗制度与公费医疗、劳保医疗一起构成了我国医疗保障的完整体系，并为农民群众的健康保障发挥了重要的历史作用。

第四，新型农村合作医疗制度的研究。新型农村合作医疗制度作为一种考虑比较周全、设计比较合理的医疗保障制度受到了大多数人的支持，但是也有学者对新型合作医疗制度中可能出现的问题提出自己的建议。

（五）农村社区老年保障制度的研究

社区作为一种养老资源一直是我国传统社会养老的重要力量。在当前社会，农村社区的养老功能并没有被充分利用，但是随着经济快速发展，农村养老问题的日益严重，社区在老年保障中的作用和意义重新被审视并开始受到重视。很多学者对此有所论述。

在国外，社区居家养老形式早在20世纪70年代开始在英国得到普及，社区养老实践和理论较为完善。Bailyn（2004）认为，"人的工作和职业生涯不应当是一种可以全面启动或全面关闭的进程,而应当是一条可以随寿命的阶段转换而起伏波动的连续线"。在美国的一些城市社区,因为居住有大量退休的老年人,而被称为"自然形成退休社区"。Michael Hunt 教授对此现象的产生和形成做了如下解释:"自然形成退休社区当初并不是专门为老年人规划设计的。但是,随着时间的推移,现在主要由老年人在里面居住。因此,它实际上是居家的发展演变。"

在国内,随着对社区养老的关注,很多学者对此提出了自己的看法和构想。刘娜(2007)对我国农村地区社区养老服务进行了系统全面的研究考察。张卫平(2007)在《村落支持——农民养老的第二张社会安全网》一文中对农村村落在当前老年保障中的作用给予了肯定,认为其是农村养老的有效社会载体。除了对农村社区养老可能性及优势进行阐述之外,很多学者还开始对农村社区养老服务进行实际的考察,并提出了设计构建。复旦大学人口研究所的梁鸿等(2001)通过对苏南农村地区的社会调查,提出在公共资源有限的情况下,应该对构建农村社区服务体系的目标进行优选,认为社区医疗保障是这一地区农村居民的优选对象。

(六)影响我国农村老年社会保障的因素研究

在传统农业社会,家庭养老形式一直延续了数千年。也就是说,在传统农业社会并没有突出的社会养老问题。只是随着工业化的发展以及家庭、人口、观念等社会条件的改变,社会养老问题才逐渐凸显出来,成为当前极为重要的社会问题。那么,老年保障尤其是当前极其重要的农村老年人保障问题是在什么因素的影响下出现并发生变化的,综合起来,主要有以下四个方面。

第一,经济的发展、工业化、城市化对农村老年人保障的影响。一般研究认为,随着我国经济的发展,工业化、城镇化的进程,家庭的保障功能逐步弱化。但是宋璐、李树茁(2008)的

《劳动力迁移对中国农村家庭养老分工的影响》经过研究发现：迁移没有从根本上改变传统的子女代际支持的性别分工模式，但其带来的性别分工因素的变化使儿子与女儿对老人代际支持的性别差异减少，并使子女对老人的经济支持能力增加，促进了代际之间的情感亲密程度，但可能会造成子女对老年人生活照料的不足。闫萍（2007）在《农村子女外流对父母经济供养状况的影响分析》中从经济支持的角度分析了工业化条件下农村子女对老人供养状况的影响，指出子女在货币供养方面比留守子女要多，但是这种货币供给存在很大的不定期性。聂焱（2008）在《欠发达民族地区农村劳动力外流对家庭养老意愿影响的分析》中分析了在欠发达民族地区受工业化影响下，农村老年人家庭养老的变化。指出随着劳动力外流的增加，养老越来越成为严重的社会问题。家庭养老中机会主义盛行，得不到供养或供养质量低下的老年人不断增多，有些老人的生存甚至受到威胁。

第二，家庭结构、人口变迁对农村老年人保障的影响。朱冠楠、吴磊（2007）在《农村家庭养老模式的历史困境》中指出，随着社会的转型，我国农村家庭规模不断小型化、核心化，家庭人口数量不断减少，家庭居住方式也发生了改变，这都使传统的家庭养老方式受到了很大影响。顾林正（2006）的《家庭变迁与老龄化人口的精神赡养问题》从老年人精神赡养的角度分析了家庭变迁对老年人生活的影响，表明随着家庭规模的缩小、家庭保障职能的弱化，老年人精神赡养问题开始凸显，并指出我国老年人精神赡养问题比较严重地集中在农村。而人口变迁对农村老年人保障的影响，主要体现在农村人口的流动性，即工业化、城市化，计划生育带来的人口数量的减少，以及随之而来的农村老龄化的加剧对农村家庭规模、家庭结构的影响，给农村社会老年人保障带来的困难。

第三，农村社会养老观念的变化也在影响着农村老年人保障的实施。万江红、张小丹（2008）的《农村养老观念的调查与研究》发现：目前农村居民的养老需求正从传统的单一家庭养老向多元化的养老方式转变；农村居民的独立意识明显增强，不愿再单纯依附子女来养老；在不同阶段，老年人的照料需求不同。张慧、邱敏（2004）在《农村老年人的观念及其对养老方式的影响》中指出，随着社会的转型，我国农村老年人的行为方式和心理状态发生了变化，农村社会养老方式也相应发生了改变。柳玉芝、周云、郑真真（2004）的《农村不同年龄人群养老观念的比较分析》对农村不同人群的养老观念进行了分析，研究结构表明：在农村地区老年人对养老保障、保险制度已有较强的需求；农村家庭收入来源已显多元化；家庭养老仍有较好的基础；代际之间已经存在养老认识上的差异，年青一代更倾向于依靠自己、配偶的力量养老。

第四，党和政府执政理念的改变、社会公平意识的不断觉醒、全球化的影响等因素也对我国农村老年人保障制度的进步和发展，产生了较大影响，对此，学者的关注程度还相对不足，应引起足够的重视。

第二章 农村老年人社会保障的发展历程

第一节 我国传统家庭老年保障制度概述

家庭养老是以家庭为单位,由子女或其他家庭成员为老年人提供养老资源的一种养老形式。这一养老形式在我国社会有着特殊的地位,它不仅是我国传统社会极度依赖的养老形式,也是我国农村社会养老的重要方式之一。家庭养老在我国的形成和延续、存在和发展,有着极其深厚的政治、经济、文化和社会基础。并在几千年的发展过程中,深深融入我国特有的文化传统之中,成为我国养老文化的重要特征。

一 传统家庭养老的历史发展

家庭养老是我国传统养老形式,有着漫长悠久的历史,它的发展遵循着萌芽、产生、发展以及衰落等几个常规的步骤。但是,由于我国历史文化的特殊性,家庭养老在不同的时期有着鲜明的特色。根据各个历史时期的特点,我国传统家庭养老的发展轨迹可以归纳为以下几个阶段。

1. 传统家庭养老的产生与形成

家庭养老是人类社会一种极为重要的养老形式。

首先,在人类社会尚未进入文明之前,最基本的尊老养老观念并不存在。这一时期人类生产力极其低下,人类生存主要依靠野外狩猎和采摘果实来维持,获得食物的难度很大,整个社会群体随时面临饥饿的威胁。在这样的恶劣环境下,身体强壮才是存活下来必须具备的首要条件。而身体衰弱,不能为群体生存发展尽力的老年人,最有可能在食物缺乏或受到外界危险时首先被放弃,以保障整个群体的生存和延续。在人类这一生存本能的驱使下,在最初的人类社会群体中老年人并没有得到足够的尊敬和重视。

随着社会生产力的发展,人类开始了农业定居生活,并确立了家庭婚姻关系,原始的尊老养老观念和家庭养老行为出现了。原始社会后期,人类进入了定居时代,开始了驯养和种植等农业活动。稳定的农业生产方式和定居生活方式,使老年人的重要性开始显现出来。在农业生产活动中,老年人所积累的有关气候、气象、作物以及动物的相关知识和经验等生产技能对年轻人来说极为重要。同时,在缺少变动的农业定居时代,老年人的丰富阅历和智慧,在日常生活中也显得非常实用和有效。至此,原始的尊老敬老观念逐步形成。家庭养老的产生是以家庭的出现为基础的。随着农业、畜牧业以及手工业的进一步分化,人类社会进入一夫多妻或一夫一妻的父系氏族。这种以父系家长主导的婚姻家庭关系改变了母系氏族社会"其民聚生群处,知母不知父,无亲戚、兄弟、夫妻、男女之别。无上下、长幼之道……"的社会状态,最终从父系血缘上确定了家庭亲子关系。这种生物性的血缘联系,既是家庭存在的基础,也是确立和保持代际关系的重要基础(姚远,2000)。但是,由于当时生产力低下,人类抵抗自然灾害的能力也比较差,此时的家庭还不能成为独立的经济、生产单位,也无法离开氏族单独居住,所以家庭功能还非常单一,只具备生育功能。而家庭的其他六种功能，即生产、抚育、赡养、教育、休息与娱乐、消费，都由群居的氏族来承担。由于生产资料的公有制，氏族在养老过程中采取一律平等的态度，对氏族中的老人无差别对待。随着生产力的发展和社会剩余的出现，尧舜禹时期我国社会私有制开始产生。原始人群的生活方式被家庭生活方式所代替，家庭集生产、生活、生育等多种功能于一体，成为名副其实的社会细胞。家庭在成为独立的社会基本单位之后，才真正为家庭养老的实施提供了坚实的社会基础，家庭养老行为开始萌芽。

在家庭养老形成的过程中，孝观念的形成有着标志性意义。我国孝观念的萌发始于父系氏族社会对祖先神灵的宗教祭祀活动，在祖庙对祖先神灵供奉行礼即为孝。为了表达对祖先神灵的孝，一些氏族在祭祀活动中制定了一系列的礼仪制度，并通过这些礼仪程序将对祖先神灵的崇拜和孝敬，扩大到对族内老人的孝。到了周代，国家非常注重教化对统治的作用，积极提倡养老观念成为当时统治者进行教化的有力工具。通过对前代宴、飨、食等养老礼仪的"修而兼用之"，于每年腊月举行养老大典——乡饮酒之礼，积极提倡孝养父母的道德观念。西周的孝观念有了明确的两层内涵：一是对祖宗神的敬服，二是对在世父母尽奉养之责。其后，孔子及其所提倡的儒家文化开始对原始的孝观念进行更深的解读、完善和创新，使孝道观念具有了养亲、敬亲、爱亲的含义。而孟子对孝道的行为规范进行了更详细的说明："生，事之以礼；死，葬之以礼，祭之以礼，可谓孝矣。"这些对孝道规范的论述，涉及家庭中子女对父母生活关照的各个方面，标志着先秦时期我国家庭养老保障的初步形成（杨复兴，2007）。

2. 传统家庭养老的提倡与推广

汉代时期，统治者开始以儒家道德"孝治天下"，这一政治策略的实施大大推动了孝道文化的传播，提高了它的影响力，最终促进了家庭养老的发展和推广。在统治者的身体力行和积极倡导下，民间也开始效仿，整个社会形成了浓厚的敬老养老之风。东汉光武帝刘秀的外祖父樊重，"性温厚，有法度，三世共财，子孙朝夕礼敬，常若公家"。

除了强宗大族在重孝的社会风气下，对孝道德行非常重视之外，普通人也将奉养父母作为家庭的基本义务。汉代的很多画像都以孝亲故事为例，以图画的形式浅显易懂地对文化修养不高的普通人进行教化教育，这也从侧面反映出当时民间对养老的重视、提倡和遵循。汉代统治者对老年人采取优待政策，还从政治、文化等方面积极提倡家庭养老。政治上，以孝作为选拔政府官员的重要标准。两汉时期孝养父母成为整个社会的风气，家庭承担养老义务得到了大力推行。魏晋南北朝时期继续推行家庭养老和孝道观念，使家庭养老成为这一时期被社会普遍接受的道德准则。

3. 传统家庭养老的发展与强化

唐宋直至明清的整个封建社会仍然延续了这种孝养风气继续推行家庭养老的实施。

首先，民间孝亲的风气非常浓厚，从唐宋到明清历史上记载的孝养典型事件层出不穷。如唐代名相张九龄曾因故被调为冀州刺史，其"以母老在乡，而河北道里辽远，上疏固请换江南一州，望得教承母耗"，太宗"优制许之"（王先进，2006）。宋代以苏洵、苏轼、苏辙三苏为代表的眉山苏氏宗族也以孝友闻名。如苏洵的祖父与父亲都是孝友的楷模。

其次，国家仍对老年人给予各种优待。为了尊老养老良好风气的形成，唐代政府仍然定期举行各种尊老礼仪活动，如三老五更礼、乡饮酒礼等。以后各个朝代也都保持了宴请老人的传统，如宋代的"观酺"、明代的乡饮酒礼、清代的"千叟宴"等。在法律上对老年人也采取了减免刑罚的措施。《唐律》中把老年人按年龄分为三个等级,分别给予不同的刑律优免。宋代有关对老人刑律优免的政策都是按照《唐律疏议》制定的。元朝借鉴宋法,继续对老人实行刑律优免政策。唐宋明清作为我国传统封建社会从全盛到没落的过渡时期,社会统治手段经历了从仁治到集权的演变。作为政府极力推行的养老政策,家庭养老的发展也遵循了这样一个从教化到强化的过程。因此,这一时期政府在家庭养老方面,除了继承自先秦以及汉以来尊老养老的优良传统之外,所采取的强制措施也越来越多,自唐以来直至明清日趋严厉。

《唐律疏议》针对家庭养老实施了强制规定。首先,从法律角度对家庭养老的合法性进行明确规定。唐玄宗时期,强制要求"天下民间家藏《孝经》一本"。使家庭养老行为开始转变为国家意志。其次,从法律的角度对家长的经济权利给予了充分的肯定和维护。"父母在,不远游,不别居,不异财",明确了家庭中家长对财产的不容置疑的所有权,并禁止子女对父母财产进行分割,从而确保老年人在家庭中的经济地位和社会地位。最后,"不孝"在《唐律疏议》中被列为"十恶"之一,并给予严厉的惩罚。这些政策法律的颁布,体现了家庭养老向强制方向的转化,它意味着孝敬老人已经不再是个人道德修养问题,而是处在法律调节的范围了。两宋时期的法律依然规定家长对家庭财产的所有权以及处置权,这种对财产的法律规定使家长有了独立的经济权利,获得了家庭养老的坚实基础。这一时期的法律也对子女损害家长财产权,进行分居异财的行为给予处罚。

除了法律规定外,两宋时期家庭养老强化的表现更重要地体现在封建伦理思想的强化和宗族惩戒权的出现。两宋时期,以朱熹创立的以"三纲五常"为核心的理学思想开始成为整个社会的统治思想，其中的"父为子纲"作为调节家庭内部父子关系的道德伦理观念，极度强化了家庭中家长的权威和地位，强调了子女对父母的绝对顺从。更为重要的是，两宋时期宗族活动和宗法制度思潮在民间开始活跃起来。很多宗族甚至依照国法制定了家法族规，并得到统治者的默认，家庭的家长以及宗族的族长拥有了对家庭成员和宗族成员的惩戒权，开始以强制的权力来调节和控制族人和家人的行为。宗族这一权力的拥有，使老年人在家庭和社会中的地位达到了不可抗拒的程度，家庭养老在这样强大力量的保护下不断强化。

元明清时期是我国封建社会向极权转化的重要时期，与此相适应，家庭中的家长权力更进一步扩大，并开始转向极端。元朝时期，父母可以没有任何理由地杀死自己的子女，而子女不能有所反抗。而《大清律例》规定"父母控子，即照所控办理，不必审计"，就显得更加荒谬。至此，父母家长的权力已经达到了无可比拟的高度。面对这样的极权，子女对待父母只能唯命是从。但是这也从侧面反映出这一时期国家给予老年人至高无上的权力、地位和尊严，也反映出当时整个社会极力维护老年人权威的真实状况。

4. 传统家庭养老的延续与维持

近代以来，在西方国家的侵略和外来文明的冲击下，我国进入半殖民地半封建社会。面对这样的冲击和屈辱，整个中国社会开始进行自我反思。在这样的社会条件下，人们将矛头直接指向了曾经严重桎梏人们思想的封建道德和伦理观念。而以家长专制为主要特征的封建孝道伦理，因为与人们日常生活关系极为紧密，首先受到人们的强烈质疑和批判。自此，建立在封建孝道伦理基础之上的家庭养老开始出现了弱化的苗头。尽管如此，因为近代中国工业化极其落后，家庭养老赖以存在的小农基础难以打破，所以反对封建孝道伦理的呼声也仅仅体现在人们的思想上。而在近代中国的现实生活中，家庭养老还是顽强地存在，并长期延续下来。

二 传统家庭养老的丰富内涵

我国传统家庭养老观念起源于原始社会父系氏族部落时期，这一时期家庭养老的内容，仅限于对长辈的物质供应、人与人之间的天然亲情以及对离世长辈的原始崇敬与祭奠。但是，随着社会的发展，家庭养老的内涵也随之不断完善和丰富起来。尤其是在儒家孝道观念完备之后，我国家庭养老的内涵更是清晰地展示出来，儒家伦理所提倡的孝道内容成为家庭奉养父母遵循的重要标准和原则。因此，儒家传统孝道对养老做出的基本规则和要求就成为传统家庭养老的基本内容，它的内容涉及家庭养老的各个方面，综合起来主要有四个方面：物质供养、生活照料、精神顺从、礼葬祭奠。

1. 物质供养

家庭养老的物质供养就是为老年人吃、穿、住、行等基本生活需求提供粮食、衣物、居住等物质保障。满足老年人的基本生活需求是保证老年人生存的第一个层次，也是家庭养老的最低层次。《礼记》中"孝有三，大孝尊亲，其次弗辱，其下能养"，就显示出"能养"仅是传统家庭养老的最低要求。尽管物质供养是家庭养老的最低层次，但是在传统养老中仍是一项重要的基本工作。只有最好地保障了老年人的基本生活，才能在更高的层次上提高家庭养老的水平。因此，在物质供养方面，传统养老非常强调老年人对家庭生活资料的优先使用。

2. 生活照料

在儒家孝道伦理的约束下，家庭养老在传统家庭生活中有着无与伦比的地位和重要性。生活照料作为老年生活中必不可少的一个重要环节，很显然成为传统家庭养老的一个重要方面和内容。根据老年人自身的生理特点，需要他人的生活照料是老年人生活中的一个重要需求。在古代社会，人们很早就已经意识到了这一点。在古代社会，超过60岁的老年人因为身体机能的衰弱，就需要依靠他人来照顾自己的生活，生活照料已经成为家庭养老的一个部分。在传统家庭养老中除了强调物质供养以尽可能满足老年人的基本生活和生存需要之外，对老年人的生活照料也成为非常重要的事情，是我国传统家庭养老的基本内容。

3. 精神顺从

物质供养与生活照料作为传统家庭养老的基本内容，已经可以保障老年人最基本的生活需要。但是在儒家伦理道德的要求下，这样的养老还远远不够，老年人的精神需求是更应该高度重视的问题，是高于家庭养老物质供养的更高层次的内容。孔子认为"无违""敬""礼"等对老年人的精神顺从是满足老年人物质需求和生活照料之外更为重要的事情，只有满足了老年人的精神需求，使他们心情愉悦才是真正做到了孝。后世的很多家法族规中，子女对父母精神顺从也成为最根本的规定。在孝道的影响教导下，我国古代传统社会确实出现了很多尽心竭力讨取父母欢心，对父母极力顺从的事例。

4. 礼葬祭奠

老人逝世之后子女对他们是否能够按照礼仪进行安葬和祭奠更是我国传统家庭养老的不可或缺甚至更为重要的事情。可以说，在传统孝道观念中，父母生前死后的所有事情都是衡量子女是否孝敬的大事。在我国传统社会，丧葬礼仪有着严格的规定和制度要求，其主要由两部分组成：居丧制度和埋葬制度。老人逝世之后的居丧期间，为了显示对父母的孝敬，子女在仪容、居所、饮食、娱乐、服饰等方面都应该遵守相关的礼仪制度，如果没有遵照执行将会受到法律的惩罚。在传统孝道的提倡下，我国传统家庭养老无论在形式还是具体内容上都达到了完美的地步。它考虑了老年人生前死后的整个过程，使老年人不仅能在生前体面幸福地生活，也能在死后有尊严地享有子孙的敬仰、纪念和祭奠。可以说，按照儒家道德设计的传统家庭养老符合了老年人的所有心理需求，它在我国传统社会的延续和发展成为不可避免的事实和趋势。

三 传统家庭养老发展的社会基础

家庭养老是我国传统社会最主要的养老方式，在我国具有特殊的地位。它是我国整个养老文化的特色，是代表东方文化区别于其他西方文明的一个鲜明特征。自原始社会萌芽直到现在，家庭养老在我国已经延续了几千年，它不仅在传统社会保持着强大的生命力，甚至在当今工业化的社会仍然起着不容忽视的作用。家庭养老能够在我国发展延续，甚至完善到如此完备的地步，是和我国传统社会的某些特点密切相关的。从经济、政治、文化三个角度来分析，传统社会自给自足的小农经济特征、传统国家的提倡和支持以及长期沉淀的儒家孝道文化传统都是应该考虑的因素。

1. 小农经济形态是传统家庭养老发展延续的经济基础

我国传统社会是一个以农业为主的社会，小农经济在整个社会经济中占据主导地位。自给自足的小农经济作为我国传统社会的经济基础，决定了我国传统社会运行的特征。以经验为主、稳定、简单再生产以及非货币形态的小农经济特点非常适合家庭养老的发展和延续。

第一，小农社会是一种经验社会。它的发展相当缓慢，整个社会的进展完全可以依赖前人经验的积累来完成。例如，在农业生产中，农作物生长规律的把握、农业生产工具的设计和使用、天气温度的观测等一系列与农业生产有关的生产技术都是在农业生产中依靠实践慢慢琢磨、观察积累出来的，这些知识的积累需要耗费一个人很长的时间。由于发展的缓慢，农业社会环境不会在短期内发生巨大的改变，在日常生活中积累的经验一旦掌握就将成为相当稳定的财富，可以长期有效使用。因此，老年人在生产生活中累积的这些丰富有效的生产经验和生活智慧，都成为有用的财富，成为子孙后代在进一步的生产生活中需要借鉴的宝贵资源。这些经验的拥有，奠定了农业社会中老年人能够享有崇高地位的基础。正是因为老年人拥有了年轻人暂时不能具备的农业社会所需要的智慧和经验，才因此使他们受到了家庭和社会的重视和爱戴，这为家庭养老在传统社会的发展奠定了社会心理准备。

第二，小农社会是一种稳固的社会。在农业社会，土地是人们最重要的生产生活资料，人们依赖土地进行农业生产，满足自己的生活需要。而土地有着自身的特点，它无法随着人们的迁徙而自由移动。土地的这一性质决定了在土地上进行农业生产的人们将不能进行随意的流动和自由的迁移。因此，农业社会的人们就形成了安土重迁、流动性不大的特点。这种稳定的生活状态使人们很容易形成大家庭的结构形式，在这种家庭中父母、子女、孙子女等几代人同居一处，父母养育自己的子女，也负责为老人养老送终，这样代代相传就形成一种生活的惯性，为家庭养老的传承准备了必要的社会条件。

第三，小农社会是一种简单再生产社会。我国传统农业社会，由于人口的大量增殖，农业剩余往往被新生人口不断消耗，小农家庭根本没有多余的资金进行扩大再生产。生产的周而复始，决定了家庭剩余也不能够很快增长，这就在很大程度上决定了大多数农户无法有多余的财富为家中的老年人提供其他的养老方式，而只能采取家庭养老的形式。

第四，小农社会是一种非货币经济社会。小农经济条件下，家庭结构形态以大家庭为主。这样的家庭实际上就是一个小社会，它既是一个生产单位，也是一个消费单位。家庭内部具备了很多社会功能，不再需要通过外部交换来获得。作为一个生产单位，传统家庭中男女劳动分工非常明确，"男耕女织"是小农社会家庭的基本状态，依照男女差别进行的分工是农业社会比较合理的劳动分工方式。男人主要从事农业体力劳动，妇女负责家庭中的日常杂务，家庭中老年人的侍奉和照料不需要通过外界的人力交换就可以在家庭内部直接进行，由家庭妇女来承担。在家庭内部进行的传统养老几乎不存在任何交易成本，是传统小农社会最方便、最合理的选择，有了这样的安排很少有人需求外部养老。由于小农经济条件下商品经济的不发达，也在很大程度上造成了人们商品交换意识的淡漠。在这样的生活状态下，很少有人会意识到可以为老年人提供其他的养老选择和可能。这样一来，脱离家庭的社会养老在传统社会条件下无论在供还是求上都没有任何可能，家庭养老是唯一的选择。

在小农经济条件下，家庭养老因其特有的优势与传统社会特点相契合，这与商品经济极不发达的小农社会最相适应，最符合小农经济的特点，成为这一时期人们养老的最好选择。

2. 儒家传统孝道是家庭养老长期存在的文化基础

对老年人进行帮助和赡养是人类特有的"反哺"行为，它根源于人类的血缘亲情和长期的社会教育，是人类社会存在的一个普遍现象。但是比较起来像我国这样能够长期保持家庭养老形式，并使其发挥重要社会养老作用的却不多见。这种情况的出现与我国传统社会独特的孝道文化密切相关，它是我国家庭养老能够长期延续发展的一个重要因素。

作为一种对我国传统社会有着重大影响的文化形式，孝道文化与我国家庭养老之间有着密不可分的关系。它起源于原始的家庭观念，反过来又促成了我国传统家庭养老的长期存在和发展。孝道文化对家庭养老长期延续的促进作用，可以从孝道起源与家庭养老的本质联系、孝道体系的拓展与完备以及孝道的推广和强化三个方面来考察。孝道文化起源于原始的家庭观念与祖先崇拜。我国孝道文化从一开始就与家庭养老有着天然的联系，它起源于我国原始社会后期的父系氏族社会，是建立在以父子血缘为基础的家庭结构之上的。这样的家庭形式有着明确的父系血缘关系，确立了可以追溯的父系祖先，给原始的祖先祭祀崇拜奠定了基础。在祭祀祖先的过程中，形成了孝的原始含义，即对家族祖先的崇拜和畏惧。这种原始的对祖先的孝，通过教育教化和一系列的礼仪制度逐渐扩展到对父母的赡养和尊敬，形成了孝的最初含义。

  孝道文化的内容完全以家庭养老为起始，扩展为三个层次。正是由于孝道文化产生于有着严格父子权力等级观念和赡养关系的父系家庭，孝道自然以维护子女赡养父母为其主要内容。通过对我国传统孝道的考察，其内容完备精细，包括了物质供养、生活照料、精神顺从以及送葬祭祀等一系列有关如何进行家庭养老的细节。但是我国传统孝道之所以能够发扬光大，仅仅依靠这些还远远不够，它在发展过程中内容的拓展和内涵的丰富也有着重要的作用。家庭中的孝道观念逐渐向扩大的家庭关系以及整个社会，即宗族和任何关系的老年人扩展，这是孝道观念的第二个层次。我国传统孝道观念不仅要求对自己的父母尊敬孝养，也要对宗族中以及乡里社会的长者表示尊敬。这样一来，孝道观念就实行于整个社会，形成了独特的孝道氛围。在逐渐发展的过程中，因其在政治统治上的有效性，孝道观念得到了儒家文化的青睐，其内涵被人为延伸，成为忠君的理论基础。从此，孝道观念上升到了政治的高度，成为统治阶级进行国家治理的有效手段。

正是经过了这三个层次的拓展，孝道文化才在我国传统社会得到了家庭、家族和国家的强力推广。通过家庭教育、社会教化以及国家法律三者的相互配合的强化和推广，促成了我国孝道观念的稳定和发展。在传统家庭教育中，孝道教育是其主要内容。小孩子从小就被培养孝敬父母长辈的观念，学习侍奉父母的礼节和技能。除了家庭的严格教育外，国家还通过宣扬和奖励社会上的孝亲典型以及推选孝敬父母的人做官等手段，激励人们践行孝道观念。除了这些柔性的手段，对于不孝敬父母的人，国家和宗族还可以采取更为严格的惩罚措施，甚至是剥夺其生命来强力推进孝道的实施。

孝道文化正是经过了这样层层拓展和推广，才成为我国传统社会重要的意识形态，并成为深深的文化沉淀，影响了我国整个社会的文化氛围，为我国长期的家庭养老形态奠定了文化基础。在这样独特的文化氛围下，"孝"成为我国古代人们义不容辞的职责，成为中国人家庭伦理和个人道德修养的一个基本内容，并内化为中国人的性格和心理特征。可以说，家庭养老在我国有着如此顽强的生命力，在很大程度上是孝道文化的传承和这种行为惯性的结果。

3. 传统国家对家庭养老的支持是其发展延续的政治背景

家庭养老在我国长期发展延续，与传统国家的积极提倡和支持有着密不可分的关系，传统国家在家庭养老方面的作用可以归结为两个方面。

一方面，从意识形态上提倡孝道观念。传统国家在提倡孝道方面不遗余力，采取各种措施给予引导和支持。孝道观念起源于原始社会先民的祭祀活动和人类内在本能的亲情，但在国家统治的过程中，统治阶层逐渐认识到孝道观念在国家治理方面可能发挥的积极效果，于是极力发挥孝道观念在控制人们思想和行为当中的作用。

在国家治理的实践中，传统国家采取了一系列政策和措施给予普通民众以思想引导。首先，传统国家非常注重制定各种有关尊老敬老的礼仪制度，以彰显政府对老年人的关注和尊敬。如起始于原始社会部落时期的燕礼，以及后来的飨礼、食礼，一直到延续至明清的尊老礼仪——乡饮酒礼，都是在国家的主持下举办的尊老礼仪活动，贯穿了我国传统社会的始终，成为我国养老文化的重要特征。其次，给予老年人一定的地位和荣誉。我国传统国家往往给予老年人一定的虚职，享受一定的待遇，以显示对老年人的重视。汉代时颁布的《王杖诏书》，其中规定凡70岁以上的老年人，无论城乡官民都可享受600石俸禄的官吏待遇。并在基层选取年老有威望的人来担任"三老五更"的职务，以对乡民进行管理和教化。直到明清，统治者还继续延续这一做法。最后，给予老年人在法律和赋税徭役上的特权。传统国家除了在礼节、地位、荣誉等方面给予老年人以精神上、形式上的关注之外，还在赋税徭役、法律等方面给予老年人实实在在的免除，以实际来证明统治者对老年人的关爱。各朝统治者都会在庆典或特殊情况下给老年人赐物，尽管这种做法没有成为惯例，标准也没有统一，但是这种传统还是一直保留到封建社会的末期。传统国家的老年人还在法律上享有特权，主要表现在两个方面：超过一定年龄的老年人犯罪，只要情节不是特别严重，可以免除刑罚；老年人对于不孝子孙可以处置，甚至处死，而不被追究责任。

另一方面，采取措施实践孝道和尊老观念。传统国家除了积极提倡孝道观念，强化家庭养老意识外，还采取各种措施对无人供养的老人给予收养和照顾，以实际行动实践了国家所倡导的孝道和尊老观念。在传统社会，尽管养老已经成为整个社会的风俗和道德要求，但是仍有部分老人因各种原因流离失所，对这部分老年人传统国家设置了养老院进行收养,被称为"居养"。"居养"作为收养孤寡、流浪、乞讨人员的一种制度始于汉代。以后各代也都设置了这样的机构。南北朝魏孝文帝时期,就在司州、洛阳两地设置居所,供贫病老者居住,并备有药物,供给衣物和食物。梁武帝也在京师设置孤独园,收养孤苦无依的老人。唐代在长安设有养病院,又名悲田院,收养贫病无依的老年乞丐,由佛教寺院管理。北宋时期,在汴京(今河南开封)设立东、西、南、北四个福田院,专门收养孤独有病的老年乞丐,供给口粮和零用钱。元朝各路(相当于目前的地州市)设立济众院,收养鳏寡孤独、残疾不能自养的老人,供给一定粮食和柴薪。明建国之初即诏令各府县都要设置养济院。并针对收养孤老制定了专门的法律,规定:"凡鳏寡孤独及笃疾之人,贫穷无亲依靠,不能自存,所在官私应收养而不收养者,杖六十;若应给衣粮,而官吏克减者,以监守自盗论。"直至清朝,北京也设立普济堂,收养年老贫民(沈尔安,2005)。传统国家的这些措施稳定了社会秩序,防止了流民的发生,更在一定程度上给人们做出了尊老敬老养老的表率,在实际上给普通民众做出了榜样,也为自己所提倡的孝道观念提供了实际支持。

四 宗族内部救助是传统家庭养老的重要补充

宗族是一种以父系血缘关系为纽带的人群组合,它在实质上是家庭的扩大与延伸。作为一种有着共同祖先的成员组成的带有强烈血缘关系的组织,宗族组织内部所有成员都有着或近或远的血缘关系,宗族成员之间很容易产生亲近感,也愿意在宗族成员遇到困难的情况下给予救助,宗族老年人作为值得同情和照顾的弱势群体很自然成为宗族救助的主要对象,这样一来,家庭对老年人的责任和义务就扩展到了宗族的范围。除此之外,宗族对老年人进行适当照顾和救助还与历史上宗族与国家的特殊关系有关。宗族组织在我国传统国家的绝大多数时间是一种统治者同盟军的角色，并且是国家政策强有力的支持者和推进者。因此，对于国家强力推进的孝道观念和制度，宗族是最积极有力的实践者。在孝道文化浓厚的氛围下，很多宗族都有着严格的长幼礼仪和制度，并以祖庙、谱牒、家法族规等尊老形式在多方面给予了宗族老人极大的尊敬和特权。宗族作为我国历史上一种延续数千年而不绝的社会组织，能够对宗族老人进行资助，必然需要一定的财产作为经济基础。在我国历史上，绝大多数宗族或多或少都有着维持整个组织运转的族产。尤其是自宋以后，很多兴盛的宗族为了发挥恤族的职能，保护同族之人不因战争、灾害以及人为的原因流离失所，从而达到"收族"的目的，来维护整个宗族的未来发展，购置了义田，并设置了义庄，族产以及义庄的设立为宗族组织能够为其内部甚至乡里老年人提供必要的资助和福利奠定了物质基础。

（一）宗族组织的老年物质资助

宗族组织对老年人进行经济资助，分为两种情况：对族内贫老无依的成员进行救助；给予族内全体老年人以福利。

1. 族内贫困老年人救助

宗族组织在进行族内老年人经济资助时，鳏寡孤独废疾的无依无靠之人成为宗族救助优先考虑的对象，贫困无依的老年人是其中的主要成员。在宗族义庄中，优先救助贫苦老年人几乎是一项定制。常熟丁氏义庄规条、续置书田规条中也有类似规定：族中陆旬外鳏独，及十六岁以下孤子女，除月米应给外，每年俱给钱七百文。孀寡给钱一千文，俟其子孙年及二十岁停给，无子孙则常给。宗族对族内鳏寡孤独老年人的救助具备了初级形态的社会救助性质，使宗族成为我国古代宗族成员遮风挡雨的庇护所。

2. 宗族内部老年福利

在尊老敬老的氛围下，族内老年人自然获得了更多与其他宗族成员不同的优待。在对老年人进行经济资助时，很多宗族不仅为贫困者提供救助，还尽可能为这部分成员提供一定的福利待遇。这些优待主要表现在两个方面：第一，给予老年人更好的物质供应；第二，给予老年人更多的物质供应。宗族分配福利时，对老年人的优待，体现了宗族对孝道观念的重视和积极实践，为宗族成员孝养老人做出了表率。

（二）宗族组织的尊老养老观念

宗族作为一个血缘组织，其内部的长幼尊卑秩序是其极力维护的重要内容，而家庭孝道所积极提倡的尊老养老观念正符合了宗族的这一要求，家庭中子女对父母的尊敬和孝顺，扩展到宗族范围就成为小辈对长辈的尊重和敬畏，这对于宗族组织维护自身的正常运行有着重要的作用，因此，孝道观念受到了宗族组织的极力提倡，并成为宗族成员需要学习和培养的重要素养。

1. 孝道是传统家法族规的主要内容

宗族对孝道的积极提倡在很多家法族规中都有表现，这些家法族规以儒家伦理道德为依据，强调孝悌观念。宗族强化对孝道的教育，真正将孝道观念从家庭扩展到了更大的范围。人们不仅要在家庭中表现对自己父母的尊敬和顺从，还要把对父母的孝推及整个宗族，对整个宗族以及其他长辈表现出应有的尊敬和爱戴。因此，家法族规中尊老敬老的条款对维护人们形成良好的尊老敬老的习惯和风俗起到了很大作用，是宗族尊老养老的一个鲜明特点。

2. 宗族严格的尊老礼仪

为了维护宗族中老年人的地位和尊严，以使他们受到子女以及族人的尊重，很多宗族都制定了严格的尊老礼仪。首先，宗族日常家庭生活中的尊老礼仪。对于日常家庭生活礼仪,规定涉及了家庭生活的方方面面,将尊老敬老的观念发挥到了极致。其次,宗族家庭节日聚会中的尊老礼仪。在传统节日,宗族一般都会举行一些仪式,在这些聚会中有着严格的长幼礼仪制度。最后,宗族祭祖活动中的尊老礼仪。作为宗族一项神圣的活动,祭祖仪式非常庄严,宗族子弟必须遵守严格的规范,不得违反。宗族通过制定一系列尊老礼仪,维护了宗族老年人,尤其是尊者和长者的地位和尊严,达到了维护宗族内部秩序的目的。

3. 宗族孝道的具体培养方式

在孝道观念的培养方面,很多宗族采取了多种方法,通过多种途径对其成员进行教育。他们不仅注重宗族内部成员的潜移默化,还强调在私塾教育中加入孝道内容。宗族的祭祖活动也是宗族对族人进行孝道教育的一种重要形式。在祭祖过程中,很多宗族还进行宣讲家法族规的活动。除了加强宗族内部自身教育外,很多宗族还特别注重宗族子弟私塾学校教育中的孝道内容。

(三)宗族发挥养老功能的内部特点

宗族组织是传统社会养老的一支重要力量,它之所以能够辅助家庭承担起养老的任务,与其自身的特点密切相关。

1. 宗族内部严密的组织机构

作为我国传统社会最重要的社会组织形式,宗族内部的组织机构发展得极为完善。尤其是在宋元以后,宗族形式已经发展成熟。族田、祠堂、家谱、族长、族规等宗族要件都已具备。通过完备的内部机构,宗族可以对其成员进行全方位的控制。

正是因为自身严密的组织机构,宗族成为我国传统社会中自成一体的封闭社会团体,它有着保障自身运行的经济基础、维护自身权力的法律体系、代表先祖执行神圣使命的权威以及确立宗族身份的家谱记录，这一严密体系的存在使族人根本无法脱离宗族而单独存在，任何违反宗族规范的行为都会受到无法承担的后果，因此，在传统社会宗族成员对宗族有着强烈的依附感。表现在养老方面就在于：宗族成员对宗族所提倡的孝道和严格的尊卑长幼秩序表现出顺从的态度。可以说，无论是宗族的孝道教化，还是宗族对违反孝道忤逆父母的族人进行的惩罚，都是在宗族强大的约束下进行的，没有严密的组织机构，宗族根本无法承担起这样的职能。

2. 宗族组织的惩戒权

宗族凭借强有力的控制权可以对其成员的不孝行为进行控制和制止，但是仅仅采取劝导和教化的方法并不能够杜绝此类行为的发生。因此，宗族组织通常会通过自身拥有的强制权力，按照家法族规对不孝行为进行严厉的惩罚以震慑族内成员，保障族内老年人的养老权利。

在很多宗族规条中都有对不孝宗族成员进行惩罚的条款。作为与国法并行的家法体系，我国传统社会的家法族规是国法的有力补充。它的合法性和对族人的惩罚和控制得到了国家法律的默认，与国法有着同等的效力和威严。因此，家法族规可以对族人的不孝不敬行为进行惩处和责罚。面对家法族规的重罚，甚至重至处死的严刑苛责，族人的行为自然会有所顾忌，不敢有任何僭越。

3. 宗族组织的族田与义庄

宗族能够对其成员进行物质上的救助，主要基于宗族有着必要的经济基础和实力。

在我国历史上，曾经存在过很多经济实力强大的宗族，这些宗族的财富主要来自两个方面：宗族成员自身庞大的产业；宗族共有的财产和义庄。宗族财力的雄厚为宗族能够为宗族成员提供经济救助奠定了基础。宗族以恤族为目的设立的义庄和族田，成为众多宗族进行内部救助的重要基础。在遭遇天灾人祸无法自存时，宗族成员可以借助宗族救济维持生活。族内老年群体，尤其是贫困老年群体通常都是宗族救助的主要对象。

五 传统家庭养老的历史评价

在孝道文化的长期影响下，以家庭为基础的传统养老模式在我国延续了几千年。这一文化和养老形式的存在使我国老年人在历史上享有崇高的地位，受到了极度的尊敬。无论是在物质方面还是精神方面都受到了社会和家庭成员的优待，即使是没有家庭赡养的老年人也在宗族和国家的救助下得以维持生存，从而免予流离失所的命运，这是我国历史上绝大多数老年人的生活状态。传统家庭养老形式在我国历史上起到了重要的作用，对维持我国传统社会的长期稳定和延续有着不可否认的积极意义。但是传统家庭养老并没有解决我国历史上所有的养老问题，它有着自身的缺陷和弊端，这些问题的存在甚至还在一定程度上给我国民族文化和民族性格的形成造成了不良的影响。无论怎样，传统家庭养老形式符合我国传统社会的特点，这是它长期延续的关键所在。即使在当前以及未来很长时间内，家庭养老也有着发挥作用的广阔空间，尤其是在社会保障制度不太健全的农村地区，家庭养老还需要承担养老的重任。

1. 传统家庭养老的局限性

传统家庭养老在物质、精神、生活照料等各个方面给予了老年人无微不至的关心和照顾。在儒家孝道的要求下，传统家庭养老的各个方面已经达到了无以复加的程度。即便如此，传统养老也有着片面和落后的一面。尤其是自宋代以来，严酷的"父为子纲"的封建理学伦理逐渐将传统孝道带入了另一个极端，完全违背了应有的人性。尤其随着明清时期封建社会极权政治的实施，传统孝道更被完全扭曲，最终成为强烈禁锢中国人思想的腐朽封建思想。

第一，传统养老的极端性。在很多传统儒家经典中，强调子女对父母尽心竭力的奉养是其一项重要内容。强调子女对父母的义务和责任本来理所应当，但是随着宋明理学对儒家伦理的推崇、扭曲和强化，孝道本来的意义不复存在。在统治者的强烈宣扬和提倡下，日常生活的平淡照料已经不足以表达对父母的孝敬，迫使人们寻求更为不同寻常的行动来展示自己对父母的赡养之情。因此，在我国传统养老历史上曾经出现了很多这样不可思议的孝亲故事，令人感慨。《二十四孝》中的"卧冰求鲤""尝粪忧心""乳姑不怠""埋儿奉母"以及明代彭有源"割肝救母"等故事听起来让人万分感动，但深思之后才发现其中包含了更多的是愚昧、荒谬和无知。这样的孝道不仅不能达到孝养父母的目的，反而走向了伤害自己、家庭甚至整个社会的反面和极端。

第二，传统养老的自私性。"父母在，不远游，游必有方"是传统孝道对子女的要求。其含义在于，为了能够更好地奉养父母，子女尽量不要远离自己的父母，以免他们无人照顾。如果不得不远离，必须告诉自己的去向，以免他们担心忧虑。这样的孝道完全以父母的需要为第一位，无论自己有什么发展都要首先参考父母的生活情况，使年轻人根本无法按照个人的想法来安排他们的生活，常会使他们不得不放弃自己的前途和追求，囿于家庭这样一个狭小的范围。传统养老为了父母的需求，放弃子女的个人利益，很显然有着自私的一面，这是传统养老自私性在家庭中的表现。传统养老对于社会的发展也同样有着自私的特点。很多有才华的人为了奉养自己的父母，放弃为国效力，对于国家来说也是一大损失，这也是传统孝道自私性的表现之一。

第三，传统养老的功利性。在我国古代社会自汉代起就有着"举孝廉"的制度规定，儒家伦理和孝悌品行成为国家人事选聘的标准之一。这样的人事选拔制度为一些身处民间又希望跻身官场的人提供了一条可行的道路。在这样的政治氛围和明显目的的驱使下，孝行不再是单纯的道德修养而带有明显的功利色彩。

第四，传统养老的片面性。我国传统孝道在提出早期，"父慈子孝"才是其最初的本意，强调只有父母长辈对子女关心照顾，才能获得晚辈的尊敬和孝顺。但是随着传统孝道的不断强化，"父慈子孝"的观念逐渐被"父为子纲"的封建思想所取代。父子之间的关系不再是双方的相互关心与照顾，而转变为子女对父母的单方无条件地完全服从。这样的孝道方式很显然有着明显的片面性，必然造成父子之间的不平等，从而破坏了亲子之间本来存在的其乐融融的和谐关系。

2. 传统家庭养老的深远影响

首先，传统家庭养老对我国历史文化的影响。以家庭为基础的养老形式受到了我国传统社会政治、经济、文化的影响，得以在几千年内长期存在和发展，而家庭养老的延续又反过来对我国社会文化的发展产生了不可忽视的作用，尤其是对某些与家庭养老形式相适应的文化现象起到了强化作用。一方面，传统家庭养老使我国传统文化更关注家庭和亲情。在我国传统家庭生活中一直追求着这样一种状态：父母竭尽全力给子女创造良好的生活环境，教给他们生存和生活的技能，并给他们提供较好的物质生活；而当他们年老的时候，子女与孙子女就要按照礼仪和亲情尽最大的能力来侍奉老人，不仅要给予老人在家庭中最好的物质生活，还要使他们能够享受到子女的关心，获得精神上的安慰。"父慈子孝""子孙承欢"的天伦之乐一直是传统家庭所竭力追求的生活方式和状态。在传统家庭如此和谐融洽的氛围下，人们心底最淳朴、最真实的亲情和感动很容易被激发出来，并扩及他人和社会。这样一来，极度关注亲情、重视家庭成为我国传统文化区别于西方文化的一个重要特征。另一方面，家庭至上的观念也给我国传统文化带来了很多负面的影响。在我国传统社会，由于家庭养老的重要性，"多子多福""不孝有三，无后为大"成为人们普遍接受的观念和信仰。在这样的氛围下，传宗接代成为每个人一生中最重要的任务。为了在恶劣生活和医疗条件下保证子女数量，确保自己后继有人，人们通常会最大限度地追求生育的数量。因此，家庭养老引起了我国传统社会人口的过度增长，造成了我国传统社会长期的内卷化现象。内卷化现象在我国传统社会的一个显著表现就在于随着人口的不断增加，社会的发展成果不断被新的增长人口所消耗，从而造成我国传统国家在相当长的时间内徘徊不前，长期停留在一种简单重复、没有进步的状态。

其次，传统家庭养老对我国民族性格的影响。在我国传统社会，家庭养老形式的存在是以家庭尤其是大家庭大家族的存在为前提条件的，这是因为大家庭大家族的存在可以为家庭养老提供更好的条件，最大限度地满足养老的需求。大家庭大家族人口众多，在面临各种灾害时，可以发挥更多人的力量最大限度地保障老年成员的养老需求，从而最大限度地起到风险共担的效果。因此，大家庭大家族以及宗族组织形式在我国传统社会得到了长足的发展，并得到了传统国家的积极提倡，一些相处和睦的大家庭甚至得到了传统国家的表彰和嘉奖。除了在家庭中尽量克制之外，为了从根本上保障家庭家族以及邻里、家国关系的秩序和和谐，很多家族还制定了家法族规以提倡忍让的处事原则和谦虚的态度来规范家庭家族成员的行为。历史上很多有影响的家族在制定家法族规时，都制定了旨在培养和监督家族成员生活方式、传统习惯、家庭道德规范和为人处世之道等德行的条款。这些家法条款大多以提倡尊老爱幼、家庭和睦、互相谦让、和睦乡邻、不损他人、规避词讼、避免冲突等为其主要内容，并对违反这些规定的族人给予严厉的惩罚。这些秉承"和为贵"以避免冲突原则制定的家法族规也对我们形成礼让的民族性格产生了极大的影响。

中国人所表现出来的谦和忍让的性格特征为我们赢得了礼仪之邦的美誉，但是一些腐朽的封建礼仪制度也在一定程度上限制了中国人的思想，并深深影响了我国整个社会的进程和发展。首先，在实施家庭养老时为了确保老年人的地位和尊严，封建礼制非常强调子孙对老人意志的完全服从，这种愚孝使礼教制度下的人们形成了屈从权威、缺乏反抗和创新的性格特征。同时，随着孝道政治化的进程，忠君观念也成为统治阶级提倡的社会伦理道德和规范，家庭养老所遵循的服从、秩序、权威的观念扩展到了整个社会范围。这种屈从权威、不敢违抗、委曲求全的意识确实在很大程度上保障维持了我国传统社会的统治秩序，保持了社会的稳定。但是，它却在更深的层次上扼杀了人们的创新力和反抗精神，而创新力和反抗精神的存在正是促进社会进步的一种重要社会力量。这种精神的缺乏使传统社会的中国人持有这样一种生活理念：他们对于未来生活目标的追求不是努力进取而是小富即安，不是努力拓展而是竭力维持。正是中国人这样一系列难以创新、不敢反抗、不思进取、小富即安的性格特征扼杀了社会的进步和科技的发展，从而使我国传统社会长期处于一种缓慢发展的状态，难以有突破性的进展，最终造成近代以来中国社会的落后局面。

第二节 新中国以集体社队为主体的农村社区老年保障制度

新中国成立以后，我国政治经济形势发生了重大变化。新的政权无论在意识形态、政治体制还是经济基础等各个方面都发生了翻天覆地的改变。

首先，在意识形态方面，新中国确立了以马克思主义为指导的社会主义意识形态。新中国成立后，为了配合国家社会主义建设以及其他各项工作的开展，我党进行了一系列思想改造运动。坚决肃清帝国主义、封建主义思想，并对一切非无产阶级思想开展了批评和批判。经过深入的学习和多次的改造运动，以马列主义、毛泽东思想为指导的社会主义意识形态终于取得决定性的胜利，确立了在社会主义建设中的主导地位。这一指导思想的确立大大促进了新中国成立后我国生产资料私有制的社会主义改造，巩固了社会主义新生政权的各项建设和成就。思想意识形态的转变，成为新中国成立后一系列社会改革的重要背景和基础。

其次，在政治体制方面，我国建立了"以工人阶级领导的、以工农联盟为基础的、团结各民主阶级和国内各民族的人民民主专政国家"。新的国家政权性质与旧政权截然不同：一个代表大地主、大资产阶级的利益；另一个代表以工农联盟为基础的广大人民的利益，政权性质的巨大差别给我国社会的各个方面都带来了翻天覆地的改变。为了区别与旧政权、旧制度的不同，国家制定了各项新的制度以体现新政权的优越性。作为社会改革的重要领域，农村各项社会制度的革新在所难免。

最后，在经济基础方面，农村经济制度也进行了一系列社会主义改造。新中国成立后，我国农村社会开展了土地改革运动。到1952年年底，除了新疆、西藏等部分少数民族聚居的地区外，全国的土地改革基本完成，广大农民获得了土地和必要的生产资料，从根本上废除了中国延续两千多年的封建的和半封建的土地剥削制度，解放了农村生产力，广泛调动了农民群众的生产和建设的积极性，促进了农业生产的迅速恢复和发展（段啸虎，2000）。但是，农民个体土地私有制显然无法适应当时社会主义改造的进程。为了彻底消除农村社会的贫富两极分化现象，农民个体土地私有制在经历了短暂发展后被迅速改变，新的农村土地改革被很快提上日程，体现农村土地集体公有制的合作化和人民公社化运动轰轰烈烈地开展起来。

经过新中国成立后我国社会意识形态、政治体制、经济基础等各个领域的全面改造，我国农村老年人保障安排的制度环境发生了根本的改变，在强力的推动及积极支持下，我国农村老年人保障制度开始由家庭养老向集体社区养老强制转变，我国农村老年人保障从此进入一个新的发展阶段。

一 新中国成立初期传统家庭老年保障制度的延续

（一）新中国成立初期农村土地改革的进行

解放战争期间，我们党已经在东北、华北等解放区进行了土地改革运动，涉及大约1.6亿农村人口。新中国成立后，经过土地改革运动，全国大部分无地少地的农民都获得了土地，封建剥削的地主土地所有制被彻底打破，农民个体土地私有制得以确立。土地制度作为农村老年人保障制度安排的重要环境因素，对农村老年人保障工作起着至关重要的作用。作为农村老年人保障工作实施的经济基础，它不仅决定了这一阶段农村老年人保障制度安排的形式，还从根本上决定了这一时期我国农村老年人保障工作的水平和效果。经过土地改革运动，我国建立了农民个体土地私有制，这一制度维护甚至强化了传统以家庭为基础的小农经济形式，以土地和个人手工业为基础的经济收入成为当时农村家庭的主要生活来源。在此土地制度基础之上，以个体小农经济为基础、以家庭自我保障为主体的传统农村家庭老年保障制度得以存在的经济基础和社会环境并没有根本改变。因此，农村老年人保障制度延续原有的家庭养老方式是现实选择。但是，与新中国成立前农村老年人保障工作相比，"耕者有其田"的实现为家庭养老功能的发挥奠定了较好的物质基础，此时的农村家庭养老能力有了极大改善和提高。

（二）传统家庭养老的延续与其他老年保障制度的涉入

1. 新中国成立初期，农村传统家庭老年保障制度的延续

新中国成立初期，除了维持农村家庭老年保障制度的小农经济基础依然存在、延续并得以强化之外，作为家庭老年保障的组织基础，我国家庭形式也仍然保留着传统的状态，没有迅速改变。传统家庭形式和传统家庭观念的保留，为新中国成立初期我国农村家庭老年保障制度的延续提供了必要的组织和文化基础。

新中国成立初期，由于传统社会的延续，我国农村社会还存在较多的扩大家庭。扩大家庭是由两对或两对以上夫妇及其未婚子女组成的家庭，它或是父母和已婚子女组成的异代扩大家庭，或是由已婚兄弟姐妹多个核心家庭组成的同代扩大家庭。由于扩大家庭中家长有着绝对的控制权，因此父母长辈在家庭中享有较高的尊重和地位。因为有着对长辈的尊敬和爱戴，子女才能够在对老人日常生活的照顾中倍加关心和体贴。父权的存在也使得子女难以掌握家庭财产权，为了更好地维持家庭的运行，子女需要对父母长辈履行赡养的职责，这也是家庭赡养功利性的一面。除了这些，由于扩大家

庭人口众多，家庭成员相互忍让，赡养老人等传统道德观念也更容易保留。同时，扩大家庭人手较多，在赡养老人方面也有着充足的人力资源。因此，在传统的复合式扩大家庭中，老年人享有着与以往传统社会相同的养老待遇。父母受到子女的尊敬，享受物质生活上的优待，与子女居住在一起，由子女照顾一切生活起居。

传统扩大家庭由于人口众多、利益不同，很容易出现婆媳以及妯娌问题，从而导致最终的分家。因此，由分家形成的主干家庭、核心家庭也是新中国成立初期农村家庭的常见形式。尽管如此，在兄弟分家之后，由于传统家庭观念的影响，老年人的赡养问题也会得到妥善的解决。按照我国传统分家的惯例，父母财产需要平分给所有儿子，大到土地、房屋，小到日常用品都要分得很清楚。由于家产在兄弟之间平均分配，因此在父母赡养方面，所有儿子也应负担相同的义务和责任。在分家之后，老人的居住安排是影响家庭养老的重要因素。新中国成立初期由于农村社会的贫困，家庭房屋的居住并不宽裕，在兄弟分家之后，尽管实现了分灶分产，但是还有几个核心家庭住在一起。

无论是复合式的扩大家庭，还是分家后形成的主干家庭与核心家庭，都仍然延续着传统的尊老敬老观念和传统的家庭养老行为。传统家庭养老是新中国成立初期我国农村老年人保障的主要形式。

2. 新中国成立初期，国家与集体对农村特殊老年群体的优待和社会救助

新中国成立后，国家积极参与到社会保障的工作中来。从法律制度、社会救助以及社会优待等方面开展了对农村老年人保障工作的支持。

新中国社会主义政权建立后，新的社会性质决定了我国整个社会制度的倾向，全体劳动者的权利得到了法律和国家的肯定和保

护。1949年《中国人民政治协商会议共同纲领》和1954年《中华人民共和国宪法》规定：劳动者在年老、疾病或者丧失劳动能力的时候，有获得物质帮助的权利。这两个文件从宪法的角度对劳动者权利给予了最具法律效力的规定。

除了从最高法层面做出规定外，中央人民政府也开始从实践中着手发展整个国家的社会保障事业。1949年11月，中央人民政府内务部正式成立，并在各大行政区设民政部，在各省、自治区、直辖市设民政厅，大城市设民政局，专区、县设民政处、科，民政机构遍布全国（宋士云，2006）。民政机构的普遍设置进一步完善了整个社会保障体系的建立。尽管从宪法和国家机构设置的高度，新中国已经具备了社会保障的基本观念和功能，但是因为经济实力的制约，新的初建政权还很难全方位保障每个公民的生活物质权利，这需要一个较长的过程。因此，这一时期我国农村老年社会保障仅限于孤寡老人部分，只有这部分老年人在年老无助时获得了国家的养老和生活救助。

这一时期国家对农村老年人保障问题的关注仅限于孤寡老人等特殊人群，除了经济因素外，最主要的还在于当时农村的社会现实。新中国成立初期，经过长达数年的战乱，农村社会有一大批无依无靠的孤寡老人面临生活窘况，他们没有家庭子女、亲属可以依靠，随时可能陷入困境。这部分老年人的生活问题如果不能及时有效解决，将给整个社会稳定带来较坏影响，也会降低普通民众对新政权的信任，甚至对其能力产生怀疑。同时，保障每个劳动者的权利也是社会主义国家的基本要求。在此情况下，国家给予这部分农村老年人以力所能及的帮助。

除了国家社会救济，农村基层政府在实际工作中也对这部分老年人提供了特殊优待。在土地改革过程中，农村孤寡老人就享有其他老年人所不能享有的特殊待遇。一方面，在分配土地时很多地方都会特意将村子附近的、土质肥沃的土地分给鳏寡孤独残疾人，以方便这部分人的工作，减轻他们的负担。有的村子甚至还适当多分给他们一些土地，以增加其经济收入，改善他们的生活。另一方面，在组建农业互助组的过程中，很多农村基层政府还会根据实际情况，考虑孤寡老人在耕种、收获时的困难，将他们分配到劳动力强、人员关系较好的互助组当中，通过帮扶小组的形式为他们提供农业日常生产帮助，从而解除他们的后顾之忧。这些帮扶工作主要以组内义务方式进行，极大体现了当时新社会形势下人们之间的友好合作和良好互动。通过国家救济和优抚工作，农村特殊老年群体的物质生活得到了较为妥善的安排。

3. 家庭经济能力的好转与老年保障实力的增强

新中国成立初期，随着土地改革的进行，农民获得了自己的土地，生产热情空前高涨。在这样的背景下，我国农村经济形势迅速好转，农业各项生产快速增长。农民生活水平的提升使家庭中老年人的生活水平也"水涨船高"，物质生活得到不断改善。不仅如此，农村家庭收入的增加也使农民家庭有了较多的物质剩余，通过财富积累农村个体家庭抵抗风险的能力也随之增强。家庭经济形势的好转、保障能力的提高，使农村普通老年人的生活也得到了基本的保障。

二 集体社队时期农村老年人保障的供给

经过新中国成立后短暂的农民土地个体私有制之后，我国农村社会发生了更为巨大的变化，土地制度和行政管理制度都在极短的时间内进行了重大的调整和改革。在这样的制度环境下，国家的积极提倡和支持、集体经济公有制的建立、人民公社行政管理体制下家庭功能的弱化和缩减迅速导致了我国农村老年人保障制度由家庭老年保障向集体社区老年保障的强制性转变。集体社队担当起了这一时期农村老年人保障的主要供给者的角色，我国农村老年人保障制度进入了一个前所未有的崭新阶段。

1. 集体社队成为老年保障的主要承担者

通过整个社会的努力，新中国成立初期我国农村老年人保障工作得到了较为妥善的安排。农村普通老年人在传统家庭养老方式的延续下得到了家庭的照顾和尊敬，并随着家庭经济收入的增加，其生活水平得到提高，生活状况也得到了逐步改善。除此之外，农村孤寡残疾老年人也在国家和基层互助组织的帮助下得到了最基本的照料和优待。但是，这些并不是新生社会主义政权的最终追求，建立一个没有阶级，没有社会差别，各尽所能、按需分配，社会生产力高度发达，产品极大丰富，人类能够获得全面发展和自由的共产主义社会才是其最终目的。在这一思想的指导下，整个国家局面包括农村社会发生了重大的变革。农村社会迅速掀起了农业合作化运动和人民公社化运动，打破了刚刚建立的农村土地个体私有制，建立了高度公有制的集体经济。经济基础的转变以及在此基础上形成的平均主义的分配方式和管理方式，将集体社队推向了农村老年人保障工作的主要供给者的位置，依此特点可以将我国这一时期的农村老年人保障制度确定为集体社队形式的社区老年保障制度。在这样的分配制度下，一些没有劳动能力或者劳动能力差的老年人也可以按照人均供给标准从集体领取粮食衣物等生活必需品，基本生活得到了保障。

除此之外，老年人为了获得更多的收入，还可通过参加集体分派的轻活来获得工分，从而按照级别获得工分粮。不仅如此，集体社队还为全体公社成员包括老年人提供了基本的医疗和其他福利补贴。集体社队的平均主义的分配制度有着鲜明的特点，即经济收入的分配不再以家庭为单位进行分配，而是以个人作为集体社队成员的身份来获得。这样一来，就出现了这样的状况，至少从表面上来看是这样：农村老年人的物质生活资料不再通过家庭这一渠道，依靠家庭内部成员的重新分配来获得，而是直接依靠集体社队凭借个人身份来获得。这样的分配制度使老年人极大地减少了对家庭的经济依赖，得到了集体社队几乎完全的支持与负担。但是，需要注意的是，集体社队对于普通老年人的生活保障还仅限于物质供给方面，对于老年人的生活照料和精神慰藉需求在集体社队老年保障制度中并没有专门涉及。因此，即使在人民公社时期，家庭仍然承担着老年生活照料和精神慰藉的重要任务。

除了对全部老年群体实施物质供给之外，这一时期集体保障的一个重要特色，就在于针对农村无依无靠的鳏寡孤独建立了"五保"供养制度，即保吃、保穿、保烧（燃料）、保教（儿童和少年）、保葬。这部分人无论是生活必需品的供养，还是必要的生活照料都由集体社队统一安排。在集体经济条件下，农村社会集体社队保障制度的另一个重要特色在于推行和发展了农村合作医疗制度，这一制度的实施为体弱多病的老年生活保健提供了极其重要的支持。作为社会主义政权下的新生事物，"五保"供养制度与农村合作医疗制度对我国集体社队老年保障制度的积极意义值得深入探讨和研究。

2. 国家对集体社队老年保障的倡导与支持

作为一种强制性制度变迁，新中国成立后我国农村老年人保障制度由传统家庭老年保障向集体社队老年保障的变迁，受到了政府尤其是中央政府自上而下的激进式推进。在这一过程中，尽管中央政府没有涉入农村老年人保障制度的直接运行，也几乎没有承担资金补贴的责任，但是它在其中的推动和规划对这一时期我国农村老年人保障制度的迅速转变起到了至关重要的作用。

首先，国家领导人对农村集体社区老年保障制度建立的积极提倡和促进作用。新中国成立后，我国农村社会进行了大规模的土地改革运动，对封建地主土地私有制进行了社会主义改造，绝大多数农民在土地均分的情况下获得了赖以生存的土地。但是"小生产是经常的，随时随地地，自发地产生着资本主义和资产阶级的"（《列宁选集》，1995），土地个体私有制必然导致不同程度的两极分化。因此，随着时间的推移，农村社会的贫富差距还是不断拉大并逐渐明显起来。在农村社会贫富分化的过程中，由于个人、家庭等各种原因，孤寡残疾老人首当其冲成为逐步分化的底层困难群体，随时面临着新的生活困境。为了从根本上解决农村社会存在的这些孤寡老人的生活保障问题，迫使政府必须找到新办法来解决。针对这一情况，毛泽东进行了深入的思考和探索。他认为刚刚建立的新中国经过长时间的战争百废待兴，尤其是农村社会"有一半是很困难的，鳏寡孤独，没有劳动力"（《毛泽东文集》，1999），更需要加大力度快速解决，这是由新中国的社会主义性质决定的，"社会主义社会，不搞社会集体福利事业还称什么社会主义？"（中华人民共和国国史学会，1998）因此集体性质的大合作社就成为解决这一问题最合适的选择："大合作社也可使得农民不必出租土地了，一二百户的大合作社带几户鳏寡孤独，问题就解决了。"（《毛泽东选集》，1977）毛泽东同志的这些思想使得当时高级农业合作社以及后来人民公社建立的意义和目的看起来极为明显，即通过较大的农民组织来分担该组织内部农民群体的社会风险，以解决农村大量鳏寡孤独者的生活问题，从而显示社会主义政权的优越性，稳固新生政权，这也是共产党政治理想的一个方面。在当时的政治氛围下，国家领袖对集体化和人民公社的推崇，以及对其在农村老年人保障工作中所起作用的探讨，对此时我国农村集体社区老年保障制度的建立意义非凡，甚至起到了直接的推动作用。

其次，国家出台了一系列有关农村老年人保障制度的文件，对农业合作社以及人民公社的保障工作给出了明确的规定和要求。其中《一九五六年到一九六七年全国农业发展纲要》以及《关于人民公社若干问题的决议》标志着我国集体社队农村社区老年保障开始走向制度化和规范化。《一九五六年到一九六七年全国农业发展纲要》指出"农业合作社对于社内缺乏劳动力、生活没有依靠的鳏寡孤独的社员，应当统一筹划，指定生产队或者生产小组在生产上给以适当的安排，使他们能够参加力能胜任的劳动；在生活上给以适当的照顾，做到保吃、保穿、保烧（燃料）、保教（儿童和少年）、保葬，使他们的生养死葬都有指靠"，对"五保"供养工作作出了规定。1958年12月10日《关于人民公社若干问题的决议》强调加强公共食堂建设，尤其是"对老人、小孩、病人、孕产妇和哺乳的母亲，在伙食上要给予必要和可能的照顾"，并对敬老院建设提出了要求，希望能为无子女依靠的老年人提供一个较好的生活场所。到人民公社后期，1978年中共十一届三中全会通过的《农村人民公社工作条例（试行草案）》仍对农村五保老人的保障工作给出了安排："对生活没有依靠的老、弱、孤、寡、残疾的社员，实行供给。各地应根据情况，由所在生产队或生产大队，按稍高于当地一般社员的实际生活水平的标准，保证五保户吃饱、穿暖，居住安全，有病得到及时治疗，生活不能自理的，有专人照管，孤儿得到应有的教育，病故有人安葬。供给五保户的粮、款、柴、菜等，凡实行统一分配的单位，应从集体分配中解决；实行包产到户和包干到户的单位，应从统一提留中安排。不要把五保户的口粮和其他生活费用分摊到各户，更不准用分给一份土地的简单办法推出不管。总之，不论采取哪种供给办法，对五保户的生活都要包下来，安排好。"这样一系列有关农村老年人保障工作的文件对于以集体社队为主体的农村社区老年保障制度起到了规范、约束、推进和强化的作用，有力地保障了以集体社队为主体的农村老年人保障制度的建立与开展。

3. 集体社队条件下家庭养老功能的缩减

新中国成立后，随着农业合作社以及人民公社运动的兴起，我国建立了以集体社队为主体的农村老年人保障制度，家庭在农村老年人保障工作中的作用逐渐缩减，尤其是在老年人物质供养方面，家庭已经不再是其主要的供给者。它在农村老年人保障工作中所能发挥的作用，主要限于集体社队无力或很难顾得上的精神慰藉和生活照料两个方面。

家庭老年保障功能的这一改变主要原因在于，这一时期家庭发挥养老作用的经济基础和组织基础受到了极大的破坏，这与人民公社体制下的公有制形式和基层组织的强大管理功能密切相关。

首先，人民公社公有制形式破坏了传统家庭养老的经济基础。在传统农业社会，家庭是人们生产生活的最基本单位，家庭成员共同劳动、共同享有劳动成果，作为一个经济单位家庭成员有权利自由支配家庭物质剩余。通过家庭收入的内部再分配，家庭中劳动能力较差的老年人就可以通过分享家庭劳动成果，得到生活保障。可以说，传统家庭所拥有的经济支配权是家庭养老能够顺利进行的必要基础。但是，人民公社的建立却在很大程度上破坏了这一基础，从而影响了家庭老年保障功能的发挥。人民公社制度下家庭形式虽然依然存在，但它已经变成一个单纯的狭义的生活单位，经济功能几乎被强制剥离。第一，从财产形式上看，人民公社几乎完全取消了农民家庭私有财产，使得农民失去了通过其他劳动累积家庭私有财富的可能。第二，从分配制度看，人民公社完全剥夺了集体社员的劳动剩余。人民公社建立的最主要标志在于农村土地公有制的形成，并强调一切财产属于人民公社。家庭经济的衰落使依靠家庭物质再分配的养老形式失去了存在的经济基础。

其次，人民公社的管理形式消解了家庭老年保障制度的组织基础。人民公社成立之后农村社队实行了供给制、工资制的收入分配方式，甚至在一个时期建立了公共食堂，这在很大程度上改变了家庭作为一个消费、再分配单位的性质，破坏了家庭承担传统养老的经济基础。除此之外，人民公社内部还实施了以生产队为基本单位，统一领导、统一调配、统一指挥的生产方式，大力兴建了公共食堂，这些管理制度改革都对家庭养老功能的发挥是一个重大的打击。人民公社成为连接农民之间唯一的组织形式，农村老年人开始依赖人民公社所提供的保障形式，我国农村老年人保障进入一个全新的阶段。

三 集体社队时期农村社区老年保障的项目

农业合作化以及人民公社时期，集体社队除了为全体社员包括老年群体提供基本生活资料之外，还为他们提供了基本的医疗服务保障，并为社队中鳏寡孤独者提供了"五保"供养。一些有条件的集体社队还为老年群体提供了必要的救济和优待，甚至开展了老年退休制度。这样一系列由集体社队负担的农村老年人保障制度安排，为这一时期农村老年群体生活提供了基本的保障。

（一）农村老年医疗保障

农村合作医疗制度是我国农民经过长期实践过程创造发展起来的一种初级基层医疗卫生保障形式，它主要通过集体和农民共同出资的形式进行，达到了为农村居民提供费用低廉医疗服务的目的。这一医疗卫生制度的建立，极大地改善了当时我国整个农村社会的医疗卫生条件，解决了新中国成立后我国农村地区长期以来缺医少药、传染病流行的落后局面，提高了农村居民的健康水平。这一医疗形式因其良好的社会效果被世界卫生组织和世界银行誉为"以最小投入获得了最大健康收益"的"中国模式"，受到国际社会的关注和赞赏。农村合作医疗作为一项普及全体农民的医疗卫生制度，虽然并不是为老年人特设，但是它对于老年群体的作用和意义显然更为巨大和明显。

1. 农村合作医疗制度的形成和推广

探索我国现代意义上农村合作医疗制度的起源和萌芽最早可以追溯到20世纪30年代初的华北农村合作运动和乡村建设运动，这一时期我国农村地区已经开始了合作医疗活动的探索和实践，其中以晏阳初指导的河北定县模式最为著名。晏阳初通过平教会在中国农村的调查发现，中国农民有"愚、贫、弱、私"四大疾病，而身体的病弱是这种社会病态的集中反映。由此，他开始在河北定县进行卫生健康实验，建立了村、镇、县三级医疗制度：村卫生保健员、乡镇保健站和县保健中心，设计了最早的"赤脚医生"制度。在这样的医疗实践中，三级医疗机构主要负责在农村地区宣传卫生知识、进行预防接种、推广新式接生法并培训产婆、动员民众清洁环境、对井水消毒并新建远离茅房和畜栏的新水井，这些活动已经超过了医疗服务的范围，更加以预防为主。

新中国成立后，国家非常重视普通民众的卫生保健工作，于1950年8月召开了第一届全国卫生工作会议，将国家卫生工作的重心转向"工农兵"，并将实现农村社会"有医有药"作为发展医疗卫生事业的首要目标。1956年第一届全国人大第三次会议通过的《高级农业生产合作社示范章程》正式提出了农业合作社要对本社成员疾病医疗负责，并负责本社公共卫生的预防宣传和社员的日常保健，还要对因公负伤或致病的社员进行医治，这是我国首次以法律形式强制赋予集体社队组织医疗卫生服务的工作。自此，很多地方出现了以集体社队经济为基础，以集体与个人相结合、互助互济的集体保健医疗站、合作医疗站或统筹医疗站。1959年11月，在山西省稷山县专门召开的全国农村卫生工作会议上，卫生部就此给予了高度的评价和充分肯定，将其称为："无病早防、有病早治、省工省钱、方便可靠"的初级卫生保健制度（陈佳贵，2001）。会后，卫生部达成了《关于人民公社卫生工作几个问题的意见》，并上报中央：根据目前的生产发展水平和群众觉悟程度等实际情况，以实行人民公社社员集体保健医疗制度为宜。1960年2月2日，中共中央对此进行了转发，要求各地遵照筹办。为了推广稷山经验，毛泽东还亲自起草了《关于卫生工作的指示》，要求各级党委政府"立即将中央二月二日批示的文件发下去，直到人民公社"。自此，合作医疗制度成为我国农村工作的一项基本制度。

在人民政府的积极推动以及毛泽东同志的关注下，农村合作医疗制度在农村合作化运动以及人民公社初期有了很快的发展，达到了第一个高潮。但是受到"大跃进"以及人民公社"左"倾思想的影响，农村合作医疗制度也出现了很多不好的现象，严重妨害了合作医疗的发展。加上1962年三年自然灾害之后，中央对国民经济实行"调整、巩固、充实、提高"的方针，农村医疗卫生工作也随之进行了相应调整。到1964年，全国农村只有不到30%的社队还维持合作医疗（曹普，2006）。由此可见，经过对合作医疗制度将近十年的推行，整个农村地区恶劣的卫生医疗条件并没有彻底改善和扭转。面对这样的局面，反观城市干部和工人较为完善的社会医疗体系，1965年6月26日，毛泽东提出了著名的"六二六指示"，认为医疗卫生工作应该把主要人力、物力放在一些常见病、多发病、普遍存在的病的预防和医疗上。城市里的医院应该留下一些毕业一两年，本事不大的医生，其余的都到农村去，把医疗卫生工作的重点放到农村去（谷加恩，2006）。在这一指示的要求下，1965年9月，中共中央转发了卫生部《关于把卫生工作重点放到农村的报告》，提出"今后要做到经常保持三分之一的城市医药卫生技术人员和行政人员在农村，大力加强农村卫生工作"。随后，农村卫生工作有了极大的改观。到1965年年底，全国已有山西、湖北、江西、江苏、福建、广东、新疆等10多个省区的一部分农村实行了合作医疗制度（《当代中国》丛书编辑部，1986）。

随着"文化大革命"的兴起，掀起了农村合作医疗制度建设的第二次高潮，在此期间农村合作医疗制度得到了迅速普及和推广，达到了发展的鼎盛阶段。这一时期，农村合作医疗制度的发展主要是基于两个原因：第一，毛泽东同志的大力倡导；第二，媒体舆论的广泛宣传。1968年《红旗》杂志发表了《文汇报》记者撰写的《关于上海郊县赤脚医生发展状况的调查报告》，第一次提出了"赤脚医生"的称谓。不仅如此，为了继续加大对农村合作医疗的宣传力度，《人民日报》从1968年12月8日到1976年8月3日开展了107期"关于农村医疗卫生制度的讨论"。许多地方报纸也先后开辟专栏进行讨论。"广大贫下中农、农村'赤脚医生'、解放军战士、革命医务工作者和革命群众，纷纷写稿写信热烈参加讨论。"（《人民日报》，1969）在新闻舆论的积极倡导和宣传下，农村合作医疗制度发展成为一个全民性的政治运动，得到了进一步的发展和普及。据统计，到1979年全国农村合作医疗普及率达到90%（李朝峰等，2006）。经过了20多年的发展，"合作医疗"在1978年五届人大会议上被正式列入《中华人民共和国宪法》，它作为一项基本制度得到了国家的承认以及法律的约束和认可。

2. 集体社队时期农村合作医疗制度的特点

农村合作医疗制度成立成熟于新中国成立后的农业合作化运动及"文化大革命"时期，受此影响，集体社队条件下的农村合作医疗制度同其他社会制度一样有着这个时代的特点。

首先，农村合作医疗所需资金大部分依靠集体筹集。在农村合作医疗筹建过程中，中央政府给予了极大重视，开展了多项建设运动，包括投资建立乡镇公社卫生机构、出资培训"赤脚医生"、派遣巡回医疗队、加强农村卫生防疫等。农村公共卫生事业的加大建设和投资，为农民看病提供了必要条件。除此之外，农村合作医疗本身运作和农民个人看病所需的大部分资金主要来自集体社队补贴，少部分由农民个人承担。作为农村合作医疗初期的典型，山西省米山乡保健站的筹资办法为后来农村合作医疗制度的筹资提供了最初的运作范例。他们的具体做法为：保健站由农业生产合作社、农民群众和医生共同出资建立，具体出资主要包括农民缴纳的保健费、农业社公益金、医疗业务收入等；农民社员参加合作医疗遵循自愿原则，每个农民每年只需要缴纳2角钱的保健费，就可享受免费预防保健服务；医生的报酬一般通过记工分和发现金的办法来解决。尽管后来不同地区开展的合作医疗的具体做法有些不同，但是根本的运作模式并没有实质性改变。

其次，农村合作医疗制度参加对象的数目庞大。集体社队时期，农村合作医疗制度与当时其他社会运动一样，受到了全民的参与和支持，人数都非常庞大。据统计，到1979年全国农村几乎90%的社员都参加了农村合作医疗。合作医疗制度能够在农村地区得到如此迅速的推广，与这一时期的社会政治氛围有着很大的关系。除了这个原因之外，农村合作医疗制度能够达到如此高的参保率也与当时我们整个国家城乡二元化的管理体制密切相关。新中国成立后，尤其是人民公社时期，我国实行了农村和城市分割区别管理的严格户口管理制度。这一制度的实施，限制了农民的迁徙自由，使他们无法根据自己的需要和愿望选择居住的地域，更无法进入城市。他们需要依照农民社员的身份被限制在所属的公社、生产队中，实行军事化、集体化的管理。即使有些农民通过某些方式离开了自己所属的人民公社，如果不是依靠正常的途径进行，就根本没有别的地方和单位愿意接受和容纳，在这种情况下农民离开土地所要付出的代价极其高昂。因此，人民公社时期，农民希望通过改变身份享受其他较高社会医疗保障的可能很小。为了解决自身看病医疗的问题，参加农村合作医疗是唯一的选择。可以说人民公社制度以及严格的户籍管理体制为当时农村合作医疗制度拥有庞大的参保人群提供了制度保证。

最后，农村合作医疗制度的低成本运行。农村合作医疗制度建立初期，正是新中国加快社会主义建设的重要时期，全国上下集全国之力实现新中国的工业化，以改善国家长期以来的落后局面，在没有任何外来投资的情况下，农村成为社会主义建设的主要资金来源。在这种情况下，集体社队的经济收入被尽可能多地输入城市，从而无力为合作医疗等集体福利提供充裕的资金保障。为了正常运行，以集体社队为主要资金供给主体的农村合作医疗制度，必须保证低成本才能正常维持和运行，从而满足农民最基本的就医需要。为此，这一时期农村合作医疗制度进行了独具特色的探索，立足于当时的现实条件，通过培养和利用兼具农民医生双重身份的"赤脚医生"，为农民提供了基本医疗服务。并尽可能地挖掘了传统中医药的优势，想方设法降低农民的就医成本，从而达到为农民提供基本医疗卫生保健的目的。

赤脚医生制度之所以能够降低农村合作医疗的成本，完全得益于这个群体的特殊身份特征。根据当时的情况，为了配合农村合作医疗制度的推行，国家挑选了一部分具有相对较高文化的农民进行了短期医疗卫生培训，在学习结束之后，这部分人重新回到农村从事医疗服务工作，这些人就是所谓的赤脚医生。赤脚医生的这一培训方式和就业方式，使他们兼具了农民和医生的双重身份：从户籍身份上来看，赤脚医生还是农民，他们并没有通过短期卫生学校培训获得城镇户籍，留在城市工作，他们只不过是具备特殊技能的农民而已。除了劳动分工不同，他们和其他普通农民一样，在工作之余也需要参加农业劳动，并依照按劳分配的原则获得集体社队的工分和报酬。赤脚医生的这种身份使得集体社队不用负担雇用医生的开支，仅需要支付同其他社员一样的费用即可，这样大大降低了农村合作医疗的费用开支。赤脚医生能够降低农村合作医疗制度成本的另一个重要原因在于"赤脚医生"的服务方式。在农村合作医疗制度大力推广的时期，几乎每个自然村都有自己的赤脚医生和诊所。在本村就近医疗不仅大大缩短了农民就医看病的时间，还在很大程度上节约了农民在寻医问诊过程中需要承担的路费食宿等其他开支。

除此之外，传统中医药的有效利用也是合作医疗制度能够低成本运行并不断发展壮大的另外一个重要原因。在长期的医疗实践中，很多土生土长的赤脚医生充分发掘传统医学中的土方、偏方、土药、单方、针灸、拔罐等简便易行的治疗方法，并结合西医等现代医疗手段进行疾病预防和治疗，取得了良好的成果。采用这些方法，使农民不花钱能治病，少花钱能治大病，又大大减轻了合作医疗基金的支出（夏杏珍，2003）。赤脚医生制度的实施以及传统中医药的开发利用为集体社队时期农村合作医疗的低成本运行提供了必要的条件，并促进了农村合作医疗制度在极差经济条件下的发展壮大。

3. 集体社队时期农村合作医疗制度的意义及缺陷

农村合作医疗制度是新中国成立初期在我国农村社会医疗条件极其低下的情况下建立发展起来的，作为一种几乎覆盖当时整个农民群体的医疗保障制度，它对整个国家农民群体的意义非同寻常。

农村合作医疗制度的建立解决了几亿农民医疗保健的问题，在很大程度上改变了农村地区长期以来落后的医疗卫生状况，对提高和改善农民的身体健康条件起到了巨大作用。新中国成立前，由于医疗条件极其低下，疟疾、血吸虫病等在我国很多农村地区流行，给很多农村居民身体健康带来了很大威胁。不仅如此，性病、天花、白喉、肺结核等恶性疾病，也给当时的农村地区居民带来了不小的侵害。而在农村合作医疗制度实施之后，通过遍及全国农村地区的医疗机构网络，加强卫生知识宣传、预防、保健、初级治疗等措施，极大遏制了这些疾病在农村的传播和蔓延，甚至在很长一段时间内趋于消失。农村合作医疗制度的实施，提高了我国农村居民的整体健康水平。据统计，随着合作医疗制度在农村的普及，1973 年常见传染病发病率比 1970 年下降了 65% 左右（《人民日报》，1974 年 6 月 16 日）。与此同时，与新中国成立相比，农村合作医疗制度的实施和普及使农村地区人口死亡率大大下降。而造成这一状况的原因可以推测为：新中国成立后战乱的停止以及由此造成的饥饿状况的减少。如果没有医疗卫生条件的改善，在一定的生活水平下，这一死亡率将不会有显著的下降。但是，自 1957 年这一数字开始明显下降，到 1982 年达到 6.6 的最低水平。其后，到 1983 年人口死亡率又有略微上升。而这一趋势正好与我国农村合作医疗的实施和发展有着内在的联系：自 1955 年我国农村合作医疗制度开始实施之后，我国农村居民死亡率大大下降，而改革开放后随着该制度的不断萎缩，这一数值稍微上扬。可以想见，农村合作医疗制度曾经对我国农村居民起到了多么大的生命保障作用。通过合作医疗制度三十多年的普及和发展，我国农民的预期寿命大大提高。据统计，到1982年中国人均预期寿命为68岁，至少比同等收入的国家在期望寿命上高出15岁（王国军，2004），到2001年达到71.8岁，远高于世界平均水平。

农村合作医疗制度的实施改善了这一时期农村居民的整体健康水平，但是由于老年农民群体的身体特点，这一制度对老年农民来说意义更加巨大。随着年龄的增长，老年人身体健康状况出现了自身明显的特征。首先，因为身体抵抗能力的下降，他们非常容易受到病菌的侵扰，罹患疾病的机会大大增加。在此情况下，很多在年轻时并不对身体构成严重危害的原有疾病也可能随着身体机能的退化不断出现并恶化，这都使老年人成为疾病的多发群体。除了容易受到外界干扰，患病机会增多之外，还有一部分老年人随着年龄的增长，某些身体部位的功能也会慢慢退化或丧失，比如腿部功能退化导致的行动不便、眼睛疾病引起的视力下降、听力退化造成的常见耳聋以及心血管疾病引起的瘫痪导致的生活不能自理等，这些疾病在老年人群体中极为常见。正是因为如此，老年人同其他人群相比面临着更大的健康风险，在日常生活中更需要相对较多的医疗保障和卫生资源。因此，新中国成立后农村合作医疗制度的推广和普及极大地满足了老年人的就医特点和需求，使农村老年人以极低的代价获得了相对完善的医疗服务，改善了农村老年人极其恶劣的健康状况。

在快速发展壮大的同时，农村合作医疗制度也潜藏着矛盾和危机，这些缺陷在随后的时间里给农村合作医疗的衰落埋下了伏笔。首先，从建立的特点来看，农村合作医疗制度是在人民公社高度集权的制度下快速建立起来的,它的发展高度依靠人民公社的支持。这一筹建模式使基层农民缺乏基本的自觉性和主动性,一旦失去人民公社的资助,农村合作医疗制度的衰落将是必然的趋势。其次,农村合作医疗制度是在国家的积极动员下,经过历次的政治运动发展壮大起来的。这样的方式有着明显的缺陷,它可以在较短的时间内起到强烈的激励作用,但是很难持久。当社会恢复理性,农村合作医疗制度所赖以存在和支撑的个人奉献精神就会自然消退,从而使该制度的延续缺乏内在的动力。最后,农村合作医疗制度作为一项由基层管理的农村福利制度,因其管理不善,存在着很多漏洞。在合作医疗资金管理方面,账目不清、贪污盗窃、资金挪用是较为经常的现象;在人事管理方面,任人唯亲、"裙带关系"的现象也较为严重;在业务管理方面,医生水平低下、玩忽职守也极为常见。农村合作医疗制度因为存在如此多的问题和缺陷,自身生存发展的能力极差,当社会政治经济环境改变时,迅速地衰落和解体在所难免。

(二)"五保"老人供养

"五保"供养制度是政府或社区对农村无法定抚养人或扶养人、无劳动能力、无生活来源的老人、孤儿和残疾人实施供养的政策(王先进,2007)。它是新中国成立后依托农村集体经济,通过对传统农村赈济救灾活动的制度化、规范化建立起来的农村社会保障形式,是对我国传统农村社会救济制度的一项重大突破,它既带有养老制度成分,又有农村居民最低生活保障成分(张文兵,2007)。它的实施保障了新中国成立后农村社会最贫困、最脆弱群体,尤其是鳏寡孤独老年人的基本生活,极大地体现了社会主义优越性,产生了良好的社会效果。在集体社队时期五保供养制度主要经历了两个阶段。

1. 农业合作社时期"五保"供养制度的形成

"五保"供养制度作为新中国成立后我国农村社会一项极具特色的社会保障制度，是在毛泽东同志的提议下展开的，其建立的初衷在于解决当时农村社会中大量鳏寡孤独者的生活问题。毛泽东在《中国农村的社会主义高潮》一文中针对这一问题指出："一切合作社有责任帮助鳏寡孤独缺乏劳动能力的社员和虽然有劳动能力但是生活上十分困难的社员，解决他们的困难。"（侯文若，1994）在这样的提议下，为了更好地解决这部分人的生活问题，农村社会的互助组活动开始向更大规模的合作化方向发展。通过兴办大社，毛泽东同志希望依靠集体力量解决困难群体生活贫困问题的设想成为现实。自此，包括农村鳏寡孤独老人在内的农村特困人群的基本生活开始从自给自足的个人保障转由农业生产合作社统一安排。这种保障形式的设想和尝试随着农村集体社队的建立和发展逐渐清晰化、制度化，并最终形成了独具特色的以农村特殊老年群体为主体的社会保障形式——"五保"供养制度。

1956 年 1 月 23 日中央政治局制定的《一九五六年到一九六七年全国农业发展纲要（草案）》（以下简称《纲要》）中正式对如何解决农村特殊困难群体的生活问题做出了规定："农业生产合作社对于社内缺乏劳动力，生活无依靠的鳏寡孤独的农户和残废军人，应当在生产上和生活上给以适当的安排，做到保吃、保穿、保烧（燃料）、保教（儿童和少年）、保葬，使这些人的生养死葬都有指靠。"（中华人民共和国国家农业委员会办公厅，1981）这是国家首次将农村鳏寡孤独者的生活列入正式文件，成为当时我国农村发展规划的一个重要部分。成为"五保"制度的雏形，为其概念以及基本内涵的形成奠定了基础。在《纲要》的基础上，1956 年 6 月 30 日第一届全国人大第三次会议制定的《高级农业生产合作社示范章程》对"五保"供养制度做出了更为详细的阐释与规定，其中包括"五保"供养的对象、内容等："农业合作社对于缺乏劳动力或者完全丧失劳动力、生活没有依靠的老、弱、孤、寡、残疾社员，在生产上和生活上给以适当安排和照顾，保证他们的吃、穿和柴火的供应，保证年幼的受到教育和年老的死后安葬，使他们生养死葬都有依靠。"（王先进，2007）这一阐述明确限定了"五保"供养的范围，而不是《纲要》当中粗略描述的"鳏寡孤独"。这一政策的制定对"五保"供养制度的对象和内容有了更为准确、清晰的描述及规定，标志着这一制度的初步形成。

"五保"供养制度在探索形成过程中，其供养对象、供养主体、供养资金的取得方式、供养方式、供养内容及标准等主要有以下特点。

第一，供养对象。《一九五六年到一九六七年全国农业发展纲要（草案）》对农村"五保"供养对象做了如此规定：社内缺乏劳动力，生活无依靠的鳏寡孤独的农户和残废军人。这一规定着眼于新中国成立初期农村社会的现实，除了将鳏寡孤独包含其中之外，大量复员残疾军人也是"五保"供养的对象。其后的文件出现了较为细微的改变。如1956年6月30日第一届全国人大第三次会议通过的《高级农业生产合作社示范章程》对"五保"对象做了如下表述：缺乏劳动力或者完全丧失劳动力、生活没有依靠的老、弱、孤、寡、残疾社员。1957年10月25日修订的《一九五六到一九六七年全国农业发展纲要（修正草案）》规定：社内缺乏劳动力、生活没有依靠的鳏寡孤独的社员。从这一系列文件对"五保"供养对象概念的表述中，其供养对象的范围逐渐清晰，残疾人最终从"五保"供养对象中剔除出去，鳏寡孤独成为"五保"供养的主要对象，并逐步固定下来。

第二，供养实施主体。作为农村"五保"供养工作建立最初的一系列重要文件，《一九五六年到一九六七年全国农业发展纲要（草案）》《高级农业生产合作社示范章程》《一九五六到一九六七年全国农业发展纲要（修正草案）》对此都有明确规定，提出农业合作社是承担农村"五保"对象供养的主体，"五保"对象的经济供养以及生活照料等事务由生产队或者生产小组负责。

第三，资金来源。作为当时"五保"供养的实施主体，农业合作社必然承担起资金筹集的主要任务。1956年6月30日《高级农业生产合作社示范章程》对此有所规定："对于完全丧失劳动力，历来靠土地收入维持生活的社员，应该用公益金维持他们的生活，在必要的时候，也可以暂时给以适当的土地报酬"，"农业生产合作社应该从每年的收入当中留出一定数量的公积金和公益金"，"从扣除消耗以后所留下的收入当中，留出一定比例的公积金和公益金。……公益金不超过2%"。这些文件的条款明确规定了农业合作社所需社会福利和保障资金包括"五保"供养资金都来自集体公益金和公积金，而公积金和公益金的筹集从扣除生产消耗外的集体收入中按比例提取。

同时，供养方式。在农业合作社时期主要采取分散供养的方式来进行，很多社队将该社需要供养的"五保"对象分散安置到亲属或邻居家中对他们实行分散的居家养老，在一些特殊情况下才由社队安排专人来照顾他们的日常生活。如内务部就在1951年向全国推广了河南省唐河县通过自愿联合、安置孤老残幼的办法。唐河县安置孤老残幼，本着双方自愿，先近后远、先亲后邻的原则，被安置者将房屋、土地和财产带到安置者家中，统一经营和管理使用。被安置者的生养死葬，由安置者全部负责，其死后的遗产由安置者继承（宋士云，2007）。通过这种方式既安排了"五保"供养对象，也减轻了合作社的负担。

第四，内容和标准。作为一种农村救济制度，"五保"供养内容和供养标准应该符合社会救济的实际情况。因此，建立之初的"五保"供养内容和标准自然不会特别全面，也不会特别高，主要以保障基本生活为主要标准和依据。《高级农业生产合作社示范章程》中对"五保"供养内容有最初的表述：保证他们的吃、穿和柴火的供应，保证年幼的受到教育和年老的死后安葬。其后"五保"供养内容有所变化，具体有保吃（供应口粮、食油及零用钱等）、保穿（供给衣服被褥等必需品）、保住、保医和保葬。而关于"五保"供养的标准，不同的地区有着不同的情况，同时也随着社会经济的发展不断变化。1957年，山东省规定"五保"供养标准为人均50元/年。安徽省则按照"五保户"的生活状况，将他们分为全保户、半保户和补助户三种，在淮南、江南地区分别采取全保户50元/年、半保户30元/年、补助户20元/年的标准（宋士云，2006）。

2. 人民公社时期"五保"供养制度的发展

在农业合作社的基础上，1957年公有化程度更高的人民公社开始组建。通过合并，人民公社的户数平均达到了5442.6户，它所包含的农户是高级农业合作社的30多倍。这样一来，人民公社的经济实力以及行政管理能力都得到了加强。更为重要的是，随着人民公社管辖范围的扩大，其内部分担风险的人数也大大增加。"五保"供养制度在人民公社条件下，有了更加完善的经济和制度保证。这一时期，"五保"供养制度快速发展，并达到了其发展过程中的鼎盛阶段。

第一，从供养对象来看，人民公社时期的"五保"供养范围有所扩大。"五保"供养制度从建立之初旨在解决农村社会无人照料、丧失劳动能力的农村鳏寡孤独人员的生活问题,并没有把其他农村人员包括进去,这一政策带有明显的社会救济色彩。随着人民公社的成立,"五保"供养对象有所放宽。1958年12月中国共产党八届六中全会通过的《关于人民公社若干问题的决议》中对"五保"供养对象这样规定:无子女依靠的老年人。1961年3月《农村人民公社工作条例(草案)》中也是这样的表述:生活没有依靠的老、弱、孤、寡、残疾的社员。1962年9月27日中国共产党八届十中全会通过的《农村人民公社工作条例(修正草案)》的规定也是一样的:生活没有依靠的老、弱、孤、寡、残疾的社员。从以上规定来看,同前期"五保"供养所规定的条件相比,丧失劳动能力不再是能否享有"五保"供养的必需条件之一,这在很大程度上扩大了"五保"供养的范围,使得原本不够条件的老人也享受到了集体"五保"供养,"五保"供养主体的范围有了一定程度的扩大。

第二,从供养方式来看,集体供养出现。人民公社建立之后,开始积极提倡敬老院建设,"五保"制度有了集体供养形式。1958年12月《关于人民公社若干问题的决议》提出了建立农村敬老院的政策提议:"要办好敬老院,为那些无子女依靠的老年人提供一个较好的生活场所。"这一文件通过建立敬老院的提议,为没有子女甚至不能通过亲属得以供养的"五保"老人提供了集中供养的制度支持。在这一文件的支持下,全国各地开始了大规模的敬老院建设。

第三,随着人民公社的组建,"五保"供养的实施以及资金来源也相应地转由人民公社接管负责。作为一项由集体社队负责的农村社会保障制度,"五保"供养在筹建之初就没有任何经常性以及制度化的中央财政支持,它的运行所需资金只能从有限的集体收益中筹集。在人民公社建立之后，这一局面也没有实质性改变。人民公社时期有关"五保"工作的政策文件对其所需资金的来源有些规定。1962年9月27日《农村人民公社工作条例（修正草案）》规定："生产队可以从可分配的总收入中，扣留一定数量的公益金，作为社会保险和集体福利事业的费用，扣留多少，要根据每一个年度的需要和可能，由社员大会认真讨论决定，不能超过可分配的总收入的百分之二到三。……生产队对于生活没有依靠的老、弱、孤、寡、残疾的社员……实行供给或者给以补助。这些供给和补助的部分，从公益金内开支。"这一文件明确规定了生产队是"五保"供养资金的承担者，并对公积金以及公益金的具体额度和比例做出了明确规定。

第四，在人民公社制度下，"五保"供养对象不仅得到了基本生活保障，还在国家救济和其他集体补助方面得到了相应的优惠。1961年3月出台的《农村人民公社工作条例（草案）》建议："有些地方，还可以只对生活没有依靠的老、弱、孤、寡、残疾的社员，家庭人口多劳动力少的社员，和遭到不幸事故、生活发生困难的社员，实行供给或者给以补助。"1962年9月27日中国共产党八届十中全会通过的《农村人民公社工作条例（修正草案）》规定："生产队按照丰歉情况，经过社员大会决定，可以适当留些储备粮，以便备荒防灾，互通有无，有借有还，并对困难户、'五保户'加以适当的照顾。"（王先进，2007）

3. 集体社队时期"五保"供养制度的特点

"五保"供养制度筹建于新中国成立初期，由于当时农村社会以及整个国家的社会经济发展状况，这一时期"五保"供养制度有着以下特点。

第一，鳏寡孤独老人是集体社队"五保"供养的主要对象。

经过长期的抗日战争和解放战争，我国农村社会极度凋敝，很多人在战争中失去了亲人和家庭，从而遗留下来大批需要救助的鳏寡孤独老人、孤儿和无依靠的残疾人。为了解决这部分特殊人群的基本生活问题，农村集体社队筹办了"五保"供养制度。在"五保"供养制度的发展过程中，其供养对象时有变化，但无论怎么改变，符合某些条件的老年人都包含其中。即因年老或其他情形不能劳动，又无子无女或子女不能承担家庭养老责任，同时也没有亲属可以依靠的农村鳏寡孤独老年人一直都是"五保"制度规定的主要供养对象。不仅如此，在实际操作中，这部分老年人也是"五保"制度实际供养的主要对象。据统计，1958年，全国农村享受"五保"的有413万户、519万人；全国共有敬老院15万所，收养了300余万老人（肖林生，2009）。从这一数据可以看出，老年人在"五保"供养对象中占有很大的比例，超过50%。

第二，集体社队"五保"供养制度的内容简单、水平不高。新中国成立以后，国家开始了社会主义保障制度建设，目的在于为城乡工人和农民提供更好的社会福利和生活保障。但是鉴于当时的社会经济条件以及以工业化为主导的社会发展战略，整个国家的社会保障体系有着非常明显的城乡二元化倾向。城镇中的行政机关人员和国有企业职工享有较为全面的社会保障，其中包括养老、医疗、伤残、生育等内容，所需资金全部来自国家财政拨款。与此相对应，农村地区社会保障包括"五保"供养资金却由集体社队自行筹集，采取中央及地方政府指导下的农村基层集体组织自主负责的形式进行。在没有外界财力的支持下，以社队收益为经济基础的"五保"供养制度的水平完全由集体经济的实力来决定。鉴于此，"五保"供养制度也只能维持在较低的水平。首先，这一时期"五保"内容非常简单，只包括吃穿住医葬等最基本内容。其次，集体经济时期，全国大多数农村居民以追求温饱为目标，按照不低于一般社员的生活水平为供养标准，"五保"供养也只能达到维持供养对象基本生活的水平。

第三，集体社队"五保"供养制度发展迅速、过程曲折。"五保"供养制度自建立以来发展非常迅速，这是由这一时期整个国家的"左"倾政治形势决定的。1958年国家开始了"大跃进"运动，在"左"倾路线指导下许多地方根本不顾及自身的经济实力和需要，大办敬老院和幸福院。仅山东省就有敬老院2.81万所，入院人数（包括孤老烈属）达80.54万人（山东省地方史志办公室，2006）。但是在经过了短暂的快速发展之后，因为集体经济实力的限制以及集体经济运行的困难，"五保"供养制度出现了较大波动。1959—1961年我国经历了严重的三年自然灾害，集体经济受到了极大影响，很多地方无法维持社员的基本生活。在这种情况下，许多敬老院根本无法从集体社队获得足够的粮食和经费，从而不得不停办，即使存在也是勉强维持，很多享受集体供养的"五保"老人又被送回分散供养。到1962年，全国范围内仅剩敬老院3万多所，赡养"五保"老人仅55万。尽管到1962年以后，各省市"五保"供养工作有了一定的改进，但是短暂的改善又被"文化大革命"的兴起彻底打乱。"文化大革命"期间，整个国家机构包括承担农村"五保"工作的民政部门机构涣散，管理混乱。"五保"供养工作受此影响开始陷入无人问津的处境，出现了严重的倒退。

（三）农村老年社会救济与退休制度

集体社队时期，除了农村合作医疗和"五保"供养两项与农村老年人保障密切相关的社会制度之外，国家和集体还开展了多项工作，给予农村老年群体以必要的资助和保障。

1. 农村老年社会救济

自农业合作化，尤其是人民公社化运动开始，一直到"文化大革命"结束这一段时间内，由于受到当时社会政治经济环境的影响，我国农村社会救济工作长期处于停滞的状态。

针对随后发生的三年特大自然灾害给农村地区造成的严重影响，国家开始恢复对农村地区的社会救济工作。除了集体社队开展的针对"五保"供养对象的社会救济之外，国家也拿出救济款物对部分困难农村居民实施救助。在国家社会救济中，一部分在享受了集体社队"五保"供养之后仍然无法保障基本生活的困难群体，尤其是生活无依无靠的鳏寡孤独者仍然是救济的重点对象。鉴于当时国家整体经济状况，国家社会救济主要采取临时方式进行，其标准也仅仅是暂时维持这部分人的吃饭、穿衣、住宿等最低生活需要。

2. 农村老年退休制度

1978年党的十一届三中全会之后，农村社会实施了家庭联产承包责任制，开始实行包产到户或包干到户。随着这一制度的实施，集体组织的经济调配权受到了极大的限制，以集体社队为主体统一进行的农村老年人保障工作开始变得力不从心。尽管如此，由于人民公社的建制仍在，政社合一的管理体制还继续发挥作用，以集体社队名义开展的社会福利工作仍然继续维持和推行。在此状况下，为了保障为集体组织工作了20多年的老年社员的晚年生活，一些农村地区开始探索实施农民退休制度。这一制度的实施也符合当时的社会条件和现实。经过20多年的集体生活，这部分社员为集体以及整个国家的发展做出了个人和家庭的牺牲，大量的劳动剩余被无偿地奉献给国家和社会。到家庭联产承包责任制实施之初，这一群体根本没有为自己准备必要的养老资金积累，一旦失去集体的依托，晚年生活势必受到影响。面对这样的情况，1978年十一届三中全会通过的《农村人民公社条例（试行草案）》开始对农民退休制度进行探讨，认为有条件的地区，主要是经济比较发达的地区，基层单位可以实行养老金制度。据不完全统计，1980年全国农村只有七八个省市20万左右的农民实行了退休养老制度。1982年就有11个省市3457个生产队推行养老金制度。1983年实行退休养老制度的省市增加到13个，人数增加到50万人左右，1984年又上升到80万人左右（赵瑞政等，2002）。根据一些地方的探索，具体实施办法和标准如下：凡参加集体生产劳动10年以上、年满65岁的男社员和年满60岁的女社员，可以享受养老金待遇。领取标准一般为10—15元，最高能够达到20多元。养老保险基金由生产大队和生产队按比例分担，从队办企业利润和公益金中支付（《光明日报》，1982）。

四 以集体社队为主体的农村老年人保障制度的评价

新中国成立后，我国农村老年人保障制度在经历了一段极为短暂的家庭保障之后，随着农业合作化和人民公社化运动的开展，就迅速地转变为以集体社队为主体的社会保障形式。这一农村老年人保障制度主要由三部分构成：第一，普通老年人以集体社队为主体的经济供养制度（包括人民公社后期少数农村地区的农民退休制度）。第二，特殊老年群体的"五保"供养制度。第三，覆盖全体社员包括老年群体的农村合作医疗制度。通过这些制度形式，集体社队为其老年社员提供了必要的生活保障。在当时整个农村经济非常落后的情况下，正是由于解决了其中最弱势老年群体的基本生活，才使集体社队能够在最艰难的时期，保持了相当长时间的社会稳定，维持了农村地区的持续发展和前进。可以说，集体社队老年保障制度对于这一时期农村社会的整体稳定和发展起到了极为重要的作用，具有重要的积极意义。尽管如此，以集体社队为主体的农村老年人保障制度仍存在明显的不足，不应太过高估，它同现代意义上的老年社会保障制度还有很大的差距。

1. 保障范围的社区性

通过对这一时期农村普通老年人物质供给制度、"五保"供养制度、农村合作医疗制度以及公社社员退休制度的考察，集体社队时期的农村老年人保障制度从总体上看仍属社区救助以及社区福利性质，没有突破传统社区互助的范围。

首先，集体社队普通老年人物质供给制度具有社区互助共济性质。集体经济条件下，农村社会实现了高度公有化，集体社队掌握了几乎所有的生产资料以及全部劳动产品的分配权。此时，广大农民获得生活资料和收入的唯一途径就是参加生产队统一分配的集体劳动，领取粮食和工资。在进行粮食分配时，按照当时集体社队的实际情况，大都以"口粮加工分粮"或"工分粮加照顾"为原则进行。这种以家庭人数为主兼顾劳动能力，却较少考虑年龄状况的分配方式，对于年龄较大、劳动能力较差的老年人来说非常有利。在分配中，他们可以不参加劳动或者参加较轻的劳动，就能获得口粮以及额外的工分，并领取工分粮。如果说这一时期的分配制度还有按劳分配成分的话，在人民公社公共食堂时期，平均主义的分配形式体现得更为彻底。公共食堂时期实行供给制。供给制按照供给范围的不同，分为三种类型：第一类即供给制，其办法是在公社预定分配给社员个人的消费基金中，口粮部分按国家规定的留粮指标，统一拨给公共食堂，社员无代价地到公共食堂用饭，副食部分仍由社员出钱负担。如果将副食品也包括在供给范围之内，就变成第二种类型，即伙食供给制。第三种类型是基本生活供给制，如七里营人民公社的供给范围包括伙食、住房、衣服等七项内容，河北徐水人民公社的供给范围则更广，包括吃饭、住房、穿衣、教育、生育等十五项内容，时称"十五包"（邓智旺，2005）。在公共食堂条件下，老年人依照自己集体社员的身份得到了与其他成员相同的待遇，得到了最基本的生活保障，这对劳动能力、身体状况都处于弱势地位的农村老年人来说起到了不可小觑的重要作用。

集体社队通过这种平均主义的分配方式，对集体中所有社员的收入进行了强制性调节，达到了所有成员收入的基本均衡。在这样的情况下，集体社队中一些困难家庭的生活风险，会在这样一种分配制度下在集体社队内部被分担。从这样的角度看，集体社队的老年生活保障以及经济供养方式符合社会保障的一个重要特征：互济性。但是这种经济互济是在集体社队中几百户最多不过几千户的小范围内进行的，风险分担的人数太少，不符合现代社会保障制度的特征。现代社会保障制度要求风险在全体社会成员中共同承担，即具备社会性、普遍性的特征。因此，这种以集体社队为主体的普通老年人经济供养制度还不具备社会保障的所有特征，与我国传统农村社会宗族对其成员的救助以及民间组织团体自发的社会互助活动在分担风险的层次上有着相类似的地方，仅属于社区型互助共济的范畴。

集体社队时期农村老年人保障的另一个重要制度是针对特殊老年群体的"五保"供养制度，在性质上它被认为是"农村的集体福利事业"（《农村五保供养工作条例》，1994），也属于集体社区保障的一种。但是根据该制度的特点，它还没有达到福利制度的标准，仍属于社会救济的层次：第一，它有着明确的对象：无依无靠的鳏寡孤独者，并不包括全体公民，因此它不具备社会福利普遍性的特征。第二，"五保"制度仅为供养对象提供不低于普通社员的基本生活保障，而不在于为他们提供更好的生活质量。基于以上两点,"五保"供养制度还不符合社会福利事业的定义:国家依法为所有公民普遍提供旨在保证一定生活水平和尽可能提高生活质量的资金和服务的社会保险制度。即社会福利的主要目的在于尽可能提高公民的生活质量,是比一般社会保险更高层次的社会保险制度。因此,根据"五保"供养制度的特点,即对象的选择性(特定的群体)、供养的低水平性(最基本物质生活),它并属于广泛意义上的社会福利制度,更倾向于是一种社区性质的社会救济制度。

在集体社队时期,农村合作医疗制度与农村老年人生活救济密切相关,它是以集体社队为筹资主体,为农民提供基本医疗服务的一项医疗卫生制度。它的筹办旨在改变我国新中国成立后农村医疗服务落后的局面,提高农民的生活生存质量,因此,它是比"五保"供养制度更高层次的社会保障制度,属于社会福利的范畴。但是,由于它的资金绝大多数来源于集体社队,也主要由集体社队负责运营,国家并没有进行必要的财政支持,因此它还不具备公共福利性质,只是集体社区福利的一种形式。

从上述分析可知,无论是集体普通老年人经济供养制度、"五保"供养制度还是农村合作医疗制度,都没有突破社区福利和社区救助的范围,因此,这一时期的农村老年人保障制度是一种以集体社队为主体的社区型保障制度。

2. 保障能力的低水平性

作为社区型农村老年人保障制度,无论是普通老年人物质供给制度,还是特殊老年群体的"五保"供养制度以及与他们生活密切联系的农村合作医疗制度都以集体社队为主要的资金筹集主体。因此,这种以集体社队为主体的农村老年人保障制度的水平完全取决于集体组织的经济实力。通过考察新中国成立后我国集体经济的发展状态,可以得知这一时期以集体社队为主体的农村老年人保障制度只能是一种低水平的保障形式。

新中国成立后,我国农村经济在经历了极为短暂的繁荣发展之后,随着农村合作化运动和人民公社制度的建立,再一次陷入了困境。这是由两方面原因造成的:一方面,集体社队内部分配因素。集体社队时期,劳动剩余按人口进行平均分配。这种平均主义的分配方式使得社员缺乏必要的激励和动力。受消极怠工以及"搭便车"心理的影响,农村的经济发展受到了极大破坏,尤其是粮食产量出现了大幅下滑的局面,给集体经济带来了严重的危机,集体收入也随之缩减。以集体公益金、公积金作为主要经济支柱的集体农村老年人保障也必然受到影响,只能在极低的水平上运行。另一方面,农村集体经济的萎缩还在于整个国家经济发展的外界压力。计划经济时期,为了支援整个国家的工业化建设,农村社会的物质剩余被无偿地最大限度地输送到城市和企业。这种为了确保工业生产以及工业部门职工利益的制度是依靠集体组织牺牲自己以及农民的利益来实现的。面临国家的无偿征收,一切以国家发展为重的集体组织必须首先保证完成国家的征购任务,并且扣除集体发展所需资金之后,才能对生产剩余进行分配用于生活消费。这种资金积累的方式以牺牲整个农村发展和农民生活为代价,将当时整个农村经济置于极度危险的境地。

在内部激励机制以及外部经济制度的双重压力下,集体经济不断萎缩。在极度虚弱的经济状况下,集体社员连温饱都很难保证,更为严重的是这一时期很多农村地区甚至出现了饿死人的现象。在这样极端恶劣的状况下,任何形式的农村社会保障制度几乎都是空谈。因此,以集体社队为主体的农村老年人保障根本无法为其老年人提供稳定和基本的生活保障,从其根本来看它仅仅是一种外在形式上的保障制度,是在当时经济制度下的一种无奈选择。从实际效果来看，它虽然在极低的水平上以平均主义的形式保证了表面的公平，却让整个农民群体付出了沉重代价。

3. 保障体系的不完善性

集体社队时期，我国绝大多数农村地区都开展了普通老年人物质供给、"五保"供养以及农村合作医疗等多项老年保障制度，这些制度的实施涉及了当时农村老年人的物质供给、生活照料以及医疗服务等多个方面。但是尽管如此，这一农村老年人保障制度还算不上是一个完善的现代老年保障制度，因为从其体系的完整程度和其包含的内容来看，它还有很多不足和缺陷。

首先，与新中国成立后逐步建立健全的城市国有企业职工退休制度相比，集体社队时期的大多数农村社队在很长时间内并没有建立完善和普遍的农民退休制度，可以说这一时期的集体社队农村老年人保障制度体系还是非常不完整的。由于没有相应的制度保障，这些集体社队的老年成员无法享有与城市职工和干部一样休闲的退休生活。他们只要具备一定的劳动能力，就要参加生产队为他们安排的力所能及的农活，来挣得分配粮食所要的工分。只有当其完全丧失劳动能力时，才可以真正退出农业生产回到家庭。虽然到了人民公社后期，有些地方也试行了农民退休制度，但这只是庞大农村地区的极小一部分，对于整体农村老年人来说这种待遇仍是遥不可及的梦想。

其次，作为农村一项重要的社会保障制度，农村合作医疗制度对于老年人的意义非比寻常。但是尽管如此，这也不能掩饰其单薄脆弱的一面，从农村合作医疗制度的内容来看，这一制度还非常不完善。众多周知，农村合作医疗制度所需的大部分资金都来自生产集体提取的公益金、公积金部分。但是根据统计，1978 年，我国农村人民公社基本核算单位的集体提留为 103 亿元，其中公积金

74.84亿元，公益金18.12亿元，平均每个生产大队有集体提留14927.54元，公益金2626.09元；人均集体提留12.82元，公益金2.26元（卫兴华，1994）。从这样的统计数据可以看到，在当时整个农村经济形式下，集体公益金的提取非常少，人均仅有十几元。从如此少的公益金里面，扣除掉其他开支，能够用于合作医疗的资金可想而知。因此，建立在脆弱经济基础之上的农村合作医疗制度只能因陋就简，这必然会影响到农村合作医疗可以免费开展的项目和免费供应的药物。在这样的条件下，农村合作医疗所能为农民提供的就只能限于一些小病的治疗和基本的保健工作。一旦面临大的疾病，集体合作医疗就无能为力了。这与当时较为完善的城市职工医疗保险难以相提并论，后者至少能够满足城镇职工基本的医疗需要，而农村合作医疗所能提供的服务范围还远远不能满足这样的要求。

第三节　改革初期以土地承包经营为基础的农村家庭老年保障制度

在经过长达十年"文化大革命"的混乱局面之后，1978年我党召开了十一届三中全会，这是我国社会发展具有转折意义的重要时刻。它不仅给我国整个社会带来了新的气象，也给农村社会发展带来了新的契机。在这次大会上，党和政府做出了改革开放的重大决策。此后，整个国民经济进入了调整阶段。尤其是在农村社会，经济政治改革率先全面展开。这一改革首先在经济领域取得突破。由于计划经济的长期实施以及平均主义分配方式的消极影响，人民公社后期我国农村整体经济形势不容乐观，整个农村社会发展缺乏活力，经济状态低迷，集体社队成员生活资料非常匮乏。面对如此局面，农村基层开始出现了改革的强烈愿望，并进行了暗中的实践和尝试。对此，国家给予了充分重视并在农村政策方面做出了一系列重大决策。首先，在保留国家统一计划的基础上，允许农民拥有一定的自主经营权，并进一步包产到户，实行家庭联产承包经营责任制。其次，在政治改革方面，取消了政社合一的人民公社制度，开始逐步推行村民自治的管理模式。这样一系列改革极大调动了农民的积极性，促进了农村社会经济的快速发展。

作为农村老年人保障制度存在、发展、变化的重要环境条件，这样一系列改革对这一时期我国农村老年人保障制度的转变产生了极大的影响。一方面，这些改革变化对于极度依赖人民公社管理体制以及集体社队经济供给的"五保"供养制度以及合作医疗制度来说意味着沉重的打击，在随后的发展过程中出现了短暂的停滞局面。另一方面，农村家庭经济的繁荣却将普通老年人养老带入了一个较为稳定的状态。

一 改革初期农村老年人保障面临的变革与机遇

（一）改革初期家庭经济增长与家庭老年保障回归

1978年11月安徽省小岗村实行"包干到户"的生产责任制，拉开了我国农村经济体制转变的序幕。在小岗村的示范下，以"联产承包、包干到户、统分结合、双层经营"的联产承包责任制在全国农村迅速推开。到1983年年初，全国93%的生产队都实施了该制度。在推行过程中，家庭联产承包责任制探索出了两种形式：其一，包干到户。即各承包家庭在上缴了国家农业税以及集体公益金、公积金提留之后，其余产品归农民所有。其二，包产到户。即集体给农户定产量、定投资、定工分，如果超产，超过部分归农户所有，如果减产，不足部分由农户补齐。其中，包干到户因其对农民更具优越性而成为大多数地区采取的主要形式。家庭联产承包责任制的实施，激发了农民生产的高度热情，促进了农村经济形势的快速好转。家庭联产承包责任制的实施所带来的农村家庭收入的增加给农村老年人保障工作带来了新的契机，它为以家庭为基础的农村老年人保障制度的回归提供了必要的经济基础和保证。在集体老年保障失去支撑、慢慢撤离的情况下，家庭老年经济保障的功能开始重新恢复。

（二）农村家庭收入特点与土地保障功能的发挥

改革开放初期，我国社会经济很不发达，尤其是农村家庭生产经营活动非常单一，主要从事农业粮食生产，以土地为主体的收入成为这一时期农村家庭的主要经济来源。农村家庭收入及支出对土地有着高度的依赖，使土地成为这一时期保障农民基本生活需要的主要手段。鉴于土地收入在农村家庭中的重要地位，绝大多数集体社队在实施家庭联产承包责任制时，都遵循了土地均分的原则来进行土地分配。土地收入作为改革初期农民收入的主要来源，决定了农村土地分配必须采取均分的原则进行。这种分配方式，不仅体现了公平，更重要的是这种分配方式体现了土地作为农民最基本生活保障的意义，有着明显的福利性质。

土地均分的完成，以家庭为基本生产核算单位的农村分配方式的恢复，决定了以土地收入为基础的家庭保障制度的重新回归。通过土地均分实现以此为基础的家庭老年保障，主要依靠以下几种方式进行：第一，农村老年人可以凭借自己对土地的承包经营权，通过自身劳动来获得农业收入以维持自身在家庭中的地位和应有待遇。第二，在农民年老不能参加农业劳动时，土地经营权可以作为交换，从而获得子女赡养。第三，当年老无法获得子女资助时，土地承包权可以发挥交换作用，通过转包获得收入和他人的资助。可以说，土地是改革初期农民收入单一条件下农村老年人最为宝贵的经济资源，它不仅使老年农民拥有了与其他家庭成员相同的经济地位，从而能够心安理得地享有被赡养的权利，同时也获得了在最恶劣的情况下与他人讨价还价的底气。因此，土地对于农村老人的保障意义就显得更为重要。从以上分析可知，改革初期家庭老年保障的回归以及实施，是以土地经济功能的发挥为基础的，土地保障是这一时期家庭老年保障的主要特色。

（三）人民公社解体与集体社队老年保障的无力与撤离

随着农村经济领域改革的不断推进，政社合一的人民公社管理体制改革也在所难免。1982年12月，全国人民代表大会对宪法进行了重新修订。1983年10月中共中央、国务院发布《关于政社分开建立乡政府的通知》，要求各地农村撤销人民公社，建立乡镇政府作为农村基层政权，并成立村民委员会作为村民自治组织。经过一年多的时间，到1985年6月全国政社分开工作全部结束，这意味着人民公社体制在农村基层社会的彻底解体。

人民公社解体带给农村基层社会的第一个重大改变，即农民的人身束缚被打破。人民公社解体之后，农村社会由集体社队统一安排生产，大家集体劳动的管理方式被取消。恢复建制的乡、镇政府只负责本区域内的行政事务，对农民生产活动不加涉及。村民自治委员会作为村民议事机构，只对村内公共事务进行协商和监督，对农民的任何个人活动无权干涉。在这种状况下，农民可以根据情况，自由安排自己的工作时间和限度，农村基层政府失去了对农民人身自由的约束和限制。农民人身束缚的打破，从另一个角度也说明农村基层行政机构权力的撤离和无力，这将意味着其强力动员能力的下降和不足。在这种情况下，一些需要凭借集体力量来办理的事务，可能会因为动员成本过高而拖延或无法实施。

随着家庭联产承包责任制的实施和人民公社管理制度的取消，我国农村社会的分配方式也发生了很大变化。"保证国家的、留足集体的、剩下都是自己的"是当时农村生产剩余分配的重要方式，这种分配方式使农户掌握了除上缴农业税以及集体提留之外的所有农产品剩余，集体除了公积金、公益金等之外没有其他可以支配的资源，集体经济组织失去了统一掌管和分配集体收入的权力，这在很大程度上削弱了集体组织的经济实力。

农村基层行政机构动员能力的下降，使得通过强大政治力量发展壮大起来的集体社队"五保"供养制度以及农村合作医疗制度迅速萎缩。这是因为人民公社体制的解体使得套在农民身上的政治枷锁被彻底解开，农民有了相对充分的人身自由和选择自由。在缺乏强制约束的情况下，由人民公社和集体社队统一负责管理，带有强制性的农村合作医疗制度受到了极大挑战，很多农民开始根据自己的意愿选择退出。随着参加人数的减少，农村合作医疗制度岌岌可危。同时，作为当时充分体现集体社队优越性的"五保"供养制度，也在人民公社解体之后，因为村民自治委员会难以实施强大的政治动员力量而变得无人问津。而家庭联产承包责任制的实施更使集体经济实力不断下降，以集体社队为供给主体的农村"五保"供养制度以及合作医疗制度成为无源之水、无本之木。家庭联产承包责任制的实施以及人民公社的解体，给"五保"供养制度和农村合作医疗的实行带来了极大的挑战，集体社队农村老年人保障工作呈现无力状态，开始不断撤离。

二 改革初期家庭老年保障的内容及其他老年保障状况

改革初期，随着集体社队在农村老年人保障工作中的无力与撤离，整个农村老年人保障的状况又再一次发生了改变，家庭重新承担起了老年保障的重任，农民养老保险也开始进入探索阶段。

(一) 家庭为老年人提供全方位服务与支持

改革初期，家庭老年保障功能重新恢复，尤其是长期以来由集体社队承担的老年人经济支持功能也得以再次由家庭负担。老年人的日常生活照料、医疗费用开支以及其他老年保障的所有职能完全由家庭承担，家庭为这一时期的老年人生活提供了全方位的服务与支持。但是经过了20多年集体社队生活方式的改变、商品经济的冲击以及其他影响家庭老年保障功能的社会环境的变化，这一时期家庭老年保障功能的恢复已经不再是简单的传统意义上的原样重复，而发生了很大具有时代特色的改变。

这一改变可以从改革初期农村家庭各个方面的微观变化中得以体现。

首先，经过了集体社队生活的长期熏陶，尤其是"文化大革命"对传统文化的破坏，农村社会家庭养老意识开始发生变化。在日常生活中，尽管父辈和子辈之间传统的尊敬仍然存在，但是完全的服从和父为子纲的封建伦理道德已经荡然无存。而改革开放的实施，整个社会经济的复苏以及外来新鲜事物的冲击，更给农村社会传统的家庭观念产生了强烈的影响。人民公社时期因循守旧的父辈思维已经难以适应新的社会形势，而年轻人积极进取、勇于改变的生活态度更能成为家庭生活中的主流。这一变化使老年人在家庭中的地位发生了改变，他们已经不再是传统家庭中的一家之主，而开始在家庭中处于从属地位，成为子女领导下的家庭成员，老年人的地位有所下降。

其次，改革初期，刚刚从人民公社制度禁锢当中解脱出来的农村家庭经济基础非常薄弱，父辈能为子女准备的财产，包括房屋、日常用品等数量有限。而土地作为当时最重要的生产生活资料，也完全从人民公社解体后集体社队平均分配中获得。可以说，这一时期父母能够为子女提供的物质条件极为不足,必须由他们自己通过劳动获得。这使得父辈在与子女进行家庭内部经济交流时处于极为不利的劣势地位,也降低了父辈在子女心中的形象,增加了父辈要求家庭提供赡养时的难度和心理负担。

不仅如此,农村家庭形式的变化也引起了这一时期家庭老年保障方式的微小改变。改革初期,我国农村地区以核心家庭为其主导形式。但这一时期核心家庭开始成为农民的倾向性选择。核心家庭主要由子女结婚之后从主干家庭中脱离出来而形成,子女从主干家庭脱离之后,形成三种形式组合:子女核心家庭和由父母组成的夫妻核心家庭;子女核心家庭和由父母及未婚子女组成的主干家庭;子女核心家庭和由一个子女与老人共居的主干家庭。在形成核心家庭的过程中,必然会涉及家庭养老问题。而作为独立经济体的核心家庭,对于如何分配养老费用显然是极为关心的。为了公平起见,这一时期的分家都会制定一个口头或书面的养老协定,以避免后期的纷争。这些协议一般只涉及经济方面,即粮食、医疗费用以及日常零用钱的分摊。尽管这一时期农村家庭养老发生了些许变化,但是整体来说家庭仍然承担了老年保障的几乎全部工作任务,是这一时期老年保障的主要承担者。

(二)"五保"供养与农村合作医疗制度的萎缩与解体

随着农村经济政治体制的改革,家庭联产承包责任制的建立、人民公社管理体制的解体以及集体经济的逐渐瓦解,与之相适应的集体社队"五保"制度以及农村合作医疗等农村老年人保障制度失去了必要的组织以及经济基础而逐渐丧失了以前的活力。

1. "五保"供养制度的不断萎缩

自1978年家庭联产承包责任制开始,到1984年年底,全国农村90%的农户实行了土地家庭承包经营责任制。政社合一的人民公社制度也随之被纳入农村改革，人民公社体制逐步瓦解。为了尽量避免政治经济改革对农村"五保"供养工作的不良影响，国家行政部门开展了一系列工作安排和部署，希望能够在新的形势下确保农村弱势老人的基本生活得到较为妥善的安置。但是，农村"五保"供养工作的颓势仍然无法遏制。这一阶段"五保"供养工作不断衰弱的情况主要表现在以下几个方面：首先，"五保"供养内容不断缩减。随着家庭承包经营制度的确立，以集体社队公益金为主要资金来源的"五保"供养制度失去了强大的经济基础，仅凭有限的集体公益金难以满足本社区"五保"供养的需求。在这种情况下，集体社队因为失去了组织动员能力，也无权从本社区其他农户当中收取所需款物。因此，"五保"供养工作随之发生了改变，很多农村地区根据本社区的实际情况将原有的"五保"内容不断缩减，所谓的"五保"只剩下了粮食的供给。其次，"五保"工作不断涣散。随着政社合一的人民公社制度的解体，农村基层设置了村民委员会，作为村民自治机构，村民委员会无权对村庄事务进行强制管理。在这种情况下，如何安置"五保"对象的生活成为一个难题。为了推卸责任，减少自己工作的难度，很多村民委员会对"五保"供养工作采取了放任态度。由于存在这样的思想，在"五保"工作的实际操作中，有的村委会开始简单行事：责任田交给"五保"对象自己处理；"五保"粮、款由"五保"对象自己索要。这种工作方法和态度，根据没有顾忌"五保"对象的实际状况，严重伤害了"五保"对象的自尊，妨碍了"五保"工作的顺利实施和进行。更为严重的是，很多地方在实行了家庭联产承包责任制之后，认为"五保"供养工作已经完全没有存在的必要，干脆将之取消了之。

在这种情况下，"五保"供养制度实际上已经名存实亡，如果不加以干涉，这一具有中国特色的农村老年人保障制度将逐渐被抛弃。随后，为了确保"五保"供养经费的供给，农村社会又出现了强行征收集体公益金等乱收费、乱摊派的情况。为了保证"五保"资金供给，同时避免社会冲突，中央政府于1985年10月发布了《关于制止向农民乱派款、乱收费的通知》，其中对有关"五保"制度的资金来源做了明确规定："乡和村兴办教育、修建公路、实施计划生育、优待烈军属、供养'五保户'等事业的费用，原则上应当以税收或其他法定的收费办法来解决。在这一制度建立之前，应按照中共中央一九八四年一号文件的规定，实行收取公共事业统筹费的办法。"（《人民日报》，1985）这一规定对农村对"五保"供养开展所需资金的筹集指明了合法的途径。此后，1991年12月，国务院颁布的《农民承担费用和劳务管理条例》又规定："村提留包括公积金、公益金和管理费"，其中"公益金，用于五保户供养、特别困难户补助、合作医疗保健以及其他集体福利事业"，"乡统筹费可以用于五保户供养"（宋士云，2007）。这些规定又进一步明确了获取"五保"供养资金的来源，即公益金和乡统筹的一部分，这不仅避免了"五保"资金征收过程中可能出现的问题，还使得"五保"资金获得了稳定的合法的途径。

在经过年代的摸索、改革之后，自20世纪90年代后期"五保"供养工作开始转型，走入了规范化、法制化管理的新阶段。1994年1月23日，国务院颁布《农村五保供养工作条例》，成为我国有关"五保"供养制度的第一部法律形式的文件。该文件对"五保"供养的性质、对象、内容、形式等做出了明确规定。与此同时，民政部发布《敬老院治理暂行办法》，对农村敬老院建设提出了具体规定。为了保障农村"五保"供养制度的健康平稳发展，党和政府虽然做了很多工作，但是"五保"工作形势依然非常严峻。根据民政部救灾救济司提供的数据，截至 2002 年年底，全国农村"五保"供养对象有 570.37 万人，约占全国农业人口的 0.6%。其中，真正获得保障的只有 296.82 万人，约占应保对象的 52.04%（洪大用等，2006）。"五保"供养制度在新的经济和社会条件下，亟须进行进一步的相关改革来稳定这一政策的顺利进行。

2. 农村合作医疗制度的解体

随着人民公社的解体和集体经济的衰落，农村合作医疗制度也迅速走向低落。到 20 世纪 80 年代末，农村合作医疗的参与率跌至 4.8%，农村合作医疗基本全线解体。1990 年，国务院及有关部委虽然采取了一些措施，企图使衰落的合作医疗重现生机，但效果并不明显，农村合作医疗覆盖率只占全国农村人口总数的 10% 左右（徐道稳，2006），远远低于人民公社时期曾经达到的 90% 的村庄覆盖率的水平（宋晓梧，2001）。随着农村合作医疗制度的衰落，很多农村地区都出现了"预防接种、爱国卫生、计划生育没有人管，农民看病、打针、吃药、新法接生找不到人，农村缺医少药的状况又严重起来，一些疾病又在回升，骗财害命的巫医神汉、封建迷信乘虚而入"（国务院，1981）的情况。

农村合作医疗制度的迅速解体，有着内外很多原因，总结起来大概有以下几点。

第一，政策的制定和推行没有考虑社会变革的需要，与现实脱离。改革开放后我国农村社会呈现出欣欣向荣的局面，在新的社会形势鼓舞下，1979 年 12 月，卫生部颁布了《农村合作医疗章程（试行草案）》，希望能够把集体社队时期发展态势不错，曾带给农民众多好处的合作医疗制度纳入法制化轨道，使之继续发挥农村农民医疗服务的作用，并不断壮大。但是，由于低估或者没有意识到农村变革带给农村合作医疗制度的影响，这些法律法规的制定只是将原有的东西照本复制，没有根据农村社会的发展变化提出具有前瞻性、针对性的改革和适应性方案。在此状况下，按此制定出来的法律制度因为缺乏相应的适应能力，而变成一纸空文，无法对新形势下农村合作医疗的发展进行任何有意义的指导。

第二，集体经济解体，合作医疗资金难以筹集。农村合作医疗制度从成立之初就作为一种集体福利事业而存在，它的运行所需资金大部分来自集体社队的公积金和公益金收益。但是随着改革开放后农村土地制度和分配制度的改革，家庭成为农业生产剩余财富的主要受益者，集体经济收益只是从有限的乡村提留中获得，受到了很大影响。随着集体经济的萎缩，以集体经济收入作为主要资金来源的集体社会福利也相应受到了打击。在这种情况下，合作医疗制度因为失去了经济支持和组织依托从而纷纷解体，难以继续支撑下去。不仅如此，合作医疗资金筹集难度增加的另外一个原因还在于：随着人民公社制度的解体，村级自治委员会无力强制要求农民参加农村合作医疗制度，农民可以根据自己的判断和需要自由选择参加与否。面对农村合作医疗当中存在的种种缺陷和问题以及市场经济下更好的医疗服务，大多数农民选择退出。没有了庞大人群的参与，农村合作医疗制度失去了互助共济的意义和作用，必然走向衰落。

第三，农村合作医疗制度管理层次低、水平低是导致其衰落的重要内在原因。农村合作医疗制度在管理过程中，由于基层管理者缺乏相关的知识，致使很多集体医疗机构难以正常运作，处于混乱状态。这主要表现在以下几个方面：首先，资金使用混乱。作为一项集体福利制度，农村合作医疗的管理主要由村一级承担。为了节省开支降低运行成本，很多村级诊所除了医生和兼任护理和杂务的工作人员外，根本没有专业会计人员进行账目管理。这就造成合作医疗中资金使用缺乏计划、欠债、过度消费等各种问题的出现。其次，医疗资源分配的不平等。"干部及其社会关系群体可以吃到好药、可以及时报销医药费用，甚至可以欠账等"，而普通群众不但不能享有这个特权，"有时连正常的报销药费都发生拖欠"。从而使农民产生了合作医疗就是"干部吃好药、群众吃草药""群众交钱，干部吃药"的观念（《世界发展报告》，1994）。该制度存在的种种缺陷和混乱使农民产生了对农村合作医疗制度的怀疑，在他们眼中农村合作医疗成为农村干部为自己谋私利的工具，这在很大程度上影响了他们继续参加合作医疗的热情和信心，从而更增加了农村合作医疗制度资金筹集的难度，成为合作医疗制度衰败的一个重要原因。

第四，农村卫生医疗制度的改革、市场经济的发展对农村合作医疗制度产生了巨大冲击。改革开放后，随着我国各项制度的不断完善，医疗卫生制度的改革也势在必行。农村医疗卫生制度逐渐走向规范的一个重要标志在于赤脚医生制度的取消。赤脚医生制度是集体社队时期为了尽快解决当时农民看病难的问题，临时开展的一项医疗卫生制度，这一制度的实施曾经极大改善了我国农村社会医疗服务严重落后的状况。但是，由于这些医生文化素质较低、专业知识相对缺乏、专业技能不高，很容易造成医疗事故的发生，从而给农民生命财产造成不必要的损失。因此，在改革开放后不久，将近一半的农村"赤脚医生"就被取消了医疗服务的资格，并最终于1985年由卫生部决定停止使用"赤脚医生"的名称。这样一来，农村合作医疗制度能够长期低价运行的一个重要基础被打破了。不仅如此，市场经济的不断深入也给农村合作医疗制度的衰落造成了巨大的影响。首先，很多乡村医疗服务人员在市场经济的强大吸引下，开始逐渐放弃乡村医疗服务工作，从事其他行业，农村医疗服务人员不断流失。其次，面对商品经济条件下经济利益的驱使，一些乡村医生开始利用集体诊所的名义进行实质的盈利服务，合作医疗已经失去了集体福利的性质。最后，人民公社时期农村合作医疗制度之所以能够低成本运行的一个重要原因在于，大量使用了中草药和民间土方作为主要的治疗方式，但是随着人们对医疗服务的要求越来越高，这一方式已经远远不能满足人们的需求，这也加剧了农村合作医疗低价运行的困境。在内外多种因素的作用下，农村合作医疗已经无法适应变化了的新的社会形势，传统的农村合作医疗必然走向衰落。

(三) 县级农村养老保险制度试点

改革开放后，我国集体社队老年保障制度在新的社会条件下逐步瓦解。为了解决当时我国农村社会老龄化所面临的社会保障问题，各级政府开始关注并对农村养老保险制度进行了探索。1986年10月，民政部和国务院各相关部委联合召开了"全国农村基层社会保障工作座谈会"，开始在农村地区展开社会养老保险试点工作。这一养老保险设计定位为以村为主体的社区型养老保险，因此首先选取了上海、苏南等经济发达地区的农村进行试点。这些地区经济发展迅速，乡镇企业义军突起。以此为基础，村庄集体和农民个人以乡镇企业为依托，经济实力较强，能够负担相应的保费缴纳。经过近3年的试点，截至1989年6月，全国开展农村养老保险试点的省（自治区、直辖市）有19个、县（市、区、旗）有190个，有800多个乡、8000多个村建立了农民养老保险制度，参加保险人数近90万人，共筹集资金4095.9万元，有21.6万人享受了养老金（赵殿国，2003）。作为我国农村养老保险社会化探索的第一阶段，这种形式的养老保险有着最根本的缺陷，即统筹的层次以村级单位和乡镇企业为主，难以承担起社会保险风险分担的任务，最终导致这一层次的农村养老保险走向失败。

在总结了以村或乡镇企业为统筹单位的养老保险失败经验的基础上，国务院决定扩大农村社会养老保险的社会统筹范围，建立以县为单位，由政府组织实施的以"个人交费为主、集体补助为辅、国家给予政策扶持"为基本原则的县级农村养老保险制度。1992年1月3日民政部正式下发《县级农村社会养老保险基本方案（试行）》。为了适应当时农村社会的现实条件，不增加农民负担，该方案采取了农民自愿参加、低标准、集体补贴的方式进行。这样的设计符合了大多数农民的收入水平和承受能力，2元、4元……20元共10个档次的灵活缴费办法，也使农民可以根据自己的收入情况随时缴费。截至1992年年底，全国170个县共3500多万农民参加了社会养老保险，保险费累计达10多亿元。1992年12月"全国农村社会养老保险工作会议"召开，该会议总结了试点地区开展的成功经验，提出了构建具有中国特色农村社会养老保险的基本框架，农村社会养老保险大规模试点工作正式结束，转入了全面推广阶段。截至1995年，全国31个省（区、市）的2000多个县，不同程度地开展了农村社会养老保险工作，参保人数最多时近8200多万人（马保德、杨静华，2009）。

（四）改革初期农村老年人保障的特点、水平及存在的问题

改革开放是我国具有历史意义的转折，其后我国社会进入一个重要的社会转型期。社会转型既有着令人惊叹的发展机遇，也充满着复杂的社会危机。这种状态在农村老年人保障问题上也有着明显的体现。这一时期的家庭养老既满足了此时老年保障的较低需求，同时也潜藏着面对未来的准备不足。

1. 改革初期农村老年人保障供给与需求的低水平均衡

自1978年开始，我国社会进入一个快速转变时期，尤其是在

经济领域开始由政府主导的计划经济向由经济规律调节的市场经济转变。随着经济模式的转变，促使了我国社会经济的快速腾飞。在经济发展的带动下，我国农村社会也迅速由贫困型社会向温饱型社会转变。据统计，刚刚实施改革开放的1978年，我国农民生活消费恩格尔系数为67.71，是典型的贫困型消费结构。到了1992年，我国农民消费恩格尔系数为57.5，已经表现为温饱型消费特征（潘漪、陆杰华，2004）。尽管代表生活状态的消费恩格尔系数发生了如此巨大的变化，但从总体来看，我国农民生活还处在温饱型这样一个较低的水平，即这一时期农村老年人保障以追求温饱等基本生活需求为其主要特征。

在较低生活水平下，以土地收入作为家庭主要经济来源显然可以满足这一时期农民生活的基本需要。随着家庭联产承包责任制的实行，土地生产效率不断提高，以土地为基础的农民收入也在不断增加，1983年表现得尤其明显。这一年，土地收入几乎占农民当年纯收入的68.66%以上，成为农民收入的主要来源。而当时农民的人均消费仅为248.3元，人均212.7元的土地收入几乎可以满足普通农民的基本生活消费需要。虽然随着生活水平的提高，土地收入能够满足农民日常消费的比例逐渐下降，但是仍然在农民收入中占有相当高的比例。到1993年，农民的土地人均收入仍占人均纯收入的61.5%以上，仍能满足农民73.67%的日常基本生活支出需要。在温饱型的农村社会，农民消费的低水平使土地收入成为满足农民基本生活的基本经济来源，也在实质上满足了低水平生活条件下农村老年人保障的需要。因此，这一时期农村社会的普通老年人的保障问题并不是特别突出，农村经济的快速好转在很大程度上缓解了农村社会老年保障的压力。

但是，以土地收入为基础的农村老年人保障形式只是一种低水平的保障形式，是由当时农村社会以及整个国家经济水平决定的一种过渡性的老年保障形式。随着农村社会以及整个国家宏观经济的发展，土地收入在农民总收入中的比重将会逐渐下降。土地收入的下降直接影响到主要依靠土地获得生活保障的农村老年人的利益，使他们的经济收入随之下降。这种情况的出现，必然造成农村老年人的生活更加依赖家庭成员的其他非农经济收入，增加了老年人的家庭负担。家庭负担的加大对于老年人生活条件的改善和生活水平的提高增加了难度。同时，随着我国市场化改革的不断深入，尤其是卫生医疗制度的市场化，也在很大程度上加重了农村老年人家庭的经济压力，给农村老年人保障的低水平维持增加了困难。在这种情况下，以土地收入为基础的农村家庭老年人保障面临着可能的危机。

2. 经济快速发展条件下的农村老年人保障危机

改革开放后，我国农村生产力得到了极大解放，农村经济得到快速发展，经济的发展为农村老年人保障提供了重要基础，但转型期社会发展的不可预见性及风险性却决定了在我国改革初期农村养老表面平稳的形势下必然隐藏着危机。这一阶段农村养老面临的形势主要有以下不得不考虑的问题。

首先，随着我国市场经济的快速发展，土地产出的比较效益将不断下降，土地收入在农民收入中所占的比例将大幅减少，这是一个必然的趋势。尤其是到了20世纪90年代，随着农产品价格的下降以及农业生产资料价格的攀升，农业生产成本不断增加，很多地方土地经营都出现了亏本的现象。以浙江省农村固定观察点的10个村的资料为例，1995年亩均净收益为680.04元，到1999年已经下降到505.71元，四年间减幅达25.6%；如果扣除人工和物质费用因素，则农地经营的亩均纯收益，1995年为34.51元，到

1999年已经下降到-174.72元，农地经营处于绝对亏本的状态（江成城，2006）。土地收益的不断下降意味着土地保障功能的不断弱化。土地保障功能的弱化对于一些完全依靠土地为生的农民，尤其是对于农村老年人来说意味着生活保障的缺失。

其次，市场经济的一系列改革尤其是医疗卫生制度的市场化改革促使了农村家庭消费支出的迅猛增加。随着经济领域改革的不断深入，我国社会各个方面的改革也势在必行。作为一项公共事业，医疗卫生机构有着庞大的就业人群，每年需要投入大量的财政资金给予补贴。为了减轻这一负担，从而适应市场经济追求效率优先的原则，我国医疗卫生机构也实施了相应的制度变革。此后，中央政府没有考虑医疗卫生机构作为一项公共事业对于普通民众的重要意义，急于甩掉这一包袱，决定医疗卫生机构经费统一由地方政府来负责筹集。这一改革给整个国家卫生医疗事业造成了很大震荡。首先，地方政府尤其是乡镇一级财政支持的不足，造成基层卫生医疗机构资金的缺乏，难以维持正常的运行。在此情况下，医疗卫生机构必然会寻求其他的途径，通过提高收费等渠道获得资金以弥补不足，这使得我国医疗服务费用急剧攀升。尤其是乡镇财政的不力，更导致了很多乡镇医疗卫生机构通过提高收费和药价来维持自身运行，这给绝大多数依靠乡镇医疗资源的农民就医增加了额外的负担。其次，由于政府在医疗卫生事业投入的不足，也造成乡镇卫生院医疗设备老化、陈旧，难以满足农民不断提升的医疗需求，这在很大程度上促使了其他性质的高收费营利性医疗机构的出现，这必然引起农民医疗负担的加重。同时，由于集体经济的萎缩，农村合作医疗制度也因为缺乏必要的资金支持逐渐解体，在这种情况下农民不得不全额负担起自己的医疗保健费用。

政府公共医疗卫生资金投入的减少，农村合作医疗制度的解体以及营利性医疗服务机构的推动使农民医疗保健费用大大增加。据有关统计资料显示：以农村居民两种常见病的住院费用为例，2000年因阑尾炎住院的平均费用与1995年相比上涨了37.2%，同期因肺炎住院的平均费用上涨83.2%，而农户人均纯收入仅增加25.9%（朱玲，2002）。在这样的情况下，农村地区因病致贫或因病返贫的农户占农村贫困户的比例为20.7%—49.3%，这意味着每年大约有1305万的农村人面临因生病而倾家荡产的危险。医疗费用的攀升对于健康状况较差的老年人来说影响更大，很多农村老年人在经济负担的压力下，生病以后根本无力医治，农村老年人医疗保障状况令人担忧。

  与此同时，随着改革的深入进行，城市化和工业化的发展也对农村老年人保障产生了很大影响。城市化的进程导致城市对农村的不断扩张，从而造成大量的失地农民，失去土地对于农村老年人来说意味着更大的养老风险。不仅如此，工业化的发展在吸引了上亿农村青壮年剩余劳动力向城市转移的同时，也导致了农村老年人面临无人照料等更多的问题。随着农村外部环境的变化以及众多新情况的出现，都给后期农村老年人保障问题增加了更大压力。

第三章　农村老年人社会保障现状及其原因分析

随着改革开放的不断深入，市场经济体制最终在我国社会发展中取得了主导地位。市场经济是一种"以维护产权，促进平等和保护自由的市场制度为基础，以自由选择、自愿交换、自愿合作为前提，以分散决策、自发形成、自由竞争为特点，以市场机制导向社会资源配置的经济形态"。自由竞争的市场经济在带给整个社会无限活力的同时，也将人们带入了一个充满风险的社会状态。

市场经济体制的确立带给我国社会包括广大农村地区全面而深刻的影响。第一，在彻底摆脱了计划经济的束缚后，我国经济快速发展，社会整体实力大大增强。第二，作为一种自由竞争的经济形式，市场经济使农业与其他产业相比经济利益显著下降，这是一个普遍规律，也是我国市场经济确立后农村社会面临的重要挑战。农业比较利益的下降直接影响了农民收入，扩大了城乡居民之间的收入差异，经济收入的缓慢增长将给农民生活带来很大的影响。第三，市场经济作为一种以工业为主导的经济形式，它的发展给整个人类文明以巨大推动，也带给我国农村社会空前的改变。工业化社会的雇佣制度引起了农业领域大量剩余劳动力向城市转移，越来越多的农民开始涌向工业和第三产业。农村青壮年劳动力的大量减少，对我国农村社会意味着人口结构和家庭模式的改变以及随之而来的传统家庭伦理观念的改变。除此之外，作为一种不断扩大再生产的经济形式，工业化所引起的城市对外扩张更将一部分农民置于一种充满风险的生活状态。不仅如此，我国经济发展还有着自身的特殊情况，即在经济发展过程中，受制于我国资源禀赋的巨大差异，整体社会经济发展面临着地区间极度不平衡的局面。

农村社会在当前条件下已经成为市场经济风险社会的一部分，农民时刻面临着各种风险的挑战。在这种情况下，由市场经济快速发展诱发的社会观念的更新，尤其是社会公平的诉求在当前社会显得越发强烈。在农村社会建立必要的社会保障制度，尤其是与农村老年人等弱势群体相关的社会保障体制，来防范市场经济条件下不可避免的风险，成为解决当前"三农"问题的一个重点。

如果说改革开放前以及改革初期，农村老年人保障制度的变迁主要受制于农村自身发展的话，那么在市场经济条件下，农村社会的发展已经深深融合进整个国家社会发展的进程，农村老年人保障制度的变迁已经无法摆脱整个国家社会发展的宏观制度背景。在外部环境挑战和机遇并存的状况下，当前我国农村老年人保障制度开始进入一个艰难转型的多元主体的新阶段。

第一节　市场经济条件下农村老年人保障制度变迁的影响因素

一　工业化趋势下农村剩余劳动力的转移

通过进一步的深化改革，我国经济体制迅速转型，工业化趋势加快。工业化的发展给农村社会带来了深刻的变化：在工业化的促进下，我国农业机械化程度不断提高，其他农业技术也在农业生产中加快利用，农业生产效率因此大大提高。这使得农业生产时间不断缩短，农民有了更多的剩余时间来支配，这给农村剩余劳动力的转移提供了必要的条件。工业化的发展也给我国整个社会经济带来了令人惊叹的变化，尤其是沿海经济和各地乡镇企业的迅猛发展，给农村剩余劳动力的转移提供了广阔的就业环境和就业机遇，使农村剩余劳动力的转移成为可能。而工业化就业带给农民的高收益，也诱使着农民勇于离开家乡进入城市和工业行业就业。在工业化快速发展的推动下，我国剩余劳动力的转移势不可当。据有关统计显示，1994年我国农村外出务工人员6400万人，1995年达到8000万人左右（龚为斌，1998）。到2004年，外出务工的农民工已经达到一亿四千万左右，规模庞大（李强，2004）。在这些进城务工的人员当中以青壮年劳动力居多，据有关统计，15—39岁的青壮年劳动适龄人口占流动人口的97.12%，其中20—34岁是进入城镇的峰值年龄组，占流动人口的62.39%（胡英，2001）。青壮年劳动力从农村的大量流失，给农村人群的年龄结构和家庭形式造成了巨大的冲击。

农村剩余劳动力的转移在很大程度上影响了我国农村人口的年龄结构，加速了农村老龄化的进程。在1982—2000年，中国农村老年人口比例从7.8%上升到10.9%，上升了3.1个百分点（杜鹏、王武林，2010）。2009年年底，60岁以上农村老年人达到1.05亿，占农村总人口的18.3%。随着老年人比例的不断攀升，我国农村老年人供养率也不断提高，直接加大了农村社会的养老负担。农村青壮年人口的转移还直接造成农村社会的另外一种严重现象——"空巢"家庭以及类"空巢"家庭的出现。根据家庭生命周期理论，"空巢"是指家庭里最后一个孩子离开父母家到配偶一方死亡这期间由夫妇二人组成的家庭（肖方娅，2007），即夫妻户或独居户。而类"空巢"家庭，在我国当前情况下主要是指老年人与未成年孙子女同居的留守家庭以及老年人与父母共住家庭等，其中以隔代留守家庭为主要形式。农村"空巢"家庭的形成与当前进入城市工作的农村劳动力自身特点密切相关。从目前来看，大多数农村进城务工人员学历、技能以及个人能力较差，只能从事一些报酬比较低的暂时性职业。由此获得的收入根本无法维持在城市的永久性居住，也无法将子女老人接到身边共同生活。这样一来就出现了年轻人在外打工，年老的父母留在农村务农，甚至照顾留在家里的孙子、孙女的"空巢"现象。"空巢"家庭以及类"空巢"家庭的增多对于农村老年人保障有着极为不利的影响，它使老年人不得不从事超越自身劳动能力的体力劳动，影响身体健康。在农村"空巢"、类"空巢"家庭中，老年人从事生产劳动的比例比非"空巢"家庭老年人高近5个百分点，占47.4%（全国老龄工作委员会，2009）。更为严重的是，因为无人交流、缺乏子女的关心，这部分老年群体很容易产生精神空虚、郁闷、压力增大等心理问题，从而引起健康状况的恶化，增加他们的健康风险。而隔代家庭中的留守老年人将不得不面临更大的生活压力，他们不仅得不到子女的照料，还要担当起照顾孙子女的重任。农村剩余劳动力转移下"空巢"家庭和类"空巢"家庭的出现，对于农村老年人保障来说是一个不小的挑战。

二 计划生育政策调控下农村家庭结构及规模的改变

新中国成立以来，我国人口急剧膨胀。为了减轻社会经济压力避免劳动剩余被过度增长的人口所消耗，从20世纪70年代，我国开始实行计划生育政策，把计划生育作为国家发展的基本国策。

在实行计划生育政策的30多年来，我国人口控制取得了巨大成就。据研究，我国自1971年至1998年由计划生育因素所减少的出生人口数达 3.38 亿人。与此同时，人口出生率和自然增长率分别由 1978 年的 18.25‰、12‰ 下降到 1999 年的 15.23‰、8.77‰。特别是 90 年代以来，生育水平快速下降并突破更替水平，1992 年的总和生育率为 1.86—2.00，此后一直到 1998 年，总和生育率均为 1.80—1.97（李文，2002）。进入 21 世纪，我国人口出生率继续下降，2000 年人口出生率为 14.03‰，2001 年人口出生率为 13.38‰，2002 年为 12.86‰，2003 年为 12.41‰，到 2009 年更是降低至 12.13‰（《中国统计年鉴》，2010）。

人口出生率的降低直接减少了社会消耗，增加了社会积累，减轻了人口过度增长带给社会发展的巨大压力，使更多的劳动剩余被投入社会再生产。除了带给社会发展直接的影响之外，人口出生率的降低也使得社会可以拿出更多的财富用于公共事业开支，从而提高人口整体素质，间接促进我国社会经济的快速发展。但是人口出生率的降低对社会的负面影响也值得关注，它直接造成农村家庭规模的不断缩小，开始趋向小型化，这给我国农村以家庭为主要供养主体的养老方式带来了深刻影响。据统计，我国农村家庭规模从 1982 年的 4.57 人/户下降到 2004 年的 3.58 人/户，2005 年达到 3.27 人/户（崔伟娜，2008），家庭小型化的趋势非常明显。不仅如此，随着家庭子女人数的减少，农村老年人的居住方式也发生了很大变化。据统计显示，农村老年人独立居住的占 38.3%，其中独居户占 9.3%，夫妻户占 29.0%（《中国城乡老年人口状况追踪调查》，2007）。农村人口出生率降低所造成的家庭状态的改变对以家庭养老为主体的农村养老提出了巨大的挑战。

同传统家庭老人生活由多个子女共同负担相比，农村家庭子女的减少将使家庭养老的负担大大加重。首先，家庭子女人数的减少在不同程度上增加了子女对老年人经济供养的压力。其次，随着老年人身体机能的日益衰弱，照料身体状况不好的老年人将是一个繁重的工作。加上当前我国农村社会养老服务体系极不发达，老年人的生活照料根本无从通过其他方式进行有偿转移，这部分工作还需要依靠子女来承担，这更增加了本来就沉重的家庭养老压力。不仅如此，对父母的生活照料也在很大程度上限制了子女外出就业以及获得其他收入的机会，从而使家庭经济状况更加恶化。在此状况下，家庭经济负担的加重以及经济收入的降低将会使农村家庭老年保障陷于困境。

在人口控制政策实施的同时，我国社会生活水平以及医疗保健水平也得到了快速提升，在我国社会出现了出生率与死亡率同时下降的局面，这必然造成我国人口抚养比的提高。家庭子女人数的减少，老年人口的增加，使农村老年人保障的整体压力空前加大。

三 资源禀赋差异下地区经济发展的不均衡

我国幅员辽阔，沿海和内陆之间存在资源禀赋和自然环境的巨大差别，由于这些差别造成各个地区经济和社会发展出现了明显不同。经济发展水平的不同最终形成了各个地区不同的经济收入和生活水平。

自20世纪80年代中期开始，我国东南沿海地区经济飞速发展。经济的腾飞将这一区域农村地区的发展也充分带动起来，形成了高度发达的农村经济形态，农民收入不断攀升，生活水平不断提高。而内陆地区由于地理位置、国家政策以及思想观念的影响，经济发展缺乏城市经济和工业的带动，处于相对落后的局面。随着经济发展差距的不断扩大，我国农村地区经济发展水平以及农民收入水平形成自东向西的分布差异。1995年，东、中、西部农民的整体收入比为1∶0.61∶0.45，东部农民的收入为中部的165%，中部农民的收入为西部的135%，东部农民的收入为西部的223%。据统计，2004年全国农村居民人均纯收入为2936元，东部地区为3987元，中部地区为2727元，西部地区为2091元，东、中、西部的收入比为1∶0.68∶0.52（《中国农村统计年鉴》，2005）。农民收入的地区差异在一定程度上导致了他们消费观念和生活方式的不同。东部发达地区的农民因为有着较高收入以及较为开放的生活环境，可能会追求更高的生活水平并具有更为现代的消费理念。而中西部收入水平较低的农民更倾向于维持基本的生活需要，很难有经济实力追求其他更高的生活享受。不同地区农民收入以及消费观念的不同对农村老年人保障的影响在于：东部地区农民经济收入比较高，更有实力在养老以及其他相关方面进行投入，为老年生活做好充足的准备。而经济发展比较落后，生活较为贫困更需要养老保障的中西部地区农民却因为个人经济收入以及消费观念的限制，无力或无意识为自己的晚年生活做出必要的准备和铺垫。

经济发展不均衡除了能够影响农民在选择养老保障时产生不同的态度，并具备不同的消费能力之外，它对我国农村老年人保障的影响还在于：能够通过影响不同地区社会公共财政投入，来决定该地区农村老年人保障的水平，这必然造成我国农村社会不同地区之间农村养老保障之间的巨大差异。在我国尚未出台新型农村社会保险政策之前，这一差异非常明显：在一些经济实力比较雄厚的东部沿海地区，政府已经通过有力的财政支持开始实施农村社会养老保险制度。如北京、上海、江苏、浙江等发达省市早已将农村养老保障列入日程，农村养老保险制度建设推进迅速。如苏州市早在2003年5月就出台了《农村社会养老保险暂行办法》，将农村养老保险工作列入国民经济和社会发展计划，由各级政府组织实施。北京市也于2006年1月1日正式出台了《北京市农村社会养老保险制度建设指导意见》。而中西部省份因为经济实力的不足，对农村老年人保障工作财政投入的力度存在相当的难度。因为地区经济发展的不平衡以及农民收入的差异，曾经使整个国家农村老年人保障出现了"保富不保贫"的尴尬局面，这与社会保障"润滑剂"的作用不相符合，并与我们追求共同富裕的社会目标相背离。因此，我们必须尽量减少地区经济发展差异以及贫富分化对农村老年人保障产生的影响，尽可能构建起不仅承认地区及个人差异，同时又最大限度体现社会公平的农村养老保障体系的整体框架，使全体农民都能享受相同的国民待遇，共同分享整个国家经济发展的成果。

四 社会舆论的导向与国家执政理念的转变

自改革开放以来，随着社会形势的转变，我国农村老年人保障问题开始凸显。农村老年人保障所面临的困境以及未来可能引发的风险引起了学术界以及政府的极大关注。与国家展开农村社会养老保险制度探索相同步，自20世纪80年代中期开始，学术界对农村老年人保障问题的研究开始逐渐涉猎。这一时期，受到当时城乡二元化固定思维的影响以及经济实力的限制，政府在县级农村社会养老保险中主要承担政策制定与舆论推动的作用，而没有进行任何实质性的经济支持。受此影响，学术界对这一时期农村养老保险的探讨，主要集中在"政府在制度推广中的行政职能的分析"（曲大维，2007）。

随着90年代末农村社会养老保险制度陷入困境，学术界对农村养老问题的探索开始进入更深的层次，研究范围向农村社会养老的各个方面和细节不断扩展。针对县级农村养老保险制度推行失败问题的探讨，学术界从各个方面进行了原因分析。制度设计的缺陷、价值定位矛盾、法律体系不完善、政府责任缺失、养老保险基金监管不力等都是造成县级农保工作发展缓慢以及停滞的原因。除了针对制度本身展开讨论之外，在有没有必要建立农村养老保险制度以及政府是否有实力承担财政责任等方面也出现了不同的意见和声音。在这些讨论中，一些学者从西方社会保障理论出发，极力强调政府在农村社会老年保障方面不可推卸的责任，认为只有建立以政府为主导的农村社会老年保障制度才能从根本上解决我国农村社会的老年保障问题。而一些学者从现实出发，认为根据当前我国经济形势以及财力基础，还不足以建立全国范围内的农村老年人保障制度，应该建立多元化的老年保障形式，适当发挥家庭在农村养老方面的作用。在这些学者中，他们认真挖掘我国传统社会尊老养老的优秀文化遗产，希望能够继承家庭养老的优秀传统，发挥家庭养老在当前以及未来我国农村养老中的积极作用。这些学术成果从不同的角度对我国农村老年人保障问题进行了探讨，为政府实施农村老年人保障制度提供了正反两方面的意见和建议。学术界在对农村社会保障制度进行探讨的过程中，还逐渐吸收了西方社会保障理论的精华以及现代民主社会的公平观念。

这些理论和观念通过各种形式极大影响了政府对这一问题的关注力度、执政理念和政策选择，为政府能够提供更为现代、更加公平的社会服务提供了理论和文化基础。到目前为止，"和谐社会"是我们党在有关社会公平和社会正义问题上的最高认识。党的十六届四中全会提出"不断提高构建社会主义和谐社会的能力，形成全体人民各尽所能、各得其所又和谐相处的社会"，这一观念的提出标志着我们党和政府在执政理念方面的进展与完善。在建设"和谐社会"执政理念的指导下，可以关注并兼顾不同方面群众的利益，使社会全体成员能够共享社会发展成果。社会舆论对农村社会养老保障问题的关注以及国家执政理念的完善和进步，给我国农村老年人保障制度的构建和完善提供了良好的社会文化和舆论背景，促进了国家正式老年保障制度在农村老年人保障工作中的不断深入和扩展。

五 国家经济实力的增强

自改革开放以来,我国社会经过了40年的经济快速发展,经济实力已经今非昔比。首先,我国国内生产总值持续快速增长。从1978年开始,我国国内生产总值都以每年超过10%的比例快速增长,国内生产总值数字庞大。据统计,1978年我国国内生产总值为3645亿元,到1997年增至78973亿元,2001年为109655亿元,2002年为120333亿元,2007年为265810亿元,2009年达到343464.7亿元(《中国统计年鉴》,2010)。

其次,我国人均生产总值也不断提高。据统计数据显示:1978年我国人均国内生产总值为381元,到1997年增至6420元,2001年为8622元,2002年为9398元,2007年为19524元,2009年为25575元,2010年为29524元(《中国统计年鉴》,2010)。

我国经济的快速发展、经济实力的不断增强意味着我国以工补农时代的到来。通过社会经济的统筹规划,建立完善农村老年人保障制度将成为以工补农的一种重要形式。

第二节 市场经济条件下多元化农村老年人保障形式

一 家庭保障

1. 家庭仍是当前农村老年人保障的供给主体

经过40年的改革开放,我国传统家庭养老的外部环境已经发生了巨大改变,这些改变对于农村家庭养老的延续非常不利,在一定程度上妨碍了家庭在农村老年人保障中作用的发挥。但是作为一个从传统家庭养老向现代社会养老的转型阶段，我国当前农村社会无论从国家老年保障体系建设，还是农民个人观念转变等各个方面来看，都无法建立起能够完全不依赖家庭从而解决农村老年人保障问题的制度框架，家庭仍然是当前我国农村社会承担老年养老任务的首选。据民政部统计，截至1999年6月，农村97.6%的老人靠家庭赡养（李宗华，2007）。这也可以从农村老年人的居住方式和居住意愿等方面看出。一项对湖北、陕西、吉林等省农村地区的调查显示：同子女和配偶合住的老人占89.0%。对湖北省潜江市杨市乡的调查则显示：在生活能自理时，87.0%的老人愿跟配偶、子女同住；在生活不能自理时，愿跟配偶及子女合住的高达90.0%（张仕平，1999）。由上可知，无论是经济支持、生活照料还是在情感慰藉方面，配偶、子女等家庭成员仍然是老年人最终寻求社会支持的主要考虑，家庭在农村老年人保障方面仍然起着主导作用。

尽管面临众多挑战，家庭养老仍是我国当前农村老年人保障的主要形式，这一无奈选择是由当前农村社会的多种因素共同作用的结果。

第一，农村社会养老及其他保障制度还极不完善，无法完全满足农村老年人保障的需要。尽管新型农村养老保险的试点工作也已经在全国范围部分县市铺开，但是要想大面积推行实施还需要很长的时间，预定到2020年才能实现农村老年保险制度的全民覆盖。因此在目前条件下，仍然无法建立覆盖全体农村老年人的社会养老保障体系，能够脱离家庭享受社会保障的老年人还只能是极少数一部分人。

第二，就我国当前农村家庭内部经济交换状况来看，子女承担父母养老义务也是必然的结果。在目前的农村社会，父母几乎将所有的精力都用在了子女身上,他们将一辈子的积蓄用于子女的抚养、教育以及婚嫁等,很少有人为自己的晚年生活预留必要的养老储备,他们的晚年生活完全寄托在子女身上。不仅如此,绝大多数农村老年人还在从事着力所能及的农活,甚至在青年人外出务工时,承担着主要的农业劳动。为了减轻子女负担,农村老年人还承担着抚养留守孙子女的繁重任务。老年人为家庭所做的这些工作,在很大程度上可以看作为自己年老进行的养老储备。因此,从家庭内部劳务和经济交换的角度看,子女从父母那里享有被抚养和获得经济支持的权利,就必然需要承担赡养老人的义务,家庭养老从理性来看是一种完全合理的符合经济规律的现象。

第三,传统的孝道观念和社区内部舆论影响也是当前农村社会仍然保持家庭养老的一个重要原因。改革开放以来,随着我国社会环境的不断变化,很多外来观念不可避免地影响到我们传统的家庭养老观念。但是尊老敬老等文化传统,仍以其强大的生命力在我们的日常生活中存在。尤其是在相对封闭的农村社会,孝敬父母的观念依然根深蒂固,绝大多数人都能在传统观念的影响下自觉地孝敬赡养自己的父母。即使在农村社会存在个别不孝敬父母的情况,在农村这样一个熟人社会,这部分人也会因为自身道德水平的低下受到邻里有意无意的孤立和舆论上的压力,从而尽量改正和约束自己的行为。家庭养老在当前的农村社会还有着广泛的社会文化基础。

第四,从当前我国法律制度来看,家庭养老也受到法律的强制保护。我国《宪法》第49条规定:"成年子女有赡养扶助父母的义务""禁止虐待老人"。《婚姻法》第15条规定:"父母对子女有抚养教育的义务;子女对父母有赡养扶助的义务。……子女不履行赡养义务时,无劳动能力的或生活困难的父母,有要求子女付给赡养费的义务。"《中华人民共和国老年人权益保障法》第10条规定:"老年人养老主要依靠家庭,家庭成员应当关心和照料老年人。"这些法律条款为农村社会家庭养老的存在与维持提供了必要和坚实的法律依据。

第五,我国当前农村社会的老年人保障的商业化还依然处于极低水平,无论是商业养老保险的推广,还是老年人生活服务等设施建设和人员配备都无法满足目前农村老年人养老的现实需求。当前商业养老保险因为农民收入的限制以及商业保险自身设置的局限,难以在农村地区广泛推行。到目前为止,我国农村敬老院、福利院等社会养老机构的建设还很不发达,不仅数量少,而且专业人员也极度缺乏,服务质量也比较低。即使一些地方有着比较健全的商业服务机构,也可能因为收费的标准超过了农民的经济承受能力而步履维艰。

从以上各个方面的分析来看,我国现阶段农村老年人保障还主要以家庭养老为主,这种局面的形成在当前条件下有着现实的考虑和无奈,也存在深厚的社会文化背景。所以,家庭养老仍然是我国当前农村社会老年人保障的现实选择,是无法在短时间内改变和超越的。

2. 家庭老年保障的重负和弱化

尽管家庭养老在我国当前农村老年人保障中仍然占据着主体地位,但是,由于经济以及各种压力的出现,家庭在老年保障方面的重负仍然不容忽视,甚至影响到当前家庭老年保障功能的发挥以及家庭中老年人的基本生活状态。考察当前家庭养老压力的来源主要在于两个方面:经济支持与生活照料。

随着我国农村经济的不断好转以及农业税的取消,农民经济收入有所提高。就当前经济状况来看,农民收入水平足够维持家庭基本日常生活,农村家庭老年人的衣食住行等基本生活开支得到了最基本保障。但是作为一个特殊群体，老年人有着更多的医疗保障需求，这成为当前我国农村家庭一个重要的经济压力来源。

自20世纪80年代中期，随着传统合作医疗制度的解体以及国家医疗卫生机构和制度的改革，整个医疗卫生系统出现了药价和医疗服务费用高涨的局面。医疗服务的市场化给整个社会尤其是缺乏医疗保障的农村社会带来很大压力。与同期医疗服务费用上涨水平相比，这一时期农民收入增长水平相对有限。1990—1999年，农民平均年纯收入由686.31元增加至2210.34元，增长了2.2倍；但据同期卫生部门的统计：每人次年平均门诊费用和住院费用，分别由10.9元和437.3元增加到79元和2891元，增长了6.2倍和5.1倍，是农民收入增长幅度的2.5倍，远远超出农民个人和家庭的经济承受能力（左学金、王耀忠，2003）。在巨大的经济压力下，很多刚刚摆脱贫困的农村家庭再一次陷入困境。根据1996年的调查统计情况，我国"农村中因病致贫、因病返贫的农户一般占贫困户数的30%—40%，有的地方甚至高达60%"（史探径，2000）。药品与医疗服务费用的上涨给每个家庭都带来了巨大的影响，而这一改变对体弱多病、需要更多医疗资源的农村老年人来说影响更加明显。

自新型农村合作医疗制度建立推广之后，农民医疗保障问题得到一定程度的解决，但是由于费用报销限制以及其他原因（没有参加医疗保险）等，医疗负担仍然是农民家庭经济重负的主要来源，尤其是对于家庭中有老年人存在的家庭，这一情况还是相对严重。对于农村贫困群体的致贫原因，最近的一项调查有所证明：23%左右的人选择了因病致贫、因病返贫和家中有残疾人口，其次是家中负担重、劳动力少和医药费负担重，分别占17%和15%。其中因病因药致贫的总数达到38%（曹艳青，2009）。给农村家庭养老带来重负的另一个原因是家庭老年人的生活照料问题。随着农村家庭规模的不断缩小以及农村青壮年劳动力向城市的转移,农村家庭面临一个老年人生活照料的问题。随着家庭子女人数的减少,老年人生活照料的人手存在不足,尤其是面对失能老人时,日常生活照料更是一个较为棘手的问题。一旦家庭出现这一状况,势必需要子女放弃自己的工作回到父母身边进行必要的生活辅助,这不仅使得子女面临较强的劳务压力,还面临失去工作、经济收入减少的压力。

面对这样的压力,农村家庭老年保障现状值得忧虑,存在很多问题。

贫困问题。在目前情况下,农村老年人基本温饱问题绝大多数都可以得到妥善解决,除此之外的其他物质要求就很难得到满足,在很多农村地区家庭老年人很难从子女手中得到用以改善生活的零花钱。在很多地方"老人每年可以得到多少零用钱"是一件"讲不清楚"的事情。给不给,给多少,这要看老人与儿子的关系是否和睦,关系和睦的,给300元不算多,关系不好的,给100元就不错了(陈辉,2009)。

地位问题。由于已经不能够通过自身能力改善家庭经济状况,还需要家庭子女拿出积蓄为自己负担生活费用,并提供生活照料服务,老年人在家庭中的地位有所下降。在很多农村家庭,老年人根本没有任何发言权,只能按照子女的安排生活,尤其是要看儿媳妇的脸色过日子。在日常生活中,无论是住的、穿的都是家里最差的。只要能够维持基本生活,根本不敢有什么高的要求。

农村家庭老年保障中存在的这些问题并不是完全普遍的现象,但是从中仍然能够反映出家庭养老存在一定的隐患和不足,需要采取措施不断改善这一状况,不仅要保障农村老年人的基本温饱生活，更应加大力度提高他们的生活质量，使其共享社会发展的成就。

二 自我保障与社区保障

除了家庭作为老年保障主体之外，老年自我保障和一些富裕农村地区的社区保障也是当前农村老年人保障的必要补充。

农村老人的自我保障是家庭养老的重要补充。从我国传统农业社会一直到目前为止，绝大多数农村老年人只要在身体允许的情况下，都还从事着自己力所能及的农业劳动。据一些调查显示：农村男性老人在70岁时，有70%在从事各种主副经营活动，女性老人在70岁时仍有一半以上在从事各种经营活动（崔恒展、张军，2004）。从农村社会的这种现实可以推断，绝大多数农村老年人在步入60岁的老年阶段之后，在很长时间内并没有完全依靠家庭养老，而是通过直接或间接的农业劳动和自我照顾，保持着一种自我或半自我半家庭式的养老状态。这种养老形式不仅在一定程度上满足了老人自身的基本生活需求，还在很大程度上减轻了家庭在养老方面的经济和生活照料的负担，是家庭养老重要的辅助形式。

除了自我养老之外，在减轻农村家庭养老负担方面，社区老年保障作为一种重要的补充形式也起到了很大作用。与集体社队时期农村社区老年保障完全承担老年人经济支持，以及改革初期农村基层村民自治组织在老年保障方面无所作为不同，当前我国农村社区在老年保障工作方面发挥了与其职能和能力相符合和相适应的积极作用。

农村社区仍然承担着为本社区"五保"老人提供基本服务的任务，但其具体职责发生了根本改变，从原来的筹资主体变为了服务主体。"五保"供养制度的最初性质定位为农村集体救助事业，其所需资金完全由农村社区集体筹办。随着改革开放后集体经济的衰落，作为"五保"供养制度的供给主体，农村社区已经难以发挥其农村"五保"供养的职能。但是随着农村税费的改革、农业税的取消以及国家财政制度的改革，农村社区在彻底摆脱了"五保"供养筹资主体的角色之后，重新定位了自身在"五保"供养工作中的地位，发挥了其应有的作用。农村社区地位的转变和积极作用的发挥，是伴随着政府财政的参与以及"五保"供养制度性质转变开始的。"五保"供养性质的转变经历了两个阶段：第一阶段，以村集体为主、政府为辅的农村社区性福利阶段；完全政府财政支持的社会福利阶段。"五保"供养制度第一阶段转变完成的标志在于中央政府融资的参与。这一时期，农村社区还承担着"五保"供养资金筹集的部分任务，它的角色仍然是"五保"供养的供给主体。第二阶段的性质转变是在农村税费改革之后完成的，"五保"资金供给改变了过去以集体作为筹资主体的做法，开始完全通过财政转移支付的方式保障"五保"经费的供给。其具体办法是：上级财政转移支付"五保"资金由县里统一拨付到该乡镇政府财政账户上，而后全额分解下拨至敬老院和各村委会，由村委会全额给付五保对象（杨团、张时飞，2004）。"五保"供养制度的这一转变，极大地减轻了农村社区的经济压力，使它在"五保"供养工作中的角色发生了重大改变，由该制度的供给主体转变为服务者、执行者。农村社区开始发挥其基层组织的优势，承担起"五保"对象核定、"五保"款物发放等纯粹服务性职能，促进和保障了"五保"供养工作的落实和开展。

除了为农村"五保"老人提供服务之外，一些比较富裕的农村社区还通过必要的经济支持，承担了部分老年保障的职能，为本集体老年人参加农村养老保险提供了必要的经济补助。在早期试行的农村养老保险中，很多集体组织都通过集体经济积累或乡镇企业支付来对此进行补助。除了为老年人提供养老保险补助之外,还有一些地区的集体组织采取给内部老年人直接发放养老金的方法,开展社区老年保障工作。但是这种以村为单位的农村老年人保障工作极不稳定,受到村级集体组织经济实力的较大限制。在很多地方养老金的发放金额并不高、覆盖范围也很小,有的是涵盖全体老年人,有的则仅仅涵盖部分具有某种特性的老年人,如独子户、双女户、退休村干部、老党员群体等(刘娜,2007)。

作为我国农村老年人保障的重要补充形式,自我保障和社区保障在农村老年人保障中发挥了积极作用,它不仅在一定程度上减轻了农村家庭的养老负担,还在很大程度上提高了农村老年人保障的水平,是我国当前农村老年人保障的有益补充。这些老年保障形式作为家庭养老的补充,尽管无法完全取代家庭养老在农村老年人保障中的作用,但也对家庭养老的顺利实施起到了必要的辅助功能,减轻了家庭养老的压力,增加了农村老年人的经济收入和幸福感。

三 商业养老保险

随着我国农村经济的发展以及农民负担的减轻,农民相对收入不断提高,经济收入积累不断增加。据统计,2005年我国农村居民家庭人均总收入为3255元,居民恩格尔系数不断下降,从事农村牧渔业的从业人员年均劳动报酬从1995年的3516元增长到2004年的5143元,年均增长速度为7.98%,2005年中国农村贫困人口已减少到2365万人,比2004年又减少245万人(中国统计局,2005)。农民收入的提高不仅使得农民生活条件和消费实力上升到新的水平,也为商业养老保险在农村社会的市场拓展奠定了必要的经济基础。作为一种更高层次的养老保险形式,商业养老保险受到家庭和老年经济能力的直接影响。在一些富裕地区,经济条件相对宽裕的农村家庭老年人开始接受商业养老保险的观念和形式,在养老方面有了多样化的选择。这些已经或者即将步入老年的农民，除了通过个人储蓄和劳动经营实现自我养老以及依靠家庭赡养之外，开始尝试商业化的养老保险，以保障自己的晚年生活的独立性和高水平性。

同时，随着农村社会经济文化环境的改变，我国农民养老观念也发生了与以往不同的变化。很多农民已经开始意识到完全依靠子女的家庭养老方式已经成为一件不可靠的事情，充满了风险。随着子女数量的减少，无论是在经济支持还是生活照料方面，农村家庭负担都不同程度地加重。负担的加重必然使农村家庭养老支出减少，并可能造成子女对老年人生活照料和精神抚慰的疏忽，这在一定程度上会影响到农村老年人的正常晚年生活。在这样的条件下，我国农民养老观念发生了很大变化，开始接受商业养老保险等其他养老形式。据调查，到目前为止，我国农民对保险的知晓程度已经达到90%左右，绝大多数农民已经在一定程度上开始关注商业养老保险。

随着农民养老观念的开放和改变，近几年来我国商业养老保险在农村地区有所发展。2004年，全国县域保费收入1321.5亿元，占全国总保费收入的30.6%；其中，县域人身险保费收入958.74亿元，占全国人身险保费收入的29.7%（田伶，2006）。从上述数据可以看出，商业养老保险确实在农村地区得到了一定程度的发展。但是，由于商业养老保险自身存在的问题以及所面临的农村具体形势，它在农村的拓展还有较大难度。首先，目前的商业养老保险在制度设计时，采取了与城市相同的缴费标准、资金管理、保单处理以及收益分红形式，没有考虑农民的实际收入水平以及观念接受程度，从而采取针对农村居民特殊需求的促进措施，并不能被大多数农民接受。同时，对于以营利为目的的商业性养老保险机构来说，低收入的农民群体也没有很大的营利空间，并不是他们首要的客户目标，农村市场的开拓对他们没有太大的吸引力。没有利益的强烈推动，商业保险公司很难有动力推出符合农村居民个性化要求的险种，难以发挥他们在农村社会化养老中的作用。但是，随着农村社会经济的进一步发展，农民收入的不断提高以及社会政策的大力支持，我国商业养老保险在农村地区还是有着较为广阔的市场，是我国未来农村养老社会化的一个重要趋向。

第三节 市场经济条件下农村老年社会保障制度的初步构建

一 "五保"供养制度的改革与创新

改革开放后，随着我国农村社会的巨大变革，"五保"供养工作曾一度陷入困境，很多"五保"老人因为失去稳定的经济供养和生活帮助，开始陷入贫困，难以维持日常的基本生活。面对这种情况，国务院、民政部以及各级地方政府出台了多项文件，开始对农村"五保"工作进行普查整顿、改革创新。

"五保"供养制度的改革主要体现在资金筹集方式的转变。失去集体经济支持之后，为了获取较为稳定的资金来源，国家对"五保"供养制度的资金来源进行了三次重要调整。第一，村提留乡统筹负担时期。村提留乡统筹，是指乡（镇）或村合作经济组织依法向所属单位（包括乡镇、村办企业、联户企业）和农户收取的，用于本乡（镇）或村范围内的维护或扩大再生产、兴办公益福利事业和日常管理开支费用以及乡村两级办学（农村教育事业费附加）、计划生育、优抚、民兵训练、修建乡村道路等事业的款项。"五保"供养经费从村提留公益金部分或乡统筹中支出,由乡统筹列支的,不得在村提留中重复列支。由村提留乡统筹开支的"五保"供养制度,经费还完全由基层农民负担,此时的性质仍然是集体救助事业。第二,农业税附加负担时期。村提留乡统筹的征收,由于缺乏统一的征收标准,出现了向农民乱收费、乱摊派、乱集资、乱罚款的现象,激化了基层干群矛盾。在这种状况下,为了减轻农民负担,规范农村收费制度,2001年各省、市在中央的推动下开始进行农村税费改革。在取消了乡统筹以及改革村提留征收办法之后,"五保"供养资金来源渠道发生了重大变化:一部分来自财政转移支付,实行专款专用;另一部分由"农业税附加"来统筹安排。财政转移资金的加入,使"五保"供养制度获得稳定的资金来源渠道,确保了该制度的顺利运行,也标志着"五保"供养制度开始由集体救助制度向社会救助制度的转型。第三,完全财政转移支付时期。2006年3月14日,十届全国人大四次会议通过了国务院政府工作报告,宣布全面取消农业税。农业税的重大变革使"五保"供养制度资金开始完全由政府财政支付负担:"农村五保供养资金,在地方人民政府财政预算中安排","中央财政对财政困难地区的农村五保供养,在资金上给予适当补助"。"五保"供养资金的完全财政支付显示了农村"五保"工作从此进入一个崭新的阶段,其性质发生了根本变化,由集体救助制度正式转变为社会救助事业。随后,2006年重新修订的《农村五保供养工作条例》对农村"五保"供养的供养对象、供养内容等进行了必要的调整和详细的阐述:第一,供养对象范围有所扩大。"老年、残疾或者未满16周岁的村民,无劳动能力、无生活来源又无法定赡养、抚养、扶养义务人,或者其法定赡养、抚养、扶养义务人无赡养、抚养、扶养能力的,享受农村五保供养待遇。"第二,供给内容增多。"供给粮油、副食品和生活用燃料;供给服装、被褥等生活用品和零用钱;提供符合基本居住条件的住房;提供疾病治疗,对生活不能自理的给予照料;办理丧葬事宜。""五保"供养制度的全新转变,使农村地区最弱势的老人群体得到了基本的生活保障,并随着农村地区生活水平的提高逐步得到改善。

二 新型农村合作医疗制度的开展

人民公社体制下,合作医疗制度的蓬勃发展曾经解决了数亿农民的基本医疗问题。但是改革开放后,随着农村政治经济形势的变化,合作医疗制度逐渐解体。失去了合作医疗的经费支持,加上机构改革后医疗服务费用快速上涨的经济压力,很多农村老年人在生病时根本无钱医治,甚至干脆放弃治疗,处境让人担忧。面对日益高昂的医疗费用支出,如何解决农村老年人看病难、看病贵的问题成为当前市场经济条件下改善农村老年人生活状态的重要问题。

面对农村社会医疗卫生领域这一严重情况,中央政府开始加强乡镇医疗卫生设施建设,严格监管医药市场,并着手恢复重建农村合作医疗制度。1994年1月25—27日全国卫生工作会议在天津召开。该会议主要讨论新形势下如何进一步加强农村卫生工作的问题,坚决将卫生医疗工作的重点放在农村。会议之后,国务院研究室、卫生部、农业部与世界卫生组织合作,开始在全国7个省14个县(市)开展"中国农村合作医疗制度改革"试点及跟踪研究工作(卫生部,2007)。1997年1月,中共中央、国务院在《关于卫生改革与发展的决定》中,提出要"积极稳妥地发展和完善合作医疗制度"。3月,卫生部等部门向国务院提交了《关于发展和完善农村合作医疗若干意见》,国务院于5月批转了这个意见,在一定程度上促进了农村合作医疗的恢复和发展(乔益洁,2004)。经过一段时间的试点工作,2002年10月19日《中共中央、国务院关于进一步加强农村卫生工作的决定》颁布实施，决定建立新型农村合作医疗制度，并提出了新型农村合作医疗制度的任务和具体要求，设定了2010年实现农民人人都能享受初级卫生保健的目标。为了确保该政策的实施，12月28日，《中华人民共和国农业法（修订草案）》对此做了法律规定："国家鼓励支持农民巩固和发展农村合作医疗和其他医疗保障形式，提高农民健康水平。"2003年1月23日，国务院办公厅转发了卫生部《关于建立新型农村合作医疗制度的意见》，试点工作开始在全国范围内展开。而2003年年初开始的"非典"肆虐更暴露了农村基础医疗卫生状况的严重缺陷和不足，更坚定了国家建立新型农村合作医疗制度，改善农村卫生医疗状况的决心。12月4—5日，全国新型农村合作医疗试点工作会议在湖北宜昌召开，胡锦涛和温家宝做出重要批示，新型农村合作医疗制度加速推进。该次试点工作首先选取经济相对落后、医疗卫生条件较差的西部12省和中部9省共304个县（市）先行进行。同集体社队时期农村合作医疗制度完全由个人和集体负责筹集资金不同，新型农村合作医疗制度有了重大改变，具体实施办法如下：第一，自愿缴费原则。第二，制度目标设计：以大病统筹为主，兼顾小病。第三，缴费标准和资金组成。新型农合资金由三部分组成：农民每人每年缴纳不低于10元的医疗费用；中央财政按每人每年10元金额给予对应补贴；地方财政也将按人均不低于10元的标准给予补贴。除了最低10元的征收标准之外，为了适应不断提高的医疗服务要求，新型合作医疗制度在制度设计时，还采取了开放式的缴费方式。经济条件好的地区可以适当提高缴费标准，农民也可以根据自己的实际情况，提高缴纳额度。中央和地方的财政支持也将根据情况逐步提高，以适应农民不断提高的医疗服务需求。第四，制度漏洞防止：以户为单位。为了防止制度实施中

"搭便车"现象的发生,新型农村合作医疗以户为单位收取费用,有效避免了"一人交费,全家吃药"的现象,不仅减少了资金的损失,也增加了资金的筹集。第五,费用报销。为了最大限度利用基层卫生资源,减少浪费,新型农合规定了分层分级的报销费用支付办法,按照医疗服务机构的不同给予不同的报销比例和给付上限。

由于准备工作充分、制度设计合理、财政补贴到位,新型农村合作医疗制度得到积极响应,推行速度非常迅速。截至2003年9月,这些省市参加新型农村合作医疗的农民为4351万人,占其农村人口的74%(乔益洁,2004)。面对新型农合发展的良好势头,2006年中央"一号文件"对此提出了新的要求:"积极推进新型农村合作医疗制度试点工作,从2006年起,中央和地方财政较大幅度提高补助标准,到2008年在全国农村基本普及新型农村合作医疗制度。"(中共中央、国务院,2006)在这一部署的基础上,2007年新型农村合作医疗制度加快推进,开始由试点转为全面推广阶段,并制定了覆盖全国80%以上的县(市、区)的发展目标。地方财政对参合农民的补助也有所提高,达到了每人每年20元的标准。到2008年9月底,中国内地已有2729个县(市、区)开展了新型农村合作医疗,参加新农合人口已达8.14亿,参合率为91.5%。随着补贴标准的提高,2009年中央财政的补贴标准达到40元,新农合筹资水平达到每人每年100元以上。到2010年,新型农村合作医疗制度全面覆盖农村地区,参保人数达8.35亿,参保率达95%,报销最高限额达到当地农民人均年纯收入的6倍(白剑锋,2010)。新型农村合作医疗的推行和实施,在很大程度上解决了困扰农民的医疗保障问题,减轻了农民的经济负担,提高了农民的生活质量。而农村老年人也从中获得了极为重要的帮助,改善了农村老年人的身体状况,有利于他们更为健康、更有尊严的晚年生活。

三 新型农村养老保险制度的试点与推进

从1998年起,曾经一度发展繁荣的农村社会养老保险工作开始陷入困境,并于1999年遭到清查和停办。1999年7月《国务院批转整顿保险业工作小组〈保险业整顿与改革方案〉的通知》规定:"目前我国农村尚不具备普遍实行社会保险的条件。对民政系统原来开展的'农村社会养老保险',要进行清理整顿,停止接受新业务,区别情况,妥善处理,有条件的可以逐步将其过渡为商业保险。"农村社会养老保险工作自此进入暂停整顿阶段。

这次农村养老保险虽然上升到了县级统筹的层次,但是仍然难免失败,总结其原因主要有内外两个方面。首先,由于准备不充分形成的自身缺陷是造成这次农村养老保险陷入困境的主要原因。此次县级农村养老保险以"个人缴费为主、集体补贴为辅、国家给予政策扶持"为筹资原则。在实际的筹资过程中,由于集体经济的衰落,养老保险资金主要由农民自身来负担,无论集体还是政府都没有承担相应的财政责任。因为没有财政支持,收入水平也比较低,农民在办理养老保险时,大多会选择较低的保费档次。据统计,到1999年年底全国有8000多万人参加了农村社会养老保险,累计收入保险基金184亿元。1998年向59.8万参保人发放养老金,人均约42元(农村社会保障制度研究课题组,2000)。这样的养老金收入显然难以确保老年人的基本生活。低水平收益使农民参加养老保险的热情大大降低。

其次,农村养老保险基金管理存在的极大漏洞也是导致该制度最终失败的原因之一。在县级农保基金管理中,实行监督和经办合二为一的方式进行。这种管理方式使保险基金的运营监督名存实亡，很容易造成基金被挪用甚至被贪污的现象。不仅如此，保险基金难以保值增值也给农保的顺利运营增加了难度。农村养老保险基金主要由民政部门来管理，这些部门人员缺乏专业知识，主要依靠将保险基金存入银行或购买国债等方法来进行投资，这样的投资方式很难达到增值的效果，在存在通货膨胀的情况下基金增值就更难保证。

最后，金融秩序整顿、国家机构改革也给此次农村社会养老保险工作的顺利推行增加了难度。

1997年东南亚金融风暴之后，国家开始整顿金融行业秩序，针对农村养老保险工作中存在的突出问题给予了严厉批评："一是农村社会养老保险性质不清，管理不够规范；二是工作方法简单，一些地方强迫命令；三是计息和给付标准高，支付存在风险。"（赵殿国，2003）为了减少农村养老保险中存在的金融风险，国家决定对其进行整顿改革。1998年，国务院又决定进行机构改革，其中仍然涉及了农村养老保险问题，决定将其由民政部转为劳动和社会保障部负责。但是在接手过程中进展非常不顺利，民政部与劳动和社会保障部两者相互推诿，不能认真履行职责，出现了混乱局面。据有关资料，截至2005年年底，在省级层面，全国有28个省份把农村社会保险机构职能划入省劳动保障厅，但一半以上的省级农村社会保险管理机构被撤并；在地市、县两级农村社会保险管理机构则大多留在民政部门，无所作为，有的已经被撤销（郑伟，2007）。

金融秩序整顿、国家机构改革对农村养老保险的继续推行也产生了极大影响。在原有农村社会养老保险工作陷入全面整顿的局面下，一些经济发达地区开始逐步探索新的农村养老保险政策方案，随后开展了针对农村特定人群，如失地农民、农民工以及独生子女家庭的养老保险措施,并进行了给予财政补贴的新型农村社会养老保险制度尝试。并于2009年在全国10%的县(市、区、旗)进行新型农村养老保险工作试点。新型农村养老保险制度具体设计如下:其一,以"保基本、广覆盖、有弹性、可持续"为基本原则。其二,缴费标准与养老金发放。随着农民负担的减轻,近几年来农民收入有了很大提高,但其实际承受能力仍然较低。为了与农民经济承受能力相适应,在制定缴费标准时,设定了每年100元、200元、300元、400元、500元五个档次。农民在缴费时,可以选择适合自己的标准。养老金发放额度按照缴费标准有所不同。其三,政府财政补助。鉴于旧的农村养老保险因缺乏政府资助,难以推行的情况,新的农村养老保险制度加大了政府财政支持力度。根据不同地区经济发展状况以及地方财政承受能力的不同,中央政府对不同地区采取了不同的财政支持办法。对中西部地区按照基础养老金标准给予全额补贴,对东部发达地区给予基础养老金50%的补贴。地方政府财政也要对此进行补贴,补助标准不低于每人每年30元。其四,建立个人账户。个人缴费,集体补助及其他经济组织、社会公益组织、个人对参保人缴费的资助,地方政府对参保人的缴费补贴,全部计入个人账户(国务院办公厅,2009)。参保人死亡,个人账户中除政府补贴外可以依法继承。其五,基金管理。新农保基金暂时实行县级管理,有条件逐步实行省级管理。实行收入与支出并行的管理办法,加强管理监督。为了保值增值,新农保运行开支在同级财政预算中列支,不得动用新农合资金。新型农村社会养老保险制度的实施标志着我国农民开始由家庭养老进入国家养老的新阶段。

四 农村最低生活保障制度的实施

贫困问题是我国社会发展过程中面临的一个非常棘手的问题。

自1986年开始，国家展开了大规模扶贫开发工作。随着该项工作的不断深入，我国农村贫困人口已经大幅降低，取得了举世瞩目的成就，随之而来的是工作难度的逐渐加大。随着越来越多农村贫困人口摆脱贫困，仍然有很大一部分特殊人群几乎无力凭借个人能力实现脱困，需要外界的经济支持和救助。其中老年人是农村贫困人口中脱困存在很大难度的重点人群。

在这一状况下，一项新的社会救济制度——农村最低生活保障制度也开始试点实施。农村最低生活保障制度，是指"中国政府对农业人口家庭人均收入低于当地农村居民最低社会保障标准的农村贫困人口按最低生活保障标准实行差额补助的一种社会救济制度"（众益华龄，2008）。这一制度开始于1992年，由山西省左云县最先试办。1994年第十次全国民政会议召开，确定了建立农村社会保障制度的目标。按照此次会议精神，山西、山东、浙江、河北、湖南、河南、广东等省率先展开试点工作。1996年全国民政厅局长会议首次提出了开展农村低保工作的任务。会后，民政部开始在全国部分地方确定了山东烟台市、河北平泉市、四川彭州市和甘肃永昌县等发达、中等发达和欠发达三种不同类型的农村地区试行社会保障体系建设工作。在这些试点的基础上，1996年年底民政部印发了《关于加快农村社会保障体系建设的意见》和《农村社会保障体系建设指导方案》，对最低生活保障制度的开展提出了要求："各地要积极试点，稳步推进。凡开展农村保障体系建设的地方，都应该把建立最低生活保障制度作为重点，即使标准低一点，也要把这项制度建立起来。"但是在试点过程中，由于受到农村传统社会救助思维以及农村税费改革的影响，该制度到20世纪90年代末进展缓慢，甚至出现了倒退的现象。2003年城市最低生活保障制度建立起来之后，民政部农村低保工作也加快推进。开始对农村地区无劳动能力、无经济来源、无法定赡养人或抚养人的孤寡人员家庭以及因残或缺乏劳动力或因灾害或大病致贫的农村特困人口进行普查。尤其是党的十六大召开以后，低保建设开始明显加快。作为农村低保工作全面展开过程中最关键的一年，2007年年初温家宝在《政府工作报告》承诺在本年度"在全国范围建立农村最低生活保障制度"。受此影响，到2007年为止，全国31个省（自治区、直辖市）2000多个县级行政机构建立了农村最低生活保障制度，保障对象达985万人，约占农村贫困人口总数的42%（农村财务会计编辑部，2007）。到2008年，全国农村贫困人口全部被农村最低生活保障制度所覆盖。

作为一项农村社会救济制度，农村最低生活保障对象主要包括以下人群："符合条件的农村贫困人口，就是指家庭年人均纯收入低于当地最低生活保障标准的农村居民，主要是因病残、年老体弱、丧失劳动能力以及生存条件恶劣等原因造成生活常年困难的农村居民。"根据这一规定，最容易陷入贫困并难以脱离该生活状态的农村贫困老人首当其冲成为农村最低生活保障制度优先考虑的对象。因为这一规定，最低生活保障制度与"五保"供养制度在保障对象方面出现了重叠与交叉，都将困难老人作为自己的保障对象，只是最低生活保障制度对享有该制度的农村老人条件更为宽松。因此，随着这一制度的推行，"五保"供养工作将被逐步包含其中。据《2004—2005中国民政事业发展报告》中显示：截至2004年年底，全国有8个省份、1206个县（市）建立了农村最低生活保障制度，有488万村民、235.9万户家庭得到了农村最低生活保障，分别比上年同期增长了33%和33.5%，其中：困难户165.2万人，"五保"户37.1万人，其他人员33.6万人。没有开展农村居民最低生活保障工作的地区，初步建立了农村特困户救助制度。2004年共有914.1万人、545.7万户家庭得到了救助，分别比上年同期增长了15.2%和19.7%，其中特困户260.4万户，"五保"户228.7万户。除"五保"供养对象之外，最低生活保障制度还将农村地区家庭人均收入低于当地最低生活保障标准的全部贫困农民都包括其中。这样的保障范围在更大程度上改善了很多生活在贫困家庭的老年人生活。从这个意义上来看，尽管这一制度的建立初衷并不是针对农村老年人，但这一制度的实施却在很大程度上对处于贫困状态的农村老年人给予了极大支持，是比"五保"供养制度更为公平、更为普遍的社会保障制度。

五 农村高龄老年津贴的初步设想和实践

在农村老年人保障制度的社会化过程中，除保障老年人基本生活和医疗需求之外，各种老年社会福利政策也在实践当中。高龄老年津贴是当前我国实施老年社会福利的一项重要举措。2010年，在民政部的积极推动下，高龄老年津贴工作在全国多个省份全面开展。到2010年年底，北京、天津、吉林、黑龙江、上海、云南、宁夏等省（自治区、直辖市）出台了高龄津贴政策，成为老年社会保障体系的重要补充。2011年全国老龄办主任会议在云南昆明召开，全国老龄委副主任、民政部部长、全国老龄办主任李立国在会上强调，要不断加强老龄工作制度创新，逐渐推动覆盖全体老年人的社会保障体系建设，不仅要加强社会保险、社会救助等社会保障工作，更要不断推进老年福利政策的建立和完善，建立高龄老年津贴制度。根据具体情况的不同，各个省市按照民政部要求制定了符合本地区实际的高龄老年补贴办法。云南省大部分地区的百岁老人长寿补助标准为年人均2400元以上，80周岁以上老年人保健补助标准为年人均240—600元，2010年全省累计发放高龄津贴1.83亿元，惠及59.8万名高龄老年人（卫敏丽、刘娟，2011）。除推动各个省份地市对80岁老年人发放高龄津贴之外，民政部还将积极推进对于低收入的高龄、独居、失能等困难老年人，经过评估，采取政府补贴的形式，为他们入住养老机构或者接受社区、居家养老服务提供支持。涉及城乡所有80岁高龄老年人的津贴发放政策，使这部分老年人也能共享社会发展成果，尽可能做到"老有所养"。

第四节 市场经济体制下农村老年人保障制度评价

经过改革开放后长时间的探索和发展，我国农村老年人保障工作在经历了一个低潮、危机的阶段之后，发生了重大的改变，老年社会保障体系初步构建，农民老年生活得到不同程度的改善和提高。但是，局限于当前我国社会经济的发展水平以及受到其他多种因素的影响，我国农村老年人保障制度建设还存在很多问题，需要不断充实、加强和提高。

一 农村老年社会保障制度体系初步构建

自改革开放后，我国农村老年社会保障制度就处在不断的探索当中。但是，由于社会经济发展的整体水平、国家的长期缺位以及传统社会保障观念的影响，这些制度试点工作都以失败或暂停而告终。县级农村养老保险制度、"五保"供养制度、农村合作医疗制度以及农村低保制度等都出现了不同程度的挫败、衰落、萎缩甚至停滞的局面。在充分总结了这些制度失败的原因之后，随着进入21世纪后党执政理念的改善、以人为本意识的提高，国家开始不断加大对农村社会的财政投资力度，决定下大决心从根本上解决长久以来困扰整个国家社会整体发展的"三农"问题。作为承担社会发展"安全阀"和"缓冲器"作用的社会保障制度建设，成为这一系列措施当中重要的一环，开始快速推进。

在农村社会保障制度建设不断发展完善的同时，农村老年社会保障制度建设作为其中的重要组成部分，也得到了快速发展的良好机遇，开始走上试点、推进、全面覆盖的平稳发展道路，制度体系建设也渐趋完善。社会保障作为一种国民收入再分配形式，主要通过国家社会立法的形式对社会成员或生活有特殊困难的社会成员基本生活权利给予保障的社会安全制度，目的是维护社会公平、缓冲社会矛盾、确保社会稳定。完善的社会保障制度体系主要有三个层次：社会救济、社会保险以及社会福利。在我国，社会保障制度体系中还包括针对军人及其家属的社会优抚制度。就当前我国农村老年社会保障体系建设来看，三个层次的老年保障制度都已经初步建立起来。

第一个层次，农村老年社会救济。作为社会保障制度体系的最低层次，农村老年社会救济制度建立的目的在于满足农村特殊困难老年群体的最基本物质生活需求，保障他们的生命安全权利。这一层次的农村老年社会保障制度主要包括："五保"供养制度、最低生活保障制度。"五保"供养制度为农村无依靠、无法定赡养人的孤独老人提供了基本生活资料和生活照料，为他们获得最基本的生活尊严提供了保障，是我国农村老年社会救济制度的最基本项目。除"五保"供养制度之外，最低生活保障制度也是一项涉及农村贫困老人的社会救济制度。尽管该制度并不是针对农村老年群体展开，但是它为这些低于农村社会平均生活水平的贫困家庭进行必要的资助，在一定程度上改善了这些家庭中老年群体的生活状态，减轻了他们的生活压力。尤其是根据实际情况调查，这些处于生活平均线下的农村贫困家庭，有很大一部分家庭的贫困原因起源于老年人医疗医药费用的增加以及其他生活压力。不仅如此，由于个人的特殊原因，农村老年人也很容易陷入永久性贫困，难以摆脱。因此，在享有农村最低生活保障制度的社会群体中，农村老年人是其中的一个最重要组成部分。这一层次的老年保障制度满足了农村特殊困难老年群体的最基本生活需求，维护了他们的基本尊严，是目前我国农村老年社会保障的最低层次。

第二个层次，农村老年社会保险。社会保险是农村老年社会保障制度的主体部分，主要包括：农村社会养老保险和农村合作医疗制度。经过县级农村养老保险的失败之后，国家开始了新型农村养老保险的试点和推广，其中国家和地方政府进行了必要的财政支持和补贴，使该制度在全国范围顺利、迅速展开。根据温家宝之2011年政府工作报告计划，该制度到年底将扩大到全国40%的县。除此之外，新型农村合作医疗制度也在国家财政的强力支持下，到目前为止已经基本覆盖绝大多数农村地区。据统计，2010年全国新农合参合农民8.35亿，参合率达到95%，当年筹资总额超过1200亿元，政策范围内住院补偿比超过65%（黄浩苑、邱明，2010）。作为一项普惠性的农村社会保障制度，农村社会养老保险以及农村合作医疗制度使绝大多数农村老年群体享有了社会安全保障，获得了家庭供养之外的社会资助，对于改善他们的生活水平，获得更有自由、更有尊严的生活提供了必要的帮助。这一层次的老年保障制度旨在补充和满足农村最广大老年群体不断增长的物质生活需求，是农村老年人保障工作的第二个层次。

第三个层次，农村老年社会福利。目前我国农村老年社会福利制度，主要是指正在探索建立的农村高龄老年津贴制度以及基础养老金制度。作为最高层次的老年保障制度，该制度的建立为农村高龄老年群体提供了不同于其他老年群体的优待和资助，反映出国家和社会对老年工作的重视以及对老年群体的尊重。这不仅是一个物质支持的问题，更是一个社会观念和舆论导向的转变和倾向，为培养整个社会尊老敬老养老的风气做出了重要的表率和引导。这一层次的老年保障制度满足了农村老年群体希望被尊敬、被重视的心理需求和精神需求，是目前我国农村老年人保障制度的最高层次。

通过这三个层次的建设和提高，我国农村老年社会保障制度体系正在不断地走向完善。

二 农村老年社会保障制度水平仍待提高

我国农村老年社会保障制度经过长久的探索，直到最近几年才进入真正的实施阶段。因为刚刚起步，这样一系列制度无论从覆盖范围还是保障水平来看，都还不尽如人意，需要逐步加强和提高。只有这样，才能满足市场经济条件下人们不断增长的物质需求，尤其是农村老年人不断提高的生活需要和医疗需求。

第一，农村"五保"供养制度还存在集中供养率较低以及供养水平不高的现象。截至2010年5月，全国农村"五保"供养对象总人数达到554万人，共有敬老院等农村"五保"供养服务机构3.1万所，为172.6万名"五保"对象提供集中供养服务，集中供养率达到31.1%（民政部办公厅，2010）。尽管我国农村"五保"供养工作已经有了极大改善，但是集中供养率仍然较低，还有很大一部分"五保"老人需要进行必要的自养。在这种情况下，亟待加强敬老院建设，提高"五保"老人的集中供养。从供养水平来看，"五保"供养还存在水平较低的情况。

第二，农村最低生活保障制度水平也不高，效果有限。根据资料显示，甘肃省瓜州县2006年农村最低生活保障补助标准为：双塔乡、七墩乡、腰站子乡暂定为600元/年·人，其余乡暂定为900

元/年·人（瓜州县人民政府，2006），平均每月仅50—75元。即使在经济发达地区，农村最低生活保障标准也处在极低水平。浙江嘉兴市2010年农村最低生活标准仅为235元/月。随着经济的发展、物价水平的上涨，这一最低生活补助的效果非常有限，亟待提高。

第三，农村社会养老保险制度还未在全国范围内普及，养老金发放标准有待提高。到2010年年底，我国农村社会养老保险制度还处于扩大试点阶段，全国已有838个县和4个直辖市的大部分区县纳入国家试点、12个省份的298个县自费开展试点，已有3500多万农村老年人领取待遇（徐博、赵超，2010）。预计要到2020年才能实现农村社会养老保险的全覆盖。在这些实施养老保险试点的地区，养老金的发放也按低水平的标准来进行。河北省昌黎县2010年对年满60岁的农村老年人发放基础养老金为55元/月。河南省安阳市年满60岁的老年人基础养老金为60元/月。同当前物价以及通货膨胀水平相比，这样的养老金水平显得较低，还需要逐步提高，以不断改善农村老年居民的生活状态。

第四，农村合作医疗制度仍需完善。到2010年年底，我国农村合作医疗制度农民参保率已达95%，基本达到应保尽保的水平。但是，根据目前实施状况来看，还存在一些问题需要改善，尤其是报销费用低的情况严重影响了参保农民的积极性。为了防止费用超支问题，很多地方在制定报销政策时，规定极为严格苛刻。存在报销起点高、上限低的现象。而一些无须住院治疗的慢性病也因为不符合要求得不到报销待遇。这些状况需要不断改善，以真正解决农民看病难的问题，提高他们的生存生活质量。

第四章 乡村振兴战略下农村老年人社会保障制度目标

第一节 乡村振兴战略的内涵及其阶段目标

在中国共产党第十九次全国人民代表大会上，实施乡村振兴战略成为贯彻落实新发展观和建立现代经济制度的重要内容之一。这是中国特色社会主义进入新的时代下，党和政府所制定的新"三农"工作战略，是习近平总书记"三农"思想的集中体现，是在深刻认识新时代"三农"发展新阶段、新规律、新任务基础上作出的重大战略部署，集中体现了新时代农业农村发展的必然要求。

我国实行改革开放已经40年，农村已经发生了天翻地覆的改变，农业取得前所未有的历史性成就。特别是党的第十八次全国人民代表大会以来，党中央出台了一系列政策增加农民收入，促进农业发展，保障农村社会稳定和谐。城乡差距日益缩小，共享改革成果。2016年的城乡收入差距缩小到2.72∶1，农民收入稳步上升，保持了正增长趋势；粮食产量在2016年达到6000亿公斤，实现了创历史纪录的连续12年增长；6000万以上的农民实现了稳定性扶贫，摆脱了贫穷的困扰，精准扶贫效果显著。农村的整体面貌发生了巨大的进步,社会主义新农村的建设成效明显,无论是公路、桥梁等基础设施,还是医疗、教育、文化等社会福利都得到了极大程度的改善。

但是,"三农"问题由来已久,影响广泛且非常复杂,在新的社会时期,"农民老龄化""农业边缘化"和"农村空心化"的问题依旧突出。在很多农村地区,农民为增加收入大量外出打工,造成劳动力流失和村镇的荒芜,留在农村的大多是妇女、儿童和老人,被戏称为"386199"留守部队。"38"指的是"三八"妇女节,代指妇女。人们常说妇女能顶半边天,当多数男劳力外出务工时,许多妇女不得不成为农业生产的主力军;"61"指"六一"儿童节,代指儿童。儿童本应在父母的关爱、呵护中成长,父母外出,留守儿童的成长存在诸多隐患;"99"指农历九月九,既是重阳节,也是老人节,代指老人。他们成为农村的"三留守"人员,也引发"谁来种地""怎么种地"的担忧;此外,农村产业薄弱、农产品缺乏竞争力、污染问题严重、城乡发展不平衡等,都导致了乡村的衰退与凋零。

当然,这并不仅仅是我们国家的乡村危机,综观全球,无论是美国、法国、德国、日本等发达国家,还是巴西、南非、印度等发展中国家,都曾经历或者正在出现乡村衰退危机迹象,大量青壮年劳动力离开农村,涌向城市,城市的"拥挤病"与农村的"荒芜症"现象突出,城市的"贫民窟"和农村的"无人区"同时出现,农村与城乡之间差距越拉越大。乡村衰退现象已成为全世界范围内人类共同面临的挑战,成为全球治理体系的一个重要议题。而我国作为传统的农业大国,农村人口众多,乡村的衰弱会带来更大的影响与冲击,因此,乡村振兴战略具有极其重要的意义,是针对农村社会结构变化,及时提出的重要战略,是党中央着眼于推进城乡一体化发展和全面建成小康社会的重大决策。

一 乡村振兴战略的理论逻辑

(一)"乡村"是乡村振兴战略的对象

乡村振兴战略以农村为目标。农村作为一个有机整体,是一个极其复杂和庞大的系统。它在生态、经济、社会等诸多方面都包含着极为丰富的内容。

(1)实现"三农"内涵式发展。"生产发展、生活宽裕、乡风文明、村容整洁、管理民主"是 2005 年社会主义新农村建设提出的 20 字发展方针,而现在乡村振兴战略的总要求是"产业兴旺、生态宜居、乡风文明、治理有效、生活富裕",也是 20 个字,但是乡村振兴战略是站在新时代历史背景下对社会主义新农村建设的继承与发扬,反映党中央对"三农"问题所进行的新思考、新部署和新行动。

(2)实现"三农"现代化发展。我国社会的现代化建设不能忽视农业农村的现代化。习近平总书记多次指出:"没有农业现代化,没有农村的繁荣,没有农民的安居乐业,国家的现代化是不完整、不全面、不牢固的。"农业农村的现代化,是通过农业的现代化带动农村经济的发展,进而实现农村政治、社会、文化、生态等各个领域的现代化,使农民能够过上现代化的生活,实现乡村文明、乡村稳定和乡村发展。

(二)"振兴"是乡村振兴战略的关键

"振兴"乡村战略的目的是实现农业和农村的现代化,实现农村的发展和繁荣。"振兴"的结构可以从以下三个维度来理解和阐释。

(1)理念维度。"三农"问题一直是全党工作的重中之重,乡村振兴战略对此予以重申和肯定,进而提出坚持农业农村的优先发展,旨在缩小城乡差距,重点扶持农业现代化,确保农民在共建共享中能有更多的获得感,这是新发展共享理念的体现;精准扶贫战略的实施,缩小了城乡之间的差距,大大减少了乡村贫困人口。统筹城乡发展的乡村振兴战略,进一步体现了协调发展的新理念;与以往许多针对特定的农业农村农民的发展战略不同,乡村振兴战略追求的是农业农村农民全面复兴与繁荣,它追求城乡融合的发展,体现了城乡互动、城乡协调、相互促进、相互融合的理念。由此可见,乡村振兴战略实现了"创新、协调、绿色、开放、共享"五个新发展观的统一体现与集中展示。

(2)空间维度。进入社会主义新时代,党中央统筹协调城镇化、信息化、新型工业化与农业现代化的关系,全面构建城市和乡村两个空间新结构,实现城市与农村的共建共享、共生共荣,实现"四化"同步和"五位一体"的发展;发展农业农村农民"三农"新关系,通过农业的现代化,营造农村的繁荣,使农民投身农业、留在农村。党的第十九次全国人民代表大会指出,要促进农业现代化和新型工业化、信息化、城镇化的同步发展,必须坚持和扩大对外开放,主动参与经济的全球化。乡村振兴战略不能独立于国际社会之外,农产品对外营销、农业经济发展等问题不仅需要运用国内的资源来解决,而且在一定程度上也可以吸引国外的资源来参与。我国的乡村振兴是全球综合治理体系的有机组成部分,世界许多国家乡村发展的成功经验和做法都值得借鉴。

(3)时间维度。乡村振兴战略的实施,处于新时期的历史起点,这是一个新的时代背景。中国特色社会主义已经进入了一个新的时代,我国社会的主要矛盾已经转化为人民日益增长的美好生活需要和不平衡、不充分发展之间的矛盾。中国的改革开放首先在农村改革中启动,改革开放40年来,中国的农业生产力有了很大的提高，但农业现代化落后于其他行业或领域的现代化。因此，"乡村振兴战略"的提出，是农业农村改革开放工作的继续与发展，不仅体现了党和政府对"三农"工作一如既往的重视，也反映了新时期党和国家在解决"三农"问题时与时俱进，发出新的号召。

（三）"战略"是乡村振兴战略的核心

"战略"是乡村振兴战略的核心内容，也体现了乡村振兴战略的重要地位。这是中国共产党在中国特色社会主义新时代，对"三农"工作发展的新目标、新任务和新形势的重大判断和重大决策。把"乡村振兴"作为一种"战略"，与以往的农业农村发展政策不同，体现了一种全面、宏观、系统、综合的发展观念。乡村振兴战略的理论逻辑，可以从以下三个方面进行。

（1）战略思维。乡村振兴战略是习近平总书记"三农"思想的集中体现，是习近平新时期中国特色社会主义的重要组成部分。习近平总书记强调："要坚定不移深化农村改革，坚定不移加快农村发展，坚定不移维护农村和谐稳定。"党的第十九次全国人民代表大会提出的乡村振兴战略深刻地说明了新时期中国特色社会主义"三农"工作的战略地位。

（2）战略主体。乡村振兴战略作为国家战略，地位极其重要，毫无疑问国家当然是实施这一战略的主体。长期以来，为了支持城市工业的优先发展，农业、农村和农民做出了巨大的让步和牺牲，贡献非常之大，但同时也造成了资源配置的城乡二元机制。"三农"问题已成为中国发展最不平衡的问题之一。改革开放40年来，中国综合国力和经济实力大大增强。国家有足够的物质条件和技术条件支持"三农"发展，实现乡村的复兴。同时，乡村振兴战略的主体是人民。党的第十九次全国人民代表大会指出："人民是历史的创造者，是决定党和国家前途命运的根本力量。我们必须坚持人民的主体地位。"在乡村振兴战略实施过程中,农村中成千上万的农民是这一战略主体,必须以广大农民为中心,依靠广大农民才能实现战略目标。

(3)战略内容。战略内容具有宏观性、综合性、立体性和多样性。乡村振兴战略不仅是对中国长期以来"三农"问题的反思、重新认识和重新探索,而且是在新时期的历史起点上重新部署和重新推进。它的战略内容包括农业经济建设、政治建设、文化建设、社会建设和生态文明建设等诸多方面。

二 乡村振兴战略的内涵

深入研究和贯彻习近平新时期中国特色社会主义和全面实施乡村振兴战略,就需要深刻理解和全面把握乡村振兴战略的科学内涵。我们可以从以下几个方面进行分析。

(一)乡村振兴战略的基本含义

乡村振兴战略是以习近平同志为核心的中央领导集体,坚持习近平中国特色社会主义新时代的新思维,在建设社会主义现代化国家的新征程上,加快新时期"三农"问题的现代农业和农村步伐,加快推进中国农业大国向农业强国迈进的重大战略举措。第一,战略的主体是以习近平同志为核心的新的中央领导集体。乡村振兴战略是以习近平同志为核心的新领导班子在"三农"工作中的表现。第二,战略是在习近平总书记新时代中国特色社会主义的指导思想下进行的。党的第十九次全国人民代表大会从八个方面对新时期的中国特色社会主义进行了"明确"。第三,这一战略体现了社会主义进入新时代的"三农"新要求。中国特色社会主义进入了一个新的时代,农业和农村的发展进入了一个新的阶段。城乡发展呈现出新的特点,"三农"问题已成为建设现代化国家的"短板",发展不平衡不充分的问题突出。第四,战略的历史任务是加快农业和农村现代化步伐，加快农业大国向农业强国的转变，适应社会主义现代化建设的需要。以习近平同志为核心的党中央坚持把发展农业和农村作为首要任务，把它作为伟大民族复兴的重要内容，坚持统筹规划、全面管理，坚持优先发展农业和农村的现代化。

（二）乡村振兴战略的总体要求

"产业兴旺、生态宜居、乡风文明、治理有效、生活富裕"是乡村振兴战略的20个字的总体要求，第一，这20个字包含的内容是一个有机整体，密不可分。产业繁荣是根本，生态宜居是基础，乡风文明是关键，治理有效是保障，生活富裕是目标。这五个方面要求层层推进，联系密切，统一在乡村振兴战略中。第二，总体要求反映了"中国经济从高速增长阶段向高质量发展阶段转变"的特点，反映了农业和农村发展到了一个新的阶段所要完成的新任务、面临的新要求。改革开放以来，我国农业的现代化生产能力大幅度提升，农村面貌明显改善，农民收入大幅提高，但是，新时代的"新三农"问题依然存在，有必要统筹兼顾，综合考虑，寻求整体解决方案与途径。第三，总体要求顺应了新时期我国社会主要矛盾的转变。党的十九大报告中鲜明提出了"中国特色社会主义进入新时代，我国社会主要矛盾已经转化为人民日益增长的美好生活需要和不平衡不充分的发展之间的矛盾"的重大论断。乡村振兴战略是要实现农村农民的生活富裕，是"满足人民日益增长的美好生活的需要"。这是为了让农民感到更自信、更安全、更幸福，实现全面小康，打造和谐社会。

（三）乡村振兴战略的主要内容

乡村振兴战略的实施是一项系统的战略工程。乡村振兴战略的主要内容包括党对"三农"工作的重视、战略的总要求、关键措施，以及推进实施战略的具体措施。主要包括城乡统筹发展、农业与农村现代化、农村土地制度改革、国家粮食安全、现代农业建设、小农户与现代农业发展、农村三产融合、"自治、法治、德治"治理结合、"一懂两爱"农村工作队伍等许多方面的内容。实施农村振兴战略,对实现工业现代化和农业现代化的同步推进尤为重要,使城市化与乡镇发展更加协调,促进城乡资源要素良性流动,相得益彰。

(四)乡村振兴战略的关键举措

由于城乡二元机制等历史原因,我国城乡发展状况不均衡,农村的发展落后于城市,因而在乡村振兴战略中建立健全城乡统筹发展的制度和政策体系是这一战略的关键举措。这一举措是在充分总结国内外城乡发展经验的基础上,充分考虑当前和今后的城乡统筹发展。经过十多年的发展,特别是党的十八大以来,通过建立城乡新的发展关系,坚持城乡一体化、综合发展、重点部署等重大实践推广工作,为支持农村发展奠定了良好的基础。

(五)乡村振兴战略的主要目标

实现农业现代化和农村现代化是乡村振兴战略的主要目标。农业现代化和农村现代化是国家现代化建设的一个重要方面。由此可见,党将"三农"问题作为中国经济社会发展不平衡、不充分的表现,抓住新时代中国特色社会主义主要矛盾的主要方面,以农业为主,对农村提出了更高的要求和更广阔的视野。现代化工作与城市化、工业化、现代化并行不悖。目前,为促进农业和农村现代化,乡村振兴战略提出了一系列具体政策。要促进农业和农村的现代化,必须坚持农业和农村的统筹思想,必须充分考虑农业产业现代化和农村社会全面管理的现代化,坚持农村政治、经济、文化、社会、生态"五位一体"的全面协调发展,实现"农业现代化+农村现代化""1+1>2"的总体效果,实现农业和农村农民良性发展和充分发展，加快第一、第二、第三产业融合，加快农业科技创新，促进农村社会的全面管理。

三 乡村振兴战略的阶段目标

（一）我国经济社会发展的阶段目标

1. 2020 年全面建成小康社会

习近平总书记提出，从现在到 2020 年，是全面建成小康社会决胜期。要按照党的十六大、十七大、十八大提出的全面建成小康社会各项要求，紧扣我国社会主要矛盾变化，统筹推进经济建设、政治建设、文化建设、社会建设、生态文明建设，坚定实施科教兴国战略、人才强国战略、创新驱动发展战略、乡村振兴战略、区域协调发展战略、可持续发展战略、军民融合发展战略，突出抓重点、补短板、强弱项，特别是要坚决打好防范化解重大风险、精准脱贫、污染防治的攻坚战，使全面建成小康社会得到人民认可、经得起历史检验。在提高发展平衡性、包容性、可持续性基础上，经济保持中高速增长，到 2020 年国内生产总值和城乡居民人均收入比 2010 年翻一番，主要经济指标平衡协调，发展质量和效益明显提高。产业迈向中高端水平，农业现代化进展明显，工业化和信息化融合发展水平进一步提高，先进制造业和战略性新兴产业加快发展，新产业新业态不断成长，服务业比重进一步提高。就业、教育、文化体育、社保、医疗、住房等公共服务体系更加健全，基本公共服务均等化水平稳步提高。教育现代化取得重要进展，劳动年龄人口受教育年限明显增加。就业比较充分，收入差距缩小，中等收入人口比重上升。我国现行标准下农村贫困人口实现脱贫，贫困县全部"摘帽"，解决区域性整体贫困。人民生活水平和质量普遍提高。

2. 2035 年基本实现社会主义现代化

到那时，我国经济实力、科技实力将大幅跃升，跻身创新型国家前列；人民平等参与、平等发展权利得到充分保障，法治国家、法治政府、法治社会基本建成，各方面制度更加完善，国家治理体系和治理能力现代化基本实现；社会文明程度达到新的高度，国家文化软实力显著增强，中华文化影响更加广泛深入；人民生活更为宽裕，中等收入群体比例明显提高，城乡区域发展差距和居民生活水平差距显著缩小，基本公共服务均等化基本实现，全体人民共同富裕迈出坚实步伐；现代社会治理格局基本形成，社会充满活力又和谐有序；生态环境根本好转，美丽中国目标基本实现。

3. 2050 年建成富强、民主、文明、和谐、美丽的社会主义现代化强国

从 2035 年到 21 世纪中叶，在基本实现现代化的基础上，再奋斗 15 年，把我国建成富强、民主、文明、和谐、美丽的社会主义现代化强国。到那时，我国物质文明、政治文明、精神文明、社会文明、生态文明将全面提升，实现国家治理体系和治理能力现代化，成为综合国力和国际影响力领先的国家，全体人民共同富裕基本实现，我国人民将享有更加幸福安康的生活，中华民族将以更加昂扬的姿态屹立于世界民族之林。

(二) 乡村振兴战略的阶段目标

党的十八大以来，以习近平同志为核心的党中央坚持把解决好"三农"问题作为全党工作重中之重，贯彻新发展理念，勇于推动"三农"工作理论创新、实践创新、制度创新，农业农村发展取得了历史性成就、发生了历史性变革，为党和国家事业全面开创新局面提供了有力支撑。农业供给侧结构性改革取得新进展，粮食生产能力跨上新台阶，新型农业经营主体发展壮大，农村新产业新业态

蓬勃发展，农业现代化稳步推进。农村改革取得新突破，农村承包地"三权分置"取得重大进展，农村集体产权制度改革稳步推进，玉米、大豆、棉花等重要农产品收储制度改革取得实质性成效。城乡发展一体化迈出新步伐，农民收入增速连年快于城镇居民，城乡居民基本医疗和养老制度开始并轨，8000多万农业转移人口成为城镇居民。农村公共服务和社会事业达到新水平，农村教育、文化、卫生等社会事业快速发展，农村水、电、路、气、房和信息化建设全面提速，农村人居环境整治全面展开。脱贫攻坚开创新局面，精准扶贫、精准脱贫方略落地生效，6600多万贫困人口稳定脱贫，脱贫攻坚取得决定性进展。农村社会焕发新气象，农村党群干群关系更加融洽，社会保持和谐稳定，党在农村的执政基础得到进一步夯实。

实施乡村振兴战略，必须大力推进体制机制创新，强化乡村振兴制度性供给。要以完善产权制度和要素市场化配置为重点，激活主体、激活要素、激活市场，着力增强改革的系统性、整体性、协同性。落实农村土地承包关系稳定并长久不变政策，衔接落实好第二轮土地承包到期后再延长30年的政策，完善承包地"三权分置"制度，完善农民闲置宅基地和闲置农房政策，深入推进农村集体产权制度改革，深化农产品收储制度和价格形成机制改革。深入推进农业农村"放管服"改革，破除一切束缚农民手脚的不合理限制和歧视。要汇聚全社会力量，强化乡村振兴人才支撑。全面建立职业农民制度，加强农村专业人才队伍建设，发挥科研人才支撑作用，鼓励引导工商资本参与农村振兴，鼓励社会各界人士投身乡村建设。要开拓投融资渠道，强化乡村振兴投入保障。建立健全实施乡村振兴战略财政投入保障制度，公共财政更大力度向"三农"倾斜；改进耕地占补平衡管理办法；健全适合农业农村特点的农村金融体系，强化金融服务方式创新，提升金融服务乡村振兴能力和水平。

按照党的十九大提出的决胜全面建成小康社会、分两个阶段实现两个百年奋斗目标的战略安排，明确实施乡村振兴战略的目标任务是：到 2020 年，乡村振兴取得重要进展，制度框架和政策体系基本形成；到 2035 年，乡村振兴取得决定性进展，农业农村现代化基本实现；到 2050 年，乡村全面振兴，农业强、农村美、农民富全面实现。实施乡村振兴战略，要坚持党管农村工作，坚持农业农村优先发展，坚持农民主体地位，坚持乡村全面振兴，坚持城乡融合发展，坚持人与自然和谐共生，坚持因地制宜、循序渐进。

第二节 乡村振兴战略下农村老年人社会保障制度评价体系

随着社会进步与经济发展，进入 21 世纪以来，我国农村老年人社会保障制度建设得到了巨大的改善，制度的覆盖范围和保障水平不断提升，给农村老年人带来实实在在的福利与获得感。但同时也要正确对待农村老年人社会保障中的问题与不足，由于城乡二元机制导致农村基础薄弱所带来的发展不充分，由于地区经济社会发展水平的差异导致我国农村社会保障的发展在各地的不平衡。正是因为这种城乡差异和地区差异的存在，就决定了不同区域农村老年人社会保障水平差异的存在。因而，要客观、公正、有效地评估农村老年人的社会保障水平和社会保障制度建设，就有必要构建一套行之有效、科学合理的评价指标体系。

一 乡村振兴战略下农村老年人社会保障制度评价体系的构建

以《中华人民共和国老年人权益保护法》等文件为指导，本书结合国家统计局统计科学研究所制定的全面建成小康社会统计监测指标体系以及乡村振兴战略实施的时代背景，构建了乡村振兴战略下农村老年人社会保障制度评价的指标体系。本指标体系共分为四大维度，即农村老年人生活救济、农村老年人养老保障、农村老年人健康保障、农村老年人福利保障（见表4-1）。

表4-1 乡村振兴战略下农村老年人社会保障制度评价指标体系

乡村振兴战略下农村老年人社会保障制度评价体系	农村老年人生活救济 A	农村"五保"老人集中供养率（A1）
		农村困境老人最低生活保障资金发放率（A2）
	农村老年人养老保障 B	农村老年人养老保险参保率（B1）
		农村老年人养老保险缴费率（B2）
		农村老年人养老保险替代率（B3）
		农村每千老年人口养老机构床位数（B4）
	农村老年人健康保障 C	农村老年人医疗保险人均筹资（C1）
		农村老年人医疗保险人均支出（C2）
		农村每千人口医疗卫生床位数（C3）
		农村每千人口卫生技术人员数（C4）
	农村老年人福利保障 D	农村老年人享受高龄津贴的比例（D1）
		农村老年人享受养老服务补贴的比例（D2）
		农村老年人享受护理补贴的比例（D3）

（一）农村老年人生活救济维度

农村老年人生活救济属于社会救济的范畴，是指国家和社会采取扶助、救济和其他福利措施，保障和改善老年人的生活的保障机制，如对无劳动能力、无法定扶养人、无生活来源的老年人按照规定予以供养、救济等。依照马斯洛需要层次理论，生活保障是满足人的基本生存需要，是最基本的保障诉求。所以，农村老年人生活救济是低层次的社会保障，主要针对"五保"老人和处于低生活水平的老人为之提供基本的保障服务。最低生活保障，是指一种社会保障制度类型。指国家对家庭人均收入低于当地政府公告的最低生活标准的人口给予一定现金资助，以保证该家庭成员基本生活所需的社会保障制度。最低生活保障线也即贫困线。对达到贫困线的人口给予相应补助以保证其基本生活的做法。主要特点如下：①是保证基本生活的生活费用补贴；②是为贫困人口提供的一种救济；③具有临时性。原先享受最低生活保障的人口或家庭，如果收入有所增加，超过了规定的救济标准，则不再享受最低生活保障救济。农村居民最低生活保障是对农村家庭人均纯收入低于当地最低生活保障标准的家庭，按当地最低生活保障标准给予救助的制度，是在农村特困群众定期定量生活救济制度的基础上逐步发展和完善的一项社会救助制度。这项制度最早出现于20世纪90年代，开始仅是在一些经济较发达地区进行小规模的探索和试验。2002年党的十六大提出"有条件的地区探索建立农村低保制度"后，特别是党的十六届五中全会提出建设社会主义新农村以后，农村最低生活保障制度迅速在全国各地推广开来。2007年中共中央一号文件（《中共中央国务院关于积极发展现代农业扎实推进社会主义新农村建设的若干意见》）又明确提出，要在全国范围内建立农村最低生活保障制度，并强调指出，鼓励已建立制度的地区完善制度，支持未建立制度的地区建立制度，中央财政对财政困难地区给予适当补助。从而给这项制度在全国的普及提供了强大推动力，到2007年年底，全国31个省（自治区、直辖市）的所有涉农县（市、区）都出台了农村低保政策，普遍建立和实施了农村最低生活保障制度，农村享受低保人数已达3400多万，给广大农民群众特别是生活困难群众带来了实实在在的好处。但经济发展水平是影响老年人生活保障的重要因素之一，我国不同区域间经济社会发展的不平衡造成东部、中部、西部老年人的生活保障也呈现明显梯度分布，东部地区各省份老年人数量少，财力充足，老年人得到的人均资源多，而中西部却不容乐观，财力相对偏弱，东部、中部、西部经济发展差距较大，导致老人能够得到的经济支持有限，因此西部农村老年人的生活保障在乡村振兴进程中更应被高度重视。我国老年人生活保障主要为困境老年人提供津贴和服务，农村老年人生活救济维度共包括农村"五保"老人集中供养率（A1）、农村困境老人最低生活保障资金发放率（A2）两个二级指标。

（二）农村老年人养老保障维度

影响农村养老保险的因素非常多，其衡量指标也呈现多样化，比如养老保险的政策和体制、养老金的管理机制、养老金计发程序、养老保险的保障水平、覆盖率、商业保险的发展水平、社会救助和社会福利的水平、城乡居民收入水平等。但在具体的评估过程中，依据数据的可获得性及可量化程度，农村老年人健康保障维度共包括农村老年人养老保险参保率（B1）、农村老年人养老保险缴费率（B2）、农村老年人养老保险替代率（B3）、农村每千老年人口养老机构床位数（B4）四个二级指标。

1. 养老保险参保率

养老保险参保率反映了养老保险的覆盖率，是社会保障发挥功效的最基本的保障。鉴于我国的基本养老保险在发展过程中多次改革，城镇与农村存在制度差异，而且参保率也有多种衡量方法，有必要说明本书所采用的计算方式。一般来讲，社会保险参保率就是指全国实际参加社会保险的人数占全国应参加人口总数的百分比。本书从可比性和可操作性的原则出发，以养老保险的人群覆盖率作为指标。其中年末参保人数为缴费人口与领取人口的总和。

农村养老保险参保率=农村年末参保人数/农村应参保人数

农村的参保方式相对单一,目前只有新型农村养老保险,因此公式中的农村年末参保人数和农村应参保人数分别指的是新农保的参保人数和农村劳动力人数。本书对1999—2014年连续15年的全国数据进行了测定。1999—2014年的全国城乡养老保险参保率指标如表4-2所示。1999—2014年城镇养老保险覆盖率一直稳步上升,2014年达到70%以上。农村养老保险主要划分为两个阶段,2009年以前老农保阶段覆盖率较低,在2009年实行新农保之后,覆盖率得到了快速提高,2014年达到了86%左右(见表4-2)。正如霍尔兹曼等(Holzmann et al., 2009)研究的那样,扩大养老保险对农村人口和城市非正规就业人口的覆盖,有利于提高覆盖率并缩小制度的覆盖缺口。

表4-2 1999—2014年全国城乡养老保险参保率指标

单位:%

年份	农村	城镇	年份	农村	城镇
1999	11.82	49.16	2007	10.19	56.08
2000	11.35	51.74	2008	11.11	58.52
2001	11.18	51.57	2009	17.13	60.19
2002	10.20	51.23	2010	20.65	62.71
2003	10.20	51.53	2011	58.90	66.43
2004	10.11	52.09	2012	82.44	68.30
2005	10.59	53.39	2013	85.46	69.61
2006	10.45	54.77	2014	86.70	71.24

资料来源:《中国统计年鉴》(2000—2015),中国统计出版社2000—2015年版;《中国劳动统计年鉴》(2000—2015),中国统计出版社2000—2015年版;《中国人口与就业统计年鉴》(2000—2015),中国统计出版社2000—2015年版。

2. 养老保险缴费率

养老保险缴费率也是衡量养老保险是否可持续发展的重要指标。缴费率的高低直接影响个人参与养老保险缴费的积极性，而适当的缴费率也保证了社保基金的资金来源稳定。一般来讲，社会保险缴费率是指雇员和雇主缴纳各项社会保险总额占个人工资的比例。现阶段，我国的企业养老保险缴费率为20%，个人养老保险缴费率为8%。按照《社会保险法》《社会保险征缴暂行条例》等相关法规，缴费基数按照职工上一年度1月至12月的所有工资性收入所得的月平均额来确定，其上下限分别为上一年社会平均工资的60%—300%。缴费基数一般每年确定一次。但由于社保缴费负担较重和制度本身吸引力不强等原因的存在，一些参保单位往往通过低报缴费基数等方式来降低实际缴费负担，造成社会保险"名义"和"实际"两个费率的存在。养老保险缴费率由下式确定：

农村养老保险缴费率 = 人均缴费/人均收入 = 保费收入/（参保人数 - 领取人数）/人均收入

其中，"人均收入"对于城镇居民取"社会平均工资"，对于农村居民取"人均纯收入"。在计算中，由于数据的可获得性，"保费收入"用"养老保险基金收入"替代，尽管基金收入包括了保费收入和经营性收入，但经营性收入占比较低，所以可以忽略其对结果的影响。本书对1999—2014年连续15年的全国数据进行了测定。1999—2014年全国城乡养老保险缴费率指标见表4-3。1999—2014年城镇实际养老保险缴费率在下降，到2014年只有17.28%，远低于名义上的缴费率28%。而农村养老保险主要划分为两个阶段，2009年以前老农保阶段缴费率极低，在2009年实行新农保之后，缴费率稳定在了6%左右，相对于城镇的缴费率还有显著差距，农村居民的缴费热情普遍不高。

表 4-3　　1999—2014 年全国城乡养老保险缴费率指标

单位:%

年份	农村	城镇	年份	农村	城镇
1999	1.71	24.78	2007	4.95	20.70
2000	1.40	23.27	2008	5.94	20.09
2001	1.65	21.20	2009	7.23	19.78
2002	2.45	22.94	2010	10.33	18.62
2003	3.17	22.51	2011	6.46	18.74
2004	2.94	21.69	2012	6.60	18.61
2005	2.75	21.14	2013	6.48	18.22
2006	4.11	21.26	2014	6.60	17.28

资料来源:《中国统计年鉴》(2000—2015),中国统计出版社 2000—2015 年版;《中国劳动统计年鉴》(2000—2015),中国统计出版社 2000—2015 年版;《中国人口与就业统计年鉴》(2000—2015),中国统计出版社 2000—2015 年版。

3. 养老保险替代率

个人养老保险替代率,是用来衡量老年居民的养老保障水平的最直观的指标,它是指领取养老金的退休职工所得到的人均养老金(通常用该年度新退休的人员的人均养老金来计算)占退休前工资收入水平(通常用该年度当地在岗职工的社会平均工资来计算)的比重。个人养老保险替代率取决于该职工的缴费年限、缴费率、领取年限、工资增长率和养老保险基金的投资回报率等。养老保险替代率由下式确定:

农村养老保险替代率 = 人均养老保险收入/人均收入 = 保费支出/领取人数/人均收入

其中,"人均收入"对于城镇居民取"社会平均工资",对于农村居民取"人均纯收入"。在计算中,由于数据的可获得性,"养老保险保费支出"用"养老保险基金支出"替代,尽管基金支出包括了保费支出和管理支出，但管理支出占比较低，所以忽略其对结果的影响。本书对1999—2014年连续15年的全国数据进行了测定。1999—2014年全国城乡养老保险替代率指标见表4-4。1999—2014年城镇养老保险替代率在逐渐下降，并在近几年稳定在44%左右，有专家认为城镇企业职工养老金目标替代率应设计为60%（柳清瑞，2005），因此城镇职工养老保险保障水平还没有达到适度标准。对于农村地区，郑功成（2008）认为，将农民养老金目标平均替代率设为50%是合适的；穆怀中等（2013）则通过2001—2011年的数据，对农民养老金替代率适度上限50%进行了实证检验，结果表明，农民养老金目标替代率在以农民劳均收入为基数，取值50%的情况下恰好能够满足农民的养老需求。而现在新型农村养老保险的替代率在10%左右，不仅离适度标准有很大差距，甚至不能满足老年农村居民最基本的生活需求。

表4-4　　　1999—2014年全国城乡养老保险替代率指标

单位：%

年份	农村	城镇	年份	农村	城镇
1999	16.04	77.30	2007	9.07	48.30
2000	18.54	71.22	2008	8.58	47.67
2001	20.33	63.17	2009	9.48	46.79
2002	17.35	63.43	2010	11.83	45.07
2003	12.10	57.61	2011	9.44	44.74
2004	11.59	53.27	2012	10.85	44.69
2005	7.87	50.37	2013	10.73	44.62
2006	8.67	50.30	2014	10.77	44.13

资料来源：《中国统计年鉴》（2000—2015），中国统计出版社2000—2015年版；《中国劳动统计年鉴》（2000—2015），中国统计出版社2000—2015年版；《中国人口与就业统计年鉴》（2000—2015），中国统计出版社2000—2015年版。

4. 每千老年人口养老机构床位数

除养老保险指标外,我国养老产业和各种养老机构的设施与服务情况同样是衡量城乡居民养老保障水平的重要指标。2013 年年底,全国 60 岁及以上的老年人口超过两亿人,占总人口的近 15%,其中 65 岁及以上人口超过 1.3 亿人,占总人口的 9.7%。预计在 2025 年,全国 60 岁及以上的老年人口将突破 3 亿。由于家庭养老功能趋于弱化,各级公办养老机构的重要性日趋凸显。公办养老服务机构在社会养老服务体系建设中具有基础性和示范性作用。由于老龄人口的基数的增大和对养老方式转变对机构养老的需求增加,选取每千人口养老机构床位数作为基础指标,可以体现养老机构设施建设的完善程度和基础保障水平。每千老年人口养老机构床位数由下式确定。

农村每千人口养老机构床位数 = 农村养老机构总床位数 × 1000/农村老年人口数

其中,农村养老机构总床位数包括机构养老床位数、社区养老床位数和社区互助型养老床位数等。农村老年人口数则为该地区年末 65 岁及以上的人口数。本书对 1999—2014 年连续 15 年的全国数据进行了测定。1999—2014 年全国城乡每千老年人口养老机构床位数指标见表 4 – 5。1999—2014 年城乡每千老年人口养老机构床位数均稳步上升,到 2014 年城镇地区达到每千老年人口拥有 20.13 张养老机构床位,农村地区达到每千老年人口拥有 35.94 张养老机构床位。从国际上横向比较来看,发达国家的每千人拥有的养老服务机构床位数为 50—70 张,因此,无论是城镇还是农村,中国养老机构的床位仍存在巨大缺口。再者,中国存在养老机构床位供不应求、供过于求并存的情况,由于相对于城市老年人的需求来讲,农村老年人入住养老机构的意愿较低,购买服务的意识、水平和能力也较低，造成部分养老床位的空置，所以尽管农村养老服务机构更多，但实际入住率很低，造成了50%以上的空置率。

表4-5　　　　1999—2014年全国城乡每千老年人口
养老机构床位数指标

单位：张/千人

年份	农村	城镇	年份	农村	城镇
1999	14.33	5.37	2007	33.53	4.72
2000	19.35	5.52	2008	34.44	5.88
2001	18.05	4.55	2009	34.89	7.05
2002	16.18	4.65	2010	33.74	10.84
2003	14.86	5.06	2011	35.59	11.43
2004	16.35	5.93	2012	38.33	13.19
2005	18.76	5.89	2013	38.85	15.74
2006	22.48	5.68	2014	35.94	20.13

资料来源：《中国统计年鉴》（2000—2015），中国统计出版社2000—2015年版；《中国劳动统计年鉴》（2000—2015），中国统计出版社2000—2015年版；《中国人口与就业统计年鉴》（2000—2015），中国统计出版社2000—2015年版。

（三）农村老年人健康保障维度

"没有全民健康，就没有全面小康"，党和国家历来重视人民的健康，习近平总书记多次指出，要实现中华民族伟大复兴的"中国梦"，就必须"全方位、全周期保障人民健康，把人民健康放在优先发展的战略地位"。《"十三五"规划纲要》中，"健康中国"正式纳入国家战略，力求"到2020年，建立覆盖城乡的基本医疗卫生制度"；《"健康中国2030"规划纲要》更是为国民健康事业规划了行动纲领，描绘了宏伟蓝图，明确了"共建共享、全民健康"的战略主题。健康是人民安全感、幸福感、获得感的基础，随着社会进步和经济发展，人民对健康的需求也越来越高，不仅希望拥有良好的医疗治愈条件，更希望能建立有效的预防保健体系，形成"大卫生、大健康"的社会格局。衡量农村医疗保障水平的指标较多，包括医疗保险的政策和体制、医疗保障金的管理机制、医疗费的报销程序、医疗保险的支出水平、覆盖率、商业保险的发展水平、社会救助和社会福利的水平、居民收入水平等。考虑数据的可获得性及可量化程度，主要选择"医疗保险人均筹资"和"医疗保险人均支出"两个指标。同时，医疗卫生机构的规模与结构同样反映了农村医疗卫生资源分配的合理性，因此，选择了"每千人口医疗卫生床位数"和"每千人口卫生技术人员数"作为基础指标。农村老年人健康保障维度共包括农村老年人医疗保险人均筹资（C1）、农村老年人医疗保险人均支出（C2）、农村每千人口医疗卫生床位数（C3）、农村每千人口卫生技术人员数（C4）四个二级指标。

1. 医疗保险人均筹资

医疗保险筹资反映了居民对医疗保险的参保热情与缴费水平，是医疗保障基金的来源主体，是医疗保障制度运行的前提。现阶段，我国的职工医疗保险企业缴费率为6%，个人缴费率为2%，其中企业缴费以职工工资总额为基数，个人以本人工资收入为基数。但由于社保缴费负担较重和制度本身吸引力不强等原因的存在，一些参保单位往往通过低报缴费基数等方式来降低实际缴费负担，因此缴费水平往往不能达到规定标准。所以本书测定的是医疗保险实际人均筹资。

农村医疗保险人均筹资 = 农村医疗保险基金收入/农村年末参保人数

医疗保险人均支出与医疗保险人均筹资关联密切，城镇地区的医疗保险主要由城镇职工医疗保险和城镇居民医疗保险组成,因此公式中的城镇医疗保险年末参保人数和城镇医疗保险基金收入分别指的是城镇职工医疗保险和城镇居民基本医疗保险相应指标的总和。由于我国从2003年起才开始对农村合作医疗进行试点,截至2004年12月,全国有6899万农民参保,新农合才得到了广泛推广。因此,本书对2004—2014年连续11年的全国数据进行了分析。2004—2014年的全国城乡医疗保险人均筹资指标见表4-6。2004—2014年城乡医疗保险人均筹资均在逐渐上升,城乡差距也在逐渐缩小,但截至2014年,城镇的人均筹资金额仍是农村的4倍左右。

表4-6　　2004—2014年全国城乡医疗保险人均筹资指标

单位:元/年

年份	农村	城镇	年份	农村	城镇
2004	38	920	2010	157	996
2005	42	1020	2011	246	1170
2006	52	1111	2012	309	1294
2007	59	1012	2013	371	1445
2008	96	955	2014	420	1621
2009	113	915			

资料来源:《中国统计年鉴》(2005—2015),中国统计出版社2005—2015年版;《中国民政统计年鉴》(2005—2015),中国统计出版社2005—2015年版;《中国人口与就业统计年鉴》(2005—2015),中国统计出版社2005—2015年版。

2. 医疗保险人均支出

医疗保险支出水平作为百姓医疗费用负担的相关指标,高的医疗保险支付比例可以大幅减轻居民享受医疗服务的成本。随着近年来人口老龄化的日趋严重,对医疗服务的要求日趋上升,因此医疗保险人均支出是衡量医疗保障水平的一个重要因素。医疗保险人均支出的计算公式如下：

农村医疗保险人均支出＝农村医疗保险基金支出/农村年末参保人数

城镇地区的医疗保险主要由城镇职工医疗保险和城镇居民医疗保险组成，城镇医疗保险年末参保人数和城镇医疗保险基金支出分别指的是城镇职工医疗保险和城镇居民基本医疗保险相应指标的总和。由于我国从2003年起才开始对农村合作医疗进行试点，截至2004年12月，全国有6899万农民参保，新农合才得到了广泛推广。因此，本书对2004—2014年连续11年的全国数据进行了分析。2004—2014年的全国城乡医疗保险人均支出指标见表4-7。2004—2014年城乡医疗保险人均支出均在逐渐上升，城乡差距也在逐渐缩小，但截至2014年，城镇的人均支出金额仍是农村的4倍左右。

表4-7　2004—2014年全国城乡医疗保险人均支出指标

单位：元/年

年份	农村	城镇	年份	农村	城镇
2004	33	695	2010	142	818
2005	34	783	2011	206	936
2006	38	812	2012	299	1033
2007	48	700	2013	362	1192
2008	81	655	2014	392	1361
2009	111	697			

资料来源：《中国统计年鉴》（2005—2015），中国统计出版社2005—2015年版；《中国民政统计年鉴》（2005—2015），中国统计出版社2005—2015年版；《中国人口与就业统计年鉴》（2005—2015），中国统计出版社2005—2015年版。

3. 每千人口医疗卫生床位数

每千人口医疗机构床位数可以直观地反映当地医疗服务机构提

供医疗服务和卫生服务的能力。通常情况下，医疗卫生机构需要根据当地的居民住院需求、人口规模与结构、重大疾病及传染病发病率等指标制定医院的床位数。充足的卫生机构床位数是居民能够得到及时的医疗卫生服务的前提，医疗卫生床位数的不足和空间分布不合理都会导致医疗保障水平的低下。本书对2004—2014年连续11年的全国数据进行了测定。2004—2014年的全国城乡每千人口医疗机构床位数指标见表4-8。2004—2014年城乡每千人口医疗机构床位数均在缓慢上升，城乡差距也在逐渐缩小，但截至2014年，城镇的每千人口医疗机构床位数仍是农村的2倍左右。

表4-8　2004—2014年全国城乡每千人口医疗机构床位数指标

单位：张/千人

年份	农村	城镇	年份	农村	城镇
2004	1.45	3.46	2010	2.60	5.94
2005	1.74	4.03	2011	2.80	6.24
2006	1.81	4.23	2012	3.11	6.88
2007	2.00	4.90	2013	3.35	7.36
2008	2.20	5.17	2014	3.54	7.84
2009	2.41	5.54			

资料来源：《中国统计年鉴》（2005—2015），中国统计出版社2005—2015年版；《中国民政统计年鉴》（2005—2015），中国统计出版社2005—2015年版；《中国人口与就业统计年鉴》（2005—2015），中国统计出版社2005—2015年版。

4. 每千人口卫生技术人员数

每千人口卫生技术人员是卫生事业机构支付工资的全部职工中现任职务为卫生技术工作的专业人员。卫生技术人员的质量与数量都直接影响到了基层医疗卫生机构提供的医疗服务水平。本书对2004—2014年连续11年的全国数据进行了测定。2004—2014年的全国城乡每千人口卫生技术人员指标见表4-9。2004—2014年城乡每千人口卫生技术人员数均在缓慢上升,城乡差距也在逐渐缩小,但截至2014年,城镇的卫生技术人员数仍是农村的2.5倍左右。

表4-9　2004—2014年全国城乡每千人口卫生技术人员指标

单位:人/千人

年份	农村	城镇	年份	农村	城镇
2004	2.24	4.99	2010	3.04	7.62
2005	2.69	5.82	2011	3.19	7.90
2006	2.70	6.09	2012	3.41	8.54
2007	2.69	6.44	2013	3.64	9.18
2008	2.80	6.68	2014	3.77	9.70
2009	2.94	7.15			

资料来源:《中国统计年鉴》(2005—2015),中国统计出版社2005—2015年版;《中国民政统计年鉴》(2005—2015),中国统计出版社2005—2015年版;《中国人口与就业统计年鉴》(2005—2015),中国统计出版社2005—2015年版。

(四)农村老年人福利保障维度

农村老年人福利保障是指国家和社会为农村高龄老年人以及符合条件的人口发放经济补贴,以保障其正常的生活。高龄津贴,是针对高龄老人实行的一种社会保障制度。其目的是解决高龄老人基本生活问题,对保障高龄老人的生活质量起到很重要的作用。享受高龄津贴的老人按照"低标准、广覆盖、保基本、多层次、可持续"的总体要求,创新高龄老人福利制度模式,健全养老保障服务体系,建立保障高龄老人基本生活需求的长效机制,推进补缺型老年福利向适度普惠型社会福利发展,使广大高龄老人的基本生活得到保障，不断提高高龄老人的生活质量。各地区根据经济情况以及老年人失能的程度确定具体的补助标准。例如，上海市65—69岁的老年人，每月领取50元津贴，70—89岁的老人，每月领取120元津贴，90—99岁的老人，每月领取300元津贴，100岁及以上的老人，每月领取500元津贴；四川省年满80—89周岁低收入老年人，每月高龄津贴不低于25元，90—99周岁老年人，每人每月不低于100元，100周岁及以上老年人，每人每月不低于200元；甘肃省80—89周岁以上的老人每人每月补助50元，90—94周岁的老人每人每月补助50元，95—99周岁的老人每人每月补助100元，100周岁及以上老人每人每月补助200元；宁夏规定，90周岁以上城乡高龄津贴标准每人每月450元；河北、山西、内蒙古、吉林、上海、山东、海南、陕西均规定给予100周岁及以上的老人每人每月300元的津贴或营养费。发放高龄津贴门槛最低的省份为青海和陕西，两地均规定，70周岁及以上的老人均可享受高龄津贴。青海规定，凡具有青海省户籍，年满70周岁及以上的老年人均可领取高龄津贴，具体标准为70—79周岁的老人每月补助90元；陕西则规定对70—79周岁的高龄老人，每人每月发放50元生活保健补贴。随着老年人的年龄增大，能够领取的补贴金额就越多。东莞市规定凡具有东莞市户籍，无劳动能力、无生活来源且无法定赡养、抚养、扶养义务人，或者其法定赡养、抚养、扶养义务人无赡养、抚养、扶养能力的特困人员中，60周岁及以上的失能老年人、低保家庭中60周岁及以上的失能老年人、低收入家庭（低保标准1.5倍以下，且人均家庭财产在本市低保家庭人均财产标准的1.5倍以下）中60周岁及以上的失能老年人、80周岁及以上的中度重度失能老年人都能够申请补贴，补贴根据失能程度划分标准。补贴将用于经济困难的高龄、失能等老年人的养老护理、服务补贴。其中轻度失能老年人，每人每月补贴 100 元；中度失能老年人，每人每月补贴 200 元；重度失能老年人，每人每月补贴 300 元。申请人符合残疾标准并取得了《残疾人证》后，轻度失能的每人每月再补贴 100 元，即每人每月补贴 200 元；中度失能的每人每月再补贴 200 元，即每人每月补贴 400 元；重度失能的每人每月再补贴 300 元，即每人每月补贴 600 元。申请人在申领失能补贴后，若失能程度加重或减轻，应根据实际情况及时提出调整补贴申请。另外，失能老年人护理补贴将不计入低保家庭收入。农村老年人福利保障维度共包括农村老年人享受高龄津贴的比例（D1）、农村老年人享受养老服务补贴的比例（D2）、农村老年人享受护理补贴的比例（D3）三个二级指标。

二 乡村振兴战略下农村老年人社会保障制度评价体系的使用方法

（一）各维度的计算方法

本书构建的评价体系共分为四个维度，分别是农村老年人生活救济、农村老年人养老保障、农村老年人健康保障、农村老年人福利保障，在乡村振兴的不同时期，农村农民的社会保障和福利是存在差异的，每个维度在不同时期的重要性也会随着社会发展情况而改变。本书按照乡村振兴战略推进的三个重要时间节点，即 2020 年、2035 年和 2050 年，分别设计了权重系数，并采用德尔菲专家咨询法，通过背对背的通信方式向专家发送邮件或信函，征询专家小组成员的预测意见，请专家独立地给每项指标予以赋分。在第一轮专家意见回收后，课题组对意见进行了归纳并修改、调整指标体系，制定第二轮咨询意见表，反馈给专家。在回收第二轮意见后再次进行分析，对指标体系进行修正。经过两轮咨询之后，专家意见趋于集中，最后分别对各维度及各维度下的各项目进行赋值（见

表4-10)。

表4-10　　乡村振兴战略下农村老年人社会保障
制度评价各维度的权重

维度	权重		
	2020年	2035年	2050年
农村老年人生活救济A	20%	15%	10%
农村老年人养老保障B	35%	30%	30%
农村老年人健康保障C	30%	35%	35%
农村老年人福利保障D	15%	20%	25%

如表4-10所示，到2020年，与乡村振兴战略推进进程相匹配的农村老年人社会保障制度评价权重如下：农村老年人生活救济维度占比20%、农村老年人养老保障维度占比35%、农村老年人健康保障维度占比30%、农村老年人福利保障维度占比15%。生活救济属于较低层次的社会保障，我国已经基本实现了普遍的兜底保障服务，确保困难老人的基本生活，虽然救济水平依然需要随着社会发展稳步提高，但此指标不是农村老年人的保障重点，而且随着社会的进步和发展，农村整体经济条件改善，需要救济的老年人比例将逐渐减少。养老保障和健康保障是老年人社会保障的中层内容，也是老年人社会保障的主体。能否"老有所养，病有所医"是老年人最关心的问题，因为年龄的增长，老年人获取经济报酬的能力和抵御疾病的能力下降，而这两项又是决定生活质量的关键因素，因而必须处理好这两个主要问题才能保障老年人的正常生活。当然，随着我国养老模式的完善，农村老年人的养老压力将逐渐减少。而随着人们对健康的要求越来越高，将对健康保障提出更高的期望。老年人福利保障体现了政府和社会对高龄老人或特殊时期老

人的关照，由于是社会福利，属于较高层次的社会保障，因而要求政府加大财政和资源的投入力度，提升农村老年人的福利水平，为老年人创造更好的生活环境，但对政府财政要求较高，且存在区域差异，在这一阶段尚未成为制度建设的重点。

到 2035 年，农村老年人生活救济维度占比 15%、农村老年人养老保障维度占比 30%、农村老年人健康保障维度占比 35%、农村老年人福利保障维度占比 20%。在这一阶段，农村老年人生活救济占比出现下降，降至 15%，专家认为随着经济的发展，普惠型老年人社会福利制度进一步完善，基本生活领域的老年人需求大都可以得到满足，生活保障在这一阶段已经不是重点。19 世纪德国统计学家恩格尔根据统计资料，对消费结构的变化得出一个规律：一个家庭收入越少，家庭收入中用来购买食物的支出所占的比例就越大，随着家庭收入的增加，家庭收入用来购买食物的支出比例则会下降。推而广之，一个国家越穷，每个国民的平均收入（或平均支出中）用于购买食物的支出所占比例就越大，随着国家的富裕，这个比例呈下降趋势。同理，农村老年人生活救济维度比例的下降也在一定程度上说明农村老年人社会保障总体程度的提高及其结构的优化。而对于普通的老年人来说，最重要的保障就是养老保障，2035 年随着乡村振兴战略的实施，农村老年人的养老状况将大大改善，相对而言老年人的压力将不在此处，但整体所占比重依然较大。马斯洛需要层次理论认为，当人的基本需要得到满足之后，就会提出更高层次的需要。农村老年人健康保障上升到35%，凸显了卫生健康的重要性，此时我国的卫生保健事业应该已经改变了"重治疗，轻预防"的格局，"大卫生、大健康"的资源配置状态形成，老年人卫生保健也应以预防为主。甚至随着卫生信息化的建设，远程医疗、移动健康、智能医疗将逐步普及，城乡卫生资源可以实现共建共享,老年人卫生健康状况大大改善,但是社会疾病谱可能也会出现新的情况和变化,卫生保健工作不容松懈。农村老年人福利保障维度也出现了一定程度的上升,由15%变为20%,也说明老年人社会福利国家和政府支持力度的增加。而且随着农业农村的现代化,对老年人的关爱程度将进一步提高。

到2050年,农村老年人生活救济维度占比10%、农村老年人养老保障维度占比30%、农村老年人健康保障维度占比35%、农村老年人福利保障维度占比25%。专家认为,到了21世纪中期,我国的经济状况和综合实力达到中等发达国家的水平。此时,整个社会的福利状况将进一步大大提升。农村老年人生活救济维度的权重进一步下降,由15%下降到10%,因为按照福利结构的发展趋势,老年人生活保障已经不再是农村老年人社会保障体系中的主要内容。农村老年人养老保障维度依旧占比30%,农村老年人健康保障维度依旧占比35%,但是随着农村老年人社会福利总量的增加,农村老年人卫生健康的状况将进一步改善。同时,随着科技在卫生健康领域的应用,卫生服务的可及性将更理想,城乡资源可以实现跨空间领域的共享,全民健康的目标逐步实现。农村老年人福利保障维度占比的权重继续上升,因为这个维度直接关系到农村老年人的幸福感、获得感和安全感,在城乡居民实现共同富裕,农业强、农村美、农民富全面实现的时候,农村老年人的福利保障理应成为衡量其社会保障制度的重要标准。

根据上述分析,乡村振兴战略下农村老年人社会保障制度评价体系的计算公式为:

$$Y_{2020} = A \times 20\% + B \times 35\% + C \times 30\% + D \times 15\% \quad (4-1)$$

$$Y_{2035} = A \times 15\% + B \times 30\% + C \times 35\% + D \times 20\% \quad (4-2)$$

$$Y_{2050} = A \times 10\% + B \times 30\% + C \times 35\% + D \times 25\% \quad (4-3)$$

(二) 各维度下指标项目的计算

1. 农村老年人生活救济维度的计算方法

农村老年人生活救济维度共包括农村"五保"老人集中供养率（A1）、农村困境老人最低生活保障资金发放率（A2）两个二级指标。根据专家调查法的结果，各二级指标的权重分别为农村"五保"老人集中供养率（A1）50%、农村困境老人最低生活保障资金发放率（A2）50%。由此，得到农村老年人生活救济维度的计算方法为：

$$A = A_1 \times 50\% + A_2 \times 50\% \quad (4-4)$$

农村老年人生活救济维度下各指标的计分方式，见表4-11。

表4-11 农村老年人生活救济维度下各指标的计分方式

指标	单位	计分					
农村"五保"老人集中供养率（A1）	%	A1<55%=0分	55%≤A1<65%=60分	65%≤A1<75%=70分	75%≤A1<85%=80分	85%≤A1<95%=90分	95%≤A1=100分
农村困境老人最低生活保障资金发放率（A2）	%	A2<55%=0分	55%≤A2<65%=60分	65%≤A2<75%=70分	75%≤A2<85%=80分	85%≤A2<95%=90分	95%≤A2=100分

由表4-11可知，农村老年人生活救济维度下农村"五保"老人集中供养率（A1）和农村困境老人最低生活保障资金发放率（A2）理应都在55%以上，如果低于55%一律都只能按0分计算。因为各种主客观因素或者不可预控因素，各项目的比例大于或等于95%就计为满分100分。

2. 农村老年人养老保障维度的计算方法

农村老年人养老保障维度共包括农村老年人养老保险参保率（B1）、农村老年人养老保险缴费率（B2）、农村老年人养老保险替代率（B3）、农村每千老年人口养老机构床位数（B4）四个二级指标。根据专家调查法的结果，各二级指标的权重分别为农村老年人养老保险参保率（B1）25%、农村老年人养老保险缴费率（B2）25%、农村老年人养老保险替代率（B3）25%、农村每千老年人口养老机构床位数（B4）25%。由此，得到农村老年人养老保障维度的计算方法为：

$$B = B_1 \times 25\% + B_2 \times 25\% + B_3 \times 25\% + B_4 \times 25\% \quad (4-5)$$

农村老年人养老保障维度下各指标的计分方式，见表4-12。

表4-12 农村老年人养老保障维度下各指标的计分方式

指标	单位	计分				
农村老年人养老保险参保率（B1）	%	B1<75%=0分	75%≤B1<80%=60分	80%≤B1<85%=70分	85%≤B1<90%=80分	90%≤B1<95%=90分	95%≤B1=100分
农村老年人养老保险缴费率（B2）	%	B2<10%=0分	10%≤B2<15%=60分	15%≤B2<20%=70分	20%≤B2<25%=80分	25%≤B2<35%=90分	35%≤B2=100分
农村老年人养老保险替代率（B3）	%	B3<30%=0分	30%≤B3<35%=60分	35%≤B3<40%=70分	40%≤B3<45%=80分	45%≤B3<55%=90分	55%≤B3=100分
农村每千老年人口养老机构床位数（B4）	张/千人	B4<30=0分	30≤B4<35=60分	35≤B4<40=70分	40≤B4<45=80分	45≤B4<50=90分	50≤B4=100分

从表4-12可发现,各项指标的计分方式均以现状为基础,合理预判其发展状况。农村老年人养老保险参保率(B1)2014年为86.70%,而城镇老年人养老保险参保率为71.24%,故而以达到75%开始计分,如果低于75%一律都只能按0分计算。农村老年人实际养老保险缴费率(B2)2014年为6.60%,而城镇老年人实际养老保险缴费率为17.28%,故而以达到10%开始计分,如果低于10%一律都只能按0分计算。农村老年人养老保险替代率(B3)2014年为10.77%,而城镇老年人养老保险替代率为44.13%,故而以达到30%开始计分,如果低于30%一律都只能按0分计算。农村每千老年人口养老机构床位数(B4)2014年为35.94张/千人,而城镇每千老年人口养老机构床位数为20.14张/千人,故而以达到30张/千人开始计分,如果低于30张/千人一律都只能按0分计算。由于经济因素影响,且家庭养老还在农村占据主要形式,农村老年人在缴费方面积极性不高,但随着农村经济状况的改善,农村老年人口总量的增加,以及农业农村的现代化,农民的职业化、社会化养老将成为农村老年人养老的主要形式,农村老年人的参保率、缴费率和替代率都将稳步提升。而养老机构床位空置率将下降,在总量增加的同时,入住率也会逐渐上升。

3. 农村老年人健康保障维度的计算方法

农村老年人健康保障维度共包括农村老年人医疗保险人均筹资(C_1)、农村老年人医疗保险人均支出(C_2)、农村每千人口医疗卫生床位数(C_3)、农村每千人口卫生技术人员数(C_4)四个二级指标。根据专家调查法的结果,各二级指标的权重各占25%,由此,得到农村老年人健康保障维度的计算方法为:

$$C = C_1 \times 25\% + C_2 \times 25\% + C_3 \times 25\% + C_4 \times 25\% \quad (4-6)$$

农村老年人健康保障维度下各指标的计分方式,见表4-13。

表4-13　农村老年人健康保障维度下各指标的计分方式

指标	单位	计分					
农村老年人医疗保险人均筹资(C1)	元/年	C1<500 =0分	500≤C1<550 =60分	550≤C1<600 =70分	600≤C1<650 =80分	650≤C1<700 =90分	700≤C1 =100分
农村老年人医疗保险人均支出(C2)	元/年	C2<450 =0分	450≤C2<500 =60分	500≤C2<550 =70分	550≤C2<600 =80分	600≤C2<650 =90分	650≤C2 =100分
农村每千人口医疗卫生床位数(C3)	张/千人	C3<4.20 =0分	4.20≤C3<4.70 =60分	4.70≤C3<5.20 =70分	5.20≤C3<5.70 =80分	5.70≤C3<6.20 =90分	6.20≤C3 =100分
农村每千人口卫生技术人员数(C4)	人/千人	C4<4.50 =0分	4.50≤C4<5.00 =60分	5.00≤C4<5.50 =70分	5.50≤C4<6.00 =80分	6.00≤C4<6.50 =90分	6.50≤C4 =100分

从表4-13可发现，各项指标的计分方式均以现状为基础，合理预判其发展状况。农村老年人医疗保险人均筹资（C1）2014年为420元/年，故而以达到500元/年开始计分，如果低于500元/年一律都只能按0分计算。农村老年人医疗保险人均支出（C2）2014年为392元/年，故而以达到450元/年开始计分，如果低于450元/年一律都只能按0分计算。农村每千人口医疗卫生床位数（C3）2014年为3.54张/千人，故而以达到4.20张/千人开始计分，如果低于4.20张/千人一律都只能按0分计算。农村每千人口卫生技术人员数（C4）2014年为3.77人/千人，故而以达到4.50人/千人开始计分，如果低于4.50人/千人一律都只能按0分计算。由于经济因素影响，以及城乡二元机制所导致的资源配置差异，农村的医疗卫生资源基础薄弱，需要以经济发展为基础，提高农村老年人

的医疗保险人均筹资。同时加强农村老年人的健康检查和保健工作，确保及时就医治疗，加强疾病预防工作，合理提高医疗保险人均支出。当然，随着社会整体健康水平的提高，医疗保险人均支出将会控制在一个合理的范围之内。随着乡村振兴战略的实施，农村的环境越来越好，将吸引更多的资源和人才回流乡村，表现在医疗卫生方面则是医疗卫生床位和卫生技术人员的增加，为农村老年人的健康提供更高质量的保障。

4. 农村老年人福利保障维度的计算方法

农村老年人福利保障维度共包括农村老年人享受高龄津贴的比例（D1）、农村老年人享受养老服务补贴的比例（D2）、农村老年人享受护理补贴的比例（D3）三个二级指标。根据专家调查法的结果，农村老年人享受高龄津贴的比例（D1）占比40%、农村老年人享受养老服务补贴的比例（D2）占比30%、农村老年人享受护理补贴的比例（D3）占比30%，由此，得到农村老年人福利保障维度的计算方法为：

$$D = D_1 \times 40\% + D_2 \times 30\% + D_3 \times 30\% \tag{4-7}$$

农村老年人福利保障维度下各指标的计分方式，见表4-14。

表4-14　农村老年人福利保障维度下各指标的计分方式

指标	单位	计分				
农村老年人享受高龄津贴的比例（D1）	%	D1<80% =0分	80%≤ D1<84% =60分	84%≤ D1<88% =70分	88%≤ D1<92% =80分	92%≤ D1<96% =90分	96%≤D1 =100分
农村老年人享受养老服务补贴的比例（D2）	%	D2<25% =0分	25%≤ D2<30% =60分	30%≤ D2<36% =70分	36%≤ D2<42% =80分	42%≤ D2<50% =90分	50%≤D2 =100分

续表

指标	单位	计分					
农村老年人享受护理补贴的比例（D3）	%	D3＜25%＝0分	25%≤D3＜30%＝60分	30%≤D3＜36%＝70分	36%≤D3＜42%＝80分	42%≤D3＜50%＝90分	50%≤D3＝100分

从表4-14可发现，各项指标的计分方式均以现状为基础，合理预判其发展状况。2017年，我国民政部统计数据表明，我国以普惠性、均等化、可持续为方向，已经陆续在省级层面出台了经济困难的高龄、失能等老年人补贴政策。截至2017年10月，已有26个省份出台了高龄津贴补贴政策，20个省份出台了养老服务补贴政策，17个省份出台了护理补贴政策。在已出台高龄津贴的这26个省份中，大多数地方对80岁以上的本地户籍老人发放高龄津贴或营养费。其中，天津高龄津贴额度最高，可达到500元。农村老年人享受高龄津贴的比例（D1）以达到80%开始计分，如果低于80%一律都只能按0分计算；农村老年人享受养老服务补贴的比例（D2）以达到25%开始计分，如果低于25%一律都只能按0分计算；农村老年人享受护理补贴的比例（D3）以达到25%开始计分，如果低于25%一律都只能按0分计算。

（三）总分值计算方法

联立式（4-1）、式（4-4）、式（4-5）、式（4-6）、式（4-7），联立式（4-2）、式（4-4）、式（4-5）、式（4-6）、式（4-7），联立式（4-3）、式（4-4）、式（4-5）、式（4-6）、式（4-7），可以得到式（4-8）、式（4-9）、式（4-10）。

$Y_{2020} = (A_1 \times 50\% + A_2 \times 50\%) \times 20\% + (B_1 \times 25\% + B_2 \times 25\% + B_3 \times 25\% + B_4 \times 25\%) \times 35\% + (C_1 \times 25\% + C_2 \times 25\% +$

$C_3 \times 25\% + C_4 \times 25\%) \times 30\% + (D_1 \times 40\% + D_2 \times 30\% + D_3 \times 30\%) \times 15\%$ (4-8)

$Y_{2035} = (A_1 \times 50\% + A_2 \times 50\%) \times 15\% + (B_1 \times 25\% + B_2 \times 25\% + B_3 \times 25\% + B_4 \times 25\%) \times 30\% + (C_1 \times 25\% + C_2 \times 25\% + C_3 \times 25\% + C_4 \times 25\%) \times 35\% + (D_1 \times 40\% + D_2 \times 30\% + D_3 \times 30\%) \times 20\%$ (4-9)

$Y_{2050} = (A_1 \times 50\% + A_2 \times 50\%) \times 10\% + (B_1 \times 25\% + B_2 \times 25\% + B_3 \times 25\% + B_4 \times 25\%) \times 30\% + (C_1 \times 25\% + C_2 \times 25\% + C_3 \times 25\% + C_4 \times 25\%) \times 35\% + (D_1 \times 40\% + D_2 \times 30\% + D_3 \times 30\%) \times 25\%$ (4-10)

根据式（4-8）、式（4-9）以及式（4-10），可以计算出2020年、2035年、2050年我国乡村振兴战略下农村老年人社会保障制度的得分，为此还需要给出得分的评判标准。本书综合专家意见后认为，Y_{2020}、Y_{2035}、Y_{2050}得分为80分以上为良好、90分以上为优秀。

第三节 乡村振兴战略下中国农村老年人社会保障制度目标

根据乡村振兴战略的阶段目标，本书构建了乡村振兴战略下中国农村老年人社会保障制度2020年、2035年和2050年的阶段目标。

一 乡村振兴战略下中国农村老年人社会保障制度2020年目标

到2020年，国内经济在提高发展平衡性、包容性、可持续性基础上保持中高速增长，国内生产总值和城乡居民人均收入比2010年翻一番，主要经济指标平衡协调，发展质量和效益明显提高。产业迈向中高端水平，农业现代化进展明显，工业化和信息化融合发展水平进一步提高，先进制造业和战略性新兴产业加快发展，新产业新业态不断成长，服务业比重进一步提高。就业、教育、文化体育、社保、医疗、住房等公共服务体系更加健全，基本公共服务均等化水平稳步提高。教育现代化取得重要进展，劳动年龄人口受教育年限明显增加。就业比较充分，收入差距缩小，中等收入人口比重上升。我国现行标准下农村贫困人口实现脱贫，贫困县全部"摘帽"，解决区域性整体贫困。人民生活水平和质量普遍提高。乡村的振兴也必然会给农村老年人带来社会福利的提升，不论是普通老年人还是困境老年人的状况将大大改观。

根据表4-15的相关数据，根据式（4-8）可以算出，在2020年，乡村振兴战略下中国农村老年人社会保障制度建设的目标是至少达到82.0分，也就是达到良好的水平。

表4-15　乡村振兴战略下中国农村老年人社会保障制度2020年目标

项目	单位	建设目标	得分
农村"五保"老人集中供养率（A1）	%	85	90
农村困境老人最低生活保障资金发放率（A2）	%	85	90
农村老年人养老保险参保率（B1）	%	85	80
农村老年人养老保险缴费率（B2）	%	23	80
农村老年人养老保险替代率（B3）	%	45	80
农村每千老年人口养老机构床位数（B4）	张/千人	42	80
农村老年人医疗保险人均筹资（C1）	元/年	620	80
农村老年人医疗保险人均支出（C2）	元/年	560	80
农村每千人口医疗卫生床位数（C3）	张/千人	5.25	80
农村每千人口卫生技术人员数（C4）	人/千人	5.60	80
农村老年人享受高龄津贴的比例（D1）	%	89	80
农村老年人享受养老服务补贴的比例（D2）	%	36	80
农村老年人享受护理补贴的比例（D3）	%	36	80
合计		—	82.0

从农村老年人生活救济维度来看，农村"五保"老人集中供养率（A1）必须达到85%左右，获得90分的计分；农村困境老人最低生活保障资金发放率（A2）必须达到85%左右，获得90分的计分。

从农村老年人养老保障维度来看，农村老年人养老保险参保率（B1）须达到85%左右，获得80分的计分；农村老年人养老保险缴费率（B2）须达到23%左右，获得80分的计分；农村老年人养老保险替代率（B3）须达到45%左右，获得80分的计分；农村每千老年人口养老机构床位数（B4）须达到42张/千人，获得80分的计分。

从农村老年人健康保障维度来看，农村老年人医疗保险人均筹资（C1）须达到620元/年，获得80分的计分；农村老年人医疗保险人均支出（C2）须达到560元/年，获得80分的计分；农村每千人口医疗卫生床位数（C3）须达到5.25张/千人，获得80分的计分；农村每千人口卫生技术人员数（C4）须达到5.60人/千人，获得80分的计分。

从农村老年人福利保障维度来看，农村老年人享受高龄津贴的比例（D1）须达到89%左右，获得80分的计分；农村老年人享受养老服务补贴的比例（D2）须达到36%左右，获得80分的计分；农村老年人享受护理补贴的比例（D3）须达到36%左右，获得80分的计分。

二 乡村振兴战略下中国农村老年人社会保障制度 2035 年目标

到2035年的时候，我国经济实力、科技实力将大幅跃升，跻身创新型国家前列；人民平等参与、平等发展权利得到充分保障，法治国家、法治政府、法治社会基本建成，各方面制度更加完善，国家治理体系和治理能力现代化基本实现；社会文明程度达到新的高度，国家文化软实力显著增强，中华文化影响更加广泛深入；人民生活更为宽裕，中等收入群体比例明显提高，城乡区域发展差距和居民生活水平差距显著缩小，基本公共服务均等化基本实现，全体人民共同富裕迈出坚实步伐；现代社会治理格局基本形成，社会充满活力又和谐有序；生态环境根本好转，美丽中国目标基本实现。农村老年人社会保障制度也将要在乡村振兴战略的持续推进下，随着乡村经济社会的发展实现质的飞跃。农村老年人生活救济、农村老年人养老保障、农村老年人健康保障、农村老年人福利保障各个维度下各个项目的计分也要出现较大的提高（见表4-16）。

表4-16 乡村振兴战略下中国农村老年人社会保障制度2035年目标

项目	单位	建设目标	得分
农村"五保"老人集中供养率（A1）	%	90	90
农村困境老人最低生活保障资金发放率（A2）	%	90	90
农村老年人养老保险参保率（B1）	%	90	90
农村老年人养老保险缴费率（B2）	%	28	90
农村老年人养老保险替代率（B3）	%	50	90
农村每千老年人口养老机构床位数（B4）	张/千人	47	90
农村老年人医疗保险人均筹资（C1）	元/年	660	90
农村老年人医疗保险人均支出（C2）	元/年	610	90
农村每千人口医疗卫生床位数（C3）	张/千人	5.75	90
农村每千人口卫生技术人员数（C4）	人/千人	6.10	90
农村老年人享受高龄津贴的比例（D1）	%	93	90
农村老年人享受养老服务补贴的比例（D2）	%	41	80
农村老年人享受护理补贴的比例（D3）	%	41	80
合计	—		88.8

根据表4-16的相关数据，根据式（4-9）可以算出，在2035年，乡村振兴战略下中国农村老年人社会保障制度建设的目

标是至少达到88.8分，接近了优秀水平。

从农村老年人生活救济维度来看，农村"五保"老人集中供养率（A1）必须达到90%左右，获得90分的计分；农村困境老人最低生活保障资金发放率（A2）必须达到90%左右，获得90分的计分。

从农村老年人养老保障维度来看，农村老年人养老保险参保率（B1）须达到90%左右，获得90分的计分；农村老年人养老保险缴费率（B2）须达到28%左右，获得90分的计分；农村老年人养老保险替代率（B3）须达到50%左右，获得90分的计分；农村每千老年人口养老机构床位数（B4）须达到47张/千人，获得90分的计分。

从农村老年人健康保障维度来看，农村老年人医疗保险人均筹资（C1）须达到660元/年，获得90分的计分；农村老年人医疗保险人均支出（C2）须达到610元/年，获得90分的计分；农村每千人口医疗卫生床位数（C3）须达到5.75张/千人，获得90分的计分；农村每千人口卫生技术人员数（C4）须达到6.10人/千人，获得90分的计分。

从农村老年人福利保障维度来看，农村老年人享受高龄津贴的比例（D1）须达到93%左右，获得90分的计分；农村老年人享受养老服务补贴的比例（D2）须达到41%左右，获得80分的计分；农村老年人享受护理补贴的比例（D3）须达到41%左右，获得80分的计分。

三　乡村振兴战略下中国农村老年人社会保障制度2050年目标

在2036—2050年的这15年时间中，中国乡村振兴进入第二步战略阶段。到2050年，乡村全面振兴，农村物质文明、政治文明、精神文明、社会文明、生态文明全面提升，全面建成农业强国，全面实现农业农村现代化,城乡居民实现共同富裕,农业强、农村美、农民富全面实现。农村老年人生活救济、农村老年人养老保障、农村老年人健康保障、农村老年人福利保障各个维度下各个项目的计分也得到进一步的提高(见表4-17)。

表4-17 乡村振兴战略下中国农村老年人社会保障制度2050年目标

项目	单位	建设目标	得分
农村"五保"老人集中供养率(A1)	%	95	100
农村困境老人最低生活保障资金发放率(A2)	%	95	100
农村老年人养老保险参保率(B1)	%	95	100
农村老年人养老保险缴费率(B2)	%	35	100
农村老年人养老保险替代率(B3)	%	55	100
农村每千老年人口养老机构床位数(B4)	张/千人	52	100
农村老年人医疗保险人均筹资(C1)	元/年	700	100
农村老年人医疗保险人均支出(C2)	元/年	650	100
农村每千人口医疗卫生床位数(C3)	张/千人	6.25	100
农村每千人口卫生技术人员数(C4)	人/千人	6.60	100
农村老年人享受高龄津贴的比例(D1)	%	95	100
农村老年人享受养老服务补贴的比例(D2)	%	47	90
农村老年人享受护理补贴的比例(D3)	%	47	90
合计	—		98.5

根据表4-17的相关数据,根据式(4-10)可以算出,在2050年,乡村振兴战略下中国农村老年人社会保障制度建设的目标是至少达到98.5分,超过90分的优秀标准。

从农村老年人生活救济维度来看,随着农村生产力的大幅提升,已经具备了满足农村老年人各类物质需要的能力。农村"五保"老人集中供养率(A1)必须达到95%左右,获得100分的计分;农村困境老人最低生活保障资金发放率(A2)必须达到95%左右,获得100分的计分。

从农村老年人养老保障维度来看，农村老年人养老保险参保率（B1）须达到95%左右，获得100分的计分；农村老年人养老保险缴费率（B2）须达到35%左右，获得100分的计分；农村老年人养老保险替代率（B3）须达到55%左右，获得100分的计分；农村每千老年人口养老机构床位数（B4）须达到52张/千人，获得100分的计分。

从农村老年人健康保障维度来看，农村老年人医疗保险人均筹资（C1）须达到700元/年，获得100分的计分；农村老年人医疗保险人均支出（C2）须达到650元/年，获得100分的计分；农村每千人口医疗卫生床位数（C3）须达到6.25张/千人，获得100分的计分；农村每千人口卫生技术人员数（C4）须达到6.60人/千人，获得100分的计分。但是从卫生健康角度来看，医疗卫生服务中存在一些不可控因素，意外事件并不能完全地杜绝，因而仍需加强公共卫生服务工作，保障农村老年人的生命安全。

从农村老年人福利保障维度来看，农村老年人享受高龄津贴的比例（D1）须达到95%左右，获得100分的计分；农村老年人享受养老服务补贴的比例（D2）须达到47%左右，获得90分的计分；农村老年人享受护理补贴的比例（D3）须达到47%左右，获得90分的计分。

四　乡村振兴战略下中国农村老年人社会保障制度阶段目标的对比分析

整体上看，乡村振兴战略下中国农村老年人社会保障制度阶段目标是依据当前我国经济社会发展水平、乡村振兴战略的阶段目标以及农村老年人社会保障制度的建设现状而制定。本书将2020—2035年视为中国农村老年人社会保障制度建设的发力阶段，各维度下各项目都要取得突破性的进展，而将2036—2050年视为中国农村老年人社会保障制度建设的巩固和完善阶段，部分维度下部分项目的建设维持第二阶段的水平即可。至于乡村振兴战略下中国农村老年人社会保障制度阶段目标的差异，见表 4-18。

表 4-18 乡村振兴战略下中国农村老年人社会保障制度阶段目标的差异

项目	单位	2020 年建设目标	2035 年建设目标	2050 年建设目标	2035 年较 2020 年的变化	2050 年较 2035 年的变化
农村"五保"老人集中供养率（A1）	%	85	90	95	5	5
农村困境老人最低生活保障资金发放率（A2）	%	85	90	95	5	5
农村老年人养老保险参保率（B1）	%	85	90	95	5	5
农村老年人养老保险缴费率（B2）	%	23	28	35	5	7
农村老年人养老保险替代率（B3）	%	45	50	55	5	5
农村每千老年人口养老机构床位数（B4）	张/千人	42	47	52	5	5
农村老年人医疗保险人均筹资（C1）	元/年	620	660	700	40	40
农村老年人医疗保险人均支出（C2）	元/年	560	610	650	50	40
农村每千人口医疗卫生床位数（C3）	张/千人	5.25	5.75	6.25	0.5	0.5
农村每千人口卫生技术人员数（C4）	个/千人	5.60	6.10	6.60	0.5	0.5
农村老年人享受高龄津贴的比例（D1）	%	89	93	95	4	2

续表

项目	单位	2020年建设目标	2035年建设目标	2050年建设目标	2035年较2020年的变化	2050年较2035年的变化
农村老年人享受养老服务补贴的比例（D2）	%	36	41	47	5	6
农村老年人享受护理补贴的比例（D3）	%	36	41	47	5	6

从农村老年人生活救济维度来看，2035年的农村"五保"老人集中供养率（A1）达到90%，较2020年提高了5%，2050年较2035年又提高了5%；2035年的农村困境老人最低生活保障资金发放率（A2）较2020年提高了5%，2050年较2035年提高了5%。

从农村老年人养老保障维度来看，2035年的农村老年人养老保险参保率（B1）较2020年提高了5%，2050年较2035年提高了5%；2035年的农村老年人养老保险缴费率（B2）较2020年提高了5%，2050年较2035年提高了7%；2035年的农村老年人养老保险替代率（B3）较2020年提高了5%，2050年较2035年提高了5%；2035年的农村每千老年人口养老机构床位数（B4）较2020年提高了5张/千人，2050年较2035年提高了5张/千人。

从农村老年人健康保障维度来看，2035年的农村老年人医疗保险人均筹资（C1）较2020年提高了40元/年，2050年较2035年提高了40元/年；2035年的农村老年人医疗保险人均支出（C2）较2020年提高了50元/年，2050年较2035年提高了40元/年；2035年的农村每千人口医疗卫生床位数（C3）较2020年提高了0.5张/千人，2050年较2035年提高了0.5张/千人；2035年的农村每千人口卫生技术人员数（C4）较2020年提高了0.5人/千人，2050年较2035年提高了0.5人/千人。

从农村老年人福利保障维度来看，2035年的农村老年人享受高龄津贴的比例（D1）较2020年提高了4%，2050年较2035年提高了2%；2035年的农村老年人享受养老服务补贴的比例（D2）较2020年提高了5%，2050年较2035年提高了6%；2035年的农村老年人享受护理补贴的比例（D3）较2020年提高了5%，2050年较2035年提高了6%。

第五章 乡村振兴战略下农村老年人社会保障制度目标的实现机制

第一节 国际农村养老模式的经验介绍及其启示

一 国际农村养老模式的简介

综观世界各国的农村养老模式，根据其覆盖的范畴与保障的水准，再结合养老保险基金的筹集与发放方式，在国际上取得较为成功的农村养老模式，大体上可以划分为救助型、保险型、储蓄型和福利型四种。救助型以巴西模式为代表，保险型以德国模式为代表，储蓄型以新加坡模式为代表，而福利型则以英国和日本模式为代表。

（一）巴西：社会救助型农村养老模式

社会救助型农村养老模式主要是指政府采取积极主动的态度，介入、干预农村中贫困老年人口的养老保障，通过提供无偿经济援助的方法，确保老年人能够安度晚年。社会救助型农村养老模式是农民养老的底线"安全网"，主要由一些经济相对落后的发展中国家所采用。就巴西而言，在巴西的社会救助体系中，政府根据农民不付费的原则向穷人提供援助，老年人养老的经济责任由公共财政来承担。在这种模式下，政府采用的是"保基本，广覆盖"的原则，政府会根据财政能力的情况，将养老金的覆盖范围扩大到最大的覆盖面，但是由于财政能力的限制，农民可以领取到的养老金数额也非常有限。这是发展中国家对农村贫困人口能够提供的基本生活保障，农村养老社会救助模式充分体现了社会关怀、公正平等的人道主义精神。但它只是一项基础的农村养老模式，养老金的待遇水平需要根据当地最低的收入标准和消费水平来确定，同时需要综合考虑政府的财政支持能力。

（二）德国：社会保险型农村养老模式

在欧洲，高福利国家模式给政府财政带来巨大的压力，迫使许多国家对传统高福利养老金制度进行改革。社会保险型农村养老模式在西方经济发达国家得到了广泛使用，是欧洲一些发达国家比较普遍的社会养老方式之一，特别是传统的老牌经济强国德国。1889年，被誉为"铁血宰相"的俾斯麦率领德国政府发布了《养老保险法》，可以视为社会保险模式的起源，这是世界上最早的农民社会化养老模式，可以理解为城市养老保险制度向农村的发展与延伸。《养老保险法》规定，个人领取养老金的权利与缴纳费用的义务相关，而缴纳费用是获取权利的前提。获得的养老金水平与缴纳费用的情况正相关，基本养老金根据上一年的工资基数进行计量和调整。除基本养老金外，德国还鼓励公民参加补充型养老保险，并为此制定了给予企业税收和政策优惠的相关制度与待遇，实行多层次的社会养老保险制度。在德国的社会保险制度中，农村养老金主要有以下两种形式：一种是特意单独为农村人口制定的养老金制度，另一种则是将城市养老保险制度覆盖范围扩大到农村。无论选择哪一种形式，德国的农村养老模式仍然坚持"自助养老为主"

的原则。它强调养老金是每个人的责任和义务，养老保险金现收现付和积累相结合，养老保险待遇与缴纳费用期限和缴纳费用金额相关联。在德国，农村养老金不仅是每个人的义务，也是国家和社会的责任。政府对资金给予了大量补贴。德国社会保险型农村养老模式采用多种筹资方式，通常由个人缴纳费用、社会缴纳费用和政府补贴三部分组成，保证了资金来源的稳定性。同时，它强调了缴纳费用义务与获取养老金之间的关系。被保险人领取的养老金金额取决于他为社会养老保险缴纳费用的金额多少。农村养老保险的参与者分为两部分：农业工人和农业企业家。农业工人是从事农业企业生产和劳动的工人，政府要求这些工人必须要参加养老保险。农业企业家是拥有土地所有权的人及其家庭成员，他们是农业资源的所有者，可以采取自愿参加养老保险的形式。

（三）新加坡：储蓄保险型农村养老模式

以储蓄保险为基础的农村养老保险模式也称为强制储蓄型农村养老模式，主要是对社会保险型养老模式和社会福利型养老模式的补充。这种农村养老模式基于自愿购买的基础，鼓励农民用自己的部分收入通过储蓄或购买保险的形式来建立个人养老保险账户，在这个过程中，国家没有提供任何支持，只是从政策层面给出优惠政策。当被保险人员达到退休年龄或有特殊需要时，可以支取保险或储蓄来使用。目前，很少有国家实施储蓄保险型农村养老模式，主要是新加坡等一些新兴经济体。新加坡以储蓄保险为基础的农村养老金模式更加关注农民的自我养老的积累，需要个人在保险公司设立账户并逐步投入资金。在这种模式下，农民可以自由、自愿地选择参保的金额，并按月进行相应的支付。政府主要实行养老金管理，提供优惠政策，并对养老保险的投资收益进行补贴，承担的责任相对较小。储蓄保险型农村养老模式的特点是：第一，国家立法明确，由雇主和雇员单方或共同承担费用，存入员工账户，政府不提供财务支持。第二，参与保险后的权利和义务是完全对称的。缴纳的经费只能用于养老金、医疗保健和住房费用，并且量入为出，支出与缴纳的金额相等。第三，政府给予较少的财政支持。只有当政府或私人管理的保险基金公司亏损时，政府才会予以支持和帮助，保证最低限额的收益。第四，保护水平以保险基金的投资收益为基础，根据投资收益的情况进行相应调整。第五，保险基金的运作形式分为两种：公共和私营。储蓄保险型农村养老模式主要遵循自我保障和自我管理的原则，鼓励被保险农民实现自我养老保障。由于政府提供了一些政策支持，其保险资金的回报率通常会高于银行利息的回报率。但是，储蓄保险型农村养老模式也存在缺陷，个人储蓄资金金额难以兼顾社会公平，并不能体现养老保险的保障功能。因为它已经失去了老年保障的共同利益，而且风险很高，所以不值得推广和效仿。

（四）英国：社会福利型农村养老模式

英国的社会保障制度分为两套制度：一套是社会保险制度，它几乎覆盖社会保险的所有领域，包括养老、遗嘱、医疗、伤残、事故和职业病以及失业等各个方面，社会保险不足的方面通过社会福利予以补充。另一套是社会援助制度，或者称为国民保健服务，它是向所有的居民包括在英国境内居住的外国人，提供免费的医疗服务。社会保障事业统一由政府管理，主管社会保障的机构是健康与社会保障部，负责这两套社会保障制度的立法、监督和资金筹集。英国的养老保险制度由国家养老金计划、职业养老金计划和个人养老金计划三个支柱构成。国家养老金计划包括"国家基本养老金计划"（Basic State Pension，BSP）、"第二养老金计划"（State Second Pension，S2P）和"养老金补贴制度"（Minimum Income Gurantee，MIG），其共同特点是由政府提供，并由政府承担兜底责任。职业养老金计划和个人养老金计划均属于私人养老金计划，采取市场运作的模式，目前英国67%的人参加了私人养老金计划。在英国，国家养老金仅能保证员工退休后的基本生活需要或者说最低生活需要，更高的退休待遇主要依靠职业养老金和个人养老金来满足。

1. 第一支柱：国家养老金计划

国家养老金计划包括国家基本养老金计划、第二养老金计划和养老金补贴制度。

国家基本养老金计划（BSP）。国家基本养老保险基金的资金来源于国民保险税，除残疾人等特殊人群可以免除缴纳外，雇主和年收入5000英镑以上的雇员均要缴纳。养老金领取年龄（法定退休年龄）为男性65岁，女性60岁（公共部门法定退休年龄男女均为60岁）。2010年前，女性和男性要分别缴纳39年和44年，才能在达到退休年龄后享受全额养老金（失业人员在失业期间可视同缴纳年限）。由于缴纳时间过长，2008年60%的退休女性和10%的退休男性未能享受到全额养老金。2010年政府将男性和女性的最低缴纳年限统一降至30年后，仍有25%的退休女性和5%的退休男性无法领取全额养老金。目前国家基本养老金的标准为每人每周102.15英镑。基本养老金标准根据物价水平相应调整，物价不变时则每年上调2.5%。近年来，由于英国社会平均工资增长率高于物价涨幅水平，国家基本养老金标准增幅相应低于社会平均工资增幅，其占社会平均工资的比例也在逐年下降，目前替代率仅为18%左右。

第二养老金计划（S2P）。所有缴纳国民保险税且没有参加职业养老金或个人养老金计划的雇员都将自动加入S2P。养老金水平约为雇员职业生涯中收入最好的 20 年平均工资的 25%，具体根据收入水平和工作年限确定。S2P 目前根据消费者价格指数进行调整。从 2012 年起将改为与工资收入增长率挂钩。政府允许雇员从这个制度中"签出"（也叫协议退出）至职业养老金计划、个人养老金计划等私人养老金计划中去。国家第二养老金与工资收入的比例逐步上升并稳定在 13%—18% 的水平。据统计，如果缴费满 40 年，对于普通收入者，第二养老金与国家基本养老金收入相当（替代率为 17%—18%）。对于普通收入者，国家基本养老金和国家第二养老金形成的第一支柱的最高替代率在 35% 左右。

养老金补贴制度（MIG）。这是一项由政府对已经领取国家养老金的贫困人口提供补贴的制度，经费来源于政府一般税收收入。通过提供补贴，使低收入老年人口达到国家规定的最低收入标准。主要包括三种形式：一是最低收入保障补助。退休人员养老金低于国家贫困线标准的，由国家补助到贫困线标准。英国贫困线标准为英国家庭收入中位数的 60%，2011 年的贫困线为每周 137.35 英镑。贫困线每年进行调整，由工作和养老金部负责公布。二是储蓄补助。为了鼓励员工在工作期间储蓄，政府对 65 岁及以上（女性 60 岁及以上）达到一定储蓄金额的人额外提供福利。三是特殊补贴，又分为财力调查补贴和非财力调查补贴。财力调查补贴包括租房补贴和市政税补贴，非财力调查补贴包括冬季取暖燃油补贴和个人看护补贴。

2. 第二支柱：职业养老金计划

职业养老金计划由私人和公共部门的雇主自愿提供，分待遇确定型（DB）、缴费确定型（DC）和二者混合型三种类型。截至 2010 年 3 月 31 日，这三种类型分别为 830 万人、150 万人、610 万人，主要投资于以股票为主的资本市场。所有公共部门和大多数大公司提供的都是 DB 型养老金计划，但由于 DB 型计划具有较大的成本风险，会因经济状况的变化而导致较高赤字，越来越多的大公司对职业养老金计划进行调整：一是改为 DC 型计划，雇员按照工资一定比例进行缴费，雇主进行投资，本金和收益在雇员退休后支付；二是仍然选择 DB 型计划，但通过和保险公司签订合同，风险由保险公司承担。公共部门的养老金计划也在酝酿调整。英国法律没有规定职业养老金具体的缴费比例。约 1/4 的职业养老金计划由雇主缴费，也有雇主和雇员共同缴费的，费率由雇主决定。政府对职业年金计划提供税收优惠，即缴费和投资阶段免税，领取阶段缴税。养老金计划必须在英国皇家税务及海关总署注册，以获得减税资格。为了防止将免税政策作为逃税的手段，对职业年金缴费有一定的免税额度要求。每人退休前可免税的职业年金缴费总额不能超过 150 万英镑，在这一上限内，缴费可以是雇员工资的 100%。由于第一支柱的国家基本养老金替代率较低，大部分人退休后的主要收入来源于第二支柱的职业养老金。截至 2010 年 7 月，仅 DB 计划的资产就高达 9210 亿英镑，DC 计划的资产也一直在大幅提高。参加职业养老金的人数占全部人口的 45% 左右，已经成为英国养老金体系中最重要的组成部分。目前，英国职业养老金的替代率约为 50%。

3. 第三支柱：个人养老金计划

个人养老金计划是一种个人自愿参加的 DC 型计划。英国法律规定，没有为雇员提供职业年金计划的雇主必须与一家或多家保险公司达成协议，使其雇员能够参加这样的计划。雇员可以在确定的保险公司和投资种类中自愿选择参加，雇主将为选择参加这些计划的雇员代扣应缴费用并向保险公司缴纳。同时，个人也可不经雇主而直接参加保险公司提供的 DC 型计划及寿险计划。政府为鼓励雇员参加个人养老金计划，对从 S2P 中"协议退出"的雇员，将国民保险税的 5.8%（雇员 2%，雇主 3.8%）转入个人养老金计划账户。这类计划的税收优惠政策与职业年金计划相类似。

4. 社区照顾

英国有两种社区护理方式："社区内照顾"和"由社区照顾"。"社区内照顾"是指政府直接干预的规范性养老，通常由政府、公益组织和其他组织提供。照顾工作者是通过相关机构培训的专业或半专业人员，服务的主要对象是无法照顾自己的老人。"由社区照顾"指的是政府没有直接干预的非规范性养老，通过血缘关系或道德维系，包括家人、朋友、邻居和社区志愿者提供的护理，而且服务的对象通常是有一定自我照顾能力的老年人。"社区内照顾"从预防和发展的角度为老年人提供护理服务，"由社区照顾"从补救的角度为老年人提供护理服务。社区护理主要包括以下服务：第一，居家护理。这是为居住在自己家中的老人提供的服务，他们无法完全照顾自己。这些服务通常是免费或低费用。老人们自己支付了一部分，而短缺部分是由政府弥补的。第二，家庭护理。这对老年人来说是一种在家接受子女全面照顾的养老方式，这部分老人一般生活无法自理、卧病在床，他们无法照顾好自己。政府规定，接受子女照顾居住在家中的老年人和专业机构照顾的老年人一样可以领取相同的补贴。第三，老人的公寓。服务对象是能够生活自理但无人照顾的老年人。老人公寓收费低，但数量有限，需要进行严格的资格审查。第四，老年人托养所，包括两类：一类是子女临时外出而暂时将老年人托养的机构；另一类则是生活已经不能自理而又没有人照顾的老年人托养所。政府在社区服务中发挥着主导作用，肩负着许多职能。一是制定相关法规和政策。政府负责为老年人养老资源进行宏观设计，制定社会福利基本原则，发布社会福利白皮书，制定相关社会立法。二是制定具体措施，指导政策的实施。为此，社区内设立了许多服务机构，以发展社区组织来完成这一职能。三是财政支持。政府将社会服务纳入社区和家庭，为这些服务提供财政支持。也就是说，最初由政府承担的社会福利和服务改为政府向社区和家庭支付，由政府来完成购买。四是监督和检查民间社会和私营部门。政府监督和检查社区和非政府组织提供的社会福利服务的水平和质量。五是宏观管理。面对庞大而又复杂的社会福利和服务体系，英国政府实行严格的宏观调控和管理，确保社会福利健康有序运行。

（五）日本：社会福利型农村养老模式

日本的社会福利型农村养老保险模式具有普惠性。养老保障制度的标准主要依据年龄来确定，而与居民的性别、职业等这些非年龄因素无关，统一的缴费标准和养老金支付标准都是按照"普遍适用性"原则来制定的，国家来负责解决养老金的支出。由于社会福利型农村养老模式主要依赖于政府的财政支付，因此也称为政府负责型的农村养老模式。在这种模式中，国家提供的养老保险待遇与社会劳动的参与和养老保险的缴纳都不再相关，只要属于全国人民且达到了法定的退休年龄就可以享受养老保险。社会福利型农村养老模式通常由发达国家采用。目的是通过调整经济政策，实现全民保障，保障农村老年人的养老，缓解社会矛盾，养老金来源主要是国家税收。日本是典型的社会福利型农村养老制度体系。其社会福利制度起源于第二次世界大战之后。1959年日本颁布了《国民年金法》。1962年，全国民养老基本得以实现，1985年日本又对国民养老金进行改革，变为向全体国民支付的基础养老金。日本的社会福利型农村养老主要依靠公共养老金制度设立公共养老金来保障基本的养老需要，由企业养老金和个人储蓄养老金来进行补充。根据日本的相关法律，所有养老基金必须由大藏省资金运用部管理和使用。社会福利型农村养老模式的特点如下：第一，保障对象具有普遍性。国家作为责任主体为所有公民提供养老保障；第二，它更能体现社会公平。因为社会福利型养老制度实行统一的养老缴费和给付标准，不存在非年龄因素的明显影响；第三，资金来源具有稳定性。养老保险基金主要由政府财政负担。社会福利型农村养老模式的优势在于操作简单，能实现最大程度的公平。由于政府收入的累进税制，它也可以在一定程度上改变大量社会财富被极少数人掌控的现象。当然，这种模式也存在一定的缺点与不足，为了确保福利支出，国家必须采取更高的税率，这给社会经济发展和政府财政都带来了很大的压力。与此同时，这种模式过分强调公平，放纵一群"懒惰的人"，人们容易滋生倾向于依赖国家和政府的思想。现阶段，全球进入风险社会，经济波动比较大，这种以社会福利为导向的农村养老模式面临巨大压力和严峻挑战。

二 国际农村养老模式对我国的启示

国际上不同国家在社会保障领域所取得的经验及其教训，都值得我国在社会保障领域进行总结和借鉴。目前，我国区域经济发展水平参差不齐，养老保障能力存在地区差异，在一定程度上阻碍了社会保障制度的建设。尽快建立全面的农村养老保障体系，促进国民经济又好又快发展，实现改革成果，造福十三亿人民，是国家和政府的主要任务，当予以充分的重视。20世纪90年代以来，我国政府高度重视社会保障建设工作，加快改革进程，已经基本建立了覆盖城乡的基本养老保险制度。但是，中国农村养老模式的发展还处于起步阶段。与国际成熟模式相比，有许多地方需要完善，是当前乃至未来农村养老发展研究的重要课题。"他山之石，可以攻玉"，以上几种国际上通行的农村养老制度为我国的农村养老提供了有益的启示。

（一）农村养老模式的选择必须符合国情

从各国不同的农村养老模式选择上，可以看出国情对农村养老制度的决定性影响。在学习和借鉴各国农村养老模式经验的基础上，绝不能生搬硬套，也要同我国的经济发展阶段相适应，与我国的国情相吻合。一方面，我国农民与其他国家特别是一些发达国家的农民在获得农村资源配置上存在很大差异。我国农民平均占有农村资源少，所从事多是小规模和碎片化的农业生产。而西方农民一般拥有大量土地，其农业的生产规模和效益都比较高。另一方面，农民占社会总人口的比重也不同。2016年，我国农村人口数量达到5.89亿，占全国总人口的42.65%，人均占有土地面积不足0.14公顷。相对其他国家，我国的农村养老压力巨大，短时间内无法实施像日本的福利型农村养老模式。在上面提到的几个国家中，农村人口占社会总人口的比重都相对较低。另外，虽然我国农村有着长期的家庭养老传统，但随着农村人口结构的变化，农村家庭子女数量减少，家庭养老负担增加，已经很难将农村养老完全交由家庭成员承担。另外，农村人均收入低，很难推广像新加坡式的储蓄型养老模式。由此可见，我国的经济发展水平和农业人口结构上与其他国家相比，国情不同。因此，在确定农村养老模式上，绝不能单纯地拿来主义，完全照搬。而要在借鉴各国农村养老经验的同时，结合我国的农村人口结构、经济发展状况和历史传统等特点，探索出一条具有中国社会主义特色的，符合国情和发展需要的由政府引导，农民积极参与的储蓄积累型农村养老模式。

（二）要构建起全方位多层次的农村养老体系

无论是社会保险型、社会福利型、储蓄保险型，还是社会救助型的农村养老模式，最终养老的责任都是由政府、社会和个人多方协调共同承担的。政府、社会和个人共同组成一个多层次的农村养老保障基础。政府主导下的农村养老保险体系和制度建设，是实现有效养老的保障，也是基础和前提；社会和企业主所积极响应的养老金缴纳行为，促进了农村养老保险工作的顺利推进；个人的养老意愿和养老需求是农村养老制度得以有效开展的根本。因此，在世界各国实行的农村养老保险模式中，一方面注重政府和社会主导下的养老保险基础作用，另一方面又积极引入市场竞争机制，发展商业化的养老保险模式，为农村养老事业发展提供多方位、多层次补充。总体来看，世界各国都非常重视农村养老保险建设，积极承担政府财政责任，注重农村养老的公平性。同时也鼓励市场竞争，探索把农村养老保险同市场发展相结合，促进养老基金的增值，提高利用效率。不同国家的农村养老保险模式都具有统一的强制性特征，也具有自愿性和多样性的特点。如在日本，农民可以参加"国民养老金"，同时，还可以自行选择参加"国民养老金基金制度"和"农民养老金基金"等。前者提供国家立法层面的强制性的养老基本保险，后者满足不同层次农民的高额养老保险需要。同许多国家不同，我国地域辽阔，区域间经济发展差异化较大，特别是农村地区，即使是同一个省份也存在很大的贫富差距。东部地区农村和西部地区农村的经济承受力很难一样，农民对养老保险的认识也不同。同时，农村群体所占有的资源也比较复杂，有被征地农民也有保有土地但不从事农业生产的农民。面对这些参差不齐的情况，很难设计出在全国各地普遍适用的农村养老保险制度。我们应该充分吸收和借鉴世界上其他国家的农村养老保险经验，建立起多层次、相互补充的农村养老保险体系，把自由选择权交给农民，满足农民基本的养老保障。

（三）要加大政府对农村养老保险发展的支持力度

无论是社会福利型还是储蓄保险型农村养老模式，政府都充当着规范和引导的角色，需要提供一定的资金补贴和政策扶持，农村养老的发展和完善离不开政府的支持。政府在农村养老保险制度的发展过程中发挥着主导作用，这不仅体现在通过立法确定农村养老保险模式和规范农村养老金的筹集、管理、给付等行为，还体现在政府对农村养老保险制度的财政补助和政策扶持上。根据相关资料显示，德国政府对农村养老保险所提供补助占农村养老保险总额的70%，是涉农预算的2/3；日本政府对农村养老保险的补贴额度超过农村养老保险支出的40%。这些国家对于农村养老给予巨额财政支持主要是基于以下几方面原因：一是为了实现农业发展的政治目标，全面提高农民的收入。无论是发展农业规模经营还是加快城市化发展，都需要把农民从土地中解放出来。为了彻底消除农民的后顾之忧，国家必须要拿出一部分财力来推动农村养老保险发展。二是农产品作为生活必需品，其价格的市场波动较小。受国际贸易规则制约，各国不能直接对农民发放生产经营性补贴，只好从补充农村养老保险的层面来提高农民收入，保障农民基本生活的需要。改革开放40年来，我国经济社会得到了迅速发展，各级政府对于农村养老保险也给予了一定补助。但是，现阶段的补助额度和政府支持力度还远远不能满足农村养老保险发展的需要。在一些经济欠发达地区，政府对农村养老保险所能给予的财政投入，多是以社会救济或最低生活补助的形式提供的，在针对农村老年人养老方面，各级政府的支出还很少。各级政府必须要强化责任意识，进一步加大对农村养老的政府支持和财力投入。

（四）要加快建立农村养老保险方面的法律法规

农村养老保险作为政府公共服务，政府要发挥主导作用，通过立法来规范农村养老保险的性质以及养老金筹集、管理、支付等行为，避免农村养老保险的随意性。世界各国在农村养老方面的实践证明，发展农村养老必须以法律为先导。如日本政府1959年就颁布了《国民年金法》。通过法律法规来规范农村养老主要有以下几方面好处：一是法律在规定参保人权利义务的同时，也规定了养老机构的权利和义务，方便社会监督。二是法律对受保的权利提供了必要的救济手段。我国的农村养老保险制度相对缺乏专门性法律法规，尤其是缺少具体的可操作性法律，导致许多农村养老保险制度得不到有效实施，产生主观性和随意性，影响了农村养老保险制度的效果。2010年，我国才颁布了《中华人民共和国社会保险法》，其中对农村养老保险的规定还不够具体详细，没有可操作性。世界上许多国家都专门针对农村养老进行了立法，我国也要尽快出台《农村养老保险法》，进一步以法律形式来规定和规范农村养老保险的筹集、管理和给付等，明确各级政府在扶持农村养老保险时的责任，保证农村养老保险基金稳定、科学、安全，使农村养老保险事业发展有法律遵循，操作规范，最大限度地避免农村养老保险执行的随意性。

（五）要发挥土地和家庭对农村养老的补充功能

土地是农民生存的根本，国家倡导农民的土地承包经营权不受侵犯，这从一定程度上给土地养老提供了可能。但随着农业经营成本上升，农产品物价下降，土地的保障功能受市场因素影响较大。因此，我国的农村养老需要土地养老和社会保险的共同配合，才能更好地实现养老保障。同时，传统的家庭养老也存在很大的不确定性因素。所以，客观地看，农村养老保险制度是根本，家庭养老和土地养老是有效补充形式。各级政府要从政策上给予扶持，鼓励农村土地养老和家庭养老发展，发挥其对农村养老的补充作用。

第二节 乡村振兴战略下农村老年人社会养老保险制度的模式选择

中国新型农村社会养老保险制度相对于以前的农村养老保险制度来说，存在的最大区别就是政府对农民缴纳的社会保险费进行了补贴，而社会养老保险制度模式包括了养老保险基金的筹资模式、管理主体和基金的缴费方式三个方面的内容。实际上，农村社会养老保险制度的模式选择也就是在基金的筹资模式、管理主体和基金的缴费方式这三个方面进行甄别选择。而综观国内外的理论分析和社会实践，可以发现筹资模式主要有积累制、现收现付制和部分积累制三种，管理模式主要有两种：政府管理和市场化企业管理，缴费方式也主要是两种：强制性缴费和自愿缴费。现实中这三个方面组合的任何一种模式都在不同国家客观存在，无论是哪种模式都有其合理性和局限性，所以到目前为止，仍然没有足够的理由来完全肯定或者否定哪一种社会养老保险模式。虽然关于社会养老保险模式的争论存在已久，但不同的视域往往引发对不同目标的不同关注，从而难以得出完全一致的政策结论。20世纪90年代，我国开展的农村社会养老保险试点项目，选择的是完全累积制筹资模式，采用了政府管理模式和个人自愿缴费方式。而现在我国城镇社会养老保险则是通过对计划经济制度下现收现付制的改革，确立了强制缴费和政府管理基础上的部分累积制度。2009年9月，全国10%的县开始进行农村社会养老保险制度的试点工作，采用的筹资模式是"社会统筹与个人账户相结合，个人缴费、集体补助、政府补贴相结合"。对于农村社会养老保险模式是否合适，需要以目标为导向，综合分析了实现目标的手段、选择模式后可能产生的收益和损失，以及政策结果与经济效率、社会公平等目标是否存在冲突，来全面系统地衡量政策成效。

一　养老保险的筹资模式选择

选择养老保险筹资模式的三个决定性因素如下。

1. 经济增长

养老保险基金筹集方式最基本的决定因素是这种模式是否能够有效地实现养老保险制度的目的。养老保险制度的最直接、最终的目标是当个人丧失劳动能力时，可以得到维持生活所必需的资源和就医、文化娱乐等方面的服务。对于老年人来说，社会有足够的能力提供这些产品和服务是非常重要的，至于这些产品或服务是以货币形式间接提供还是通过其他途径直接提供，则并不那么重要。在现代社会中，获得产品或服务的有效方式是通过货币来进行购买。因此，社会养老保险制度是一种为老年人提供一定数额资金的经济制度。对货币性质的理解成为选择社会养老保险制度筹资模式的基础。事实上，货币是现代经济生活与所有经济关系基础的纽带。

诚如马克思所描述的那样，现代货币纸币、电子货币等是"金的符号或货币符号"，它们本身没有价值，只是"靠强制流通得到这种社会公认的"价值载体。从这个意义上说，货币实际上是一种以国家经济实力为后盾的契约，其本质是占据社会财富的权利工具。从静态的角度来看，在社会财富和社会资金总量确定的情况下，拥有更多资金的人意味着他们可以拥有更多的社会财富。这里财富的含义通常与金融市场不同。如果社会的总财富保持不变，每个社会成员持有的资金数量增加一倍，每个成员持有的社会财富份额依旧保持不变，得到的满意度也不会改变。作为养老保险的两种筹资制度个人积累制和现收现付制，最终支付给老年人的都是货币,即在一定时间内占有社会财富份额的权利,从本质上讲并不存在区别。对于老龄化危机,没有逻辑表明一个系统优于另一个系统。如果现收现付已经引发养老保险的公共支付危机,在社会总财富充足的情况下,充其量只表明全社会财富权利分配的不平衡造成老年人的权利缺乏,而社会其他成员占有的权利太大,可以通过其他政策手段来改变,从逻辑上来说,积累制很难实现这个作用。如果社会财富总量不足,那么积累制或现收现付制都将无能为力。所以,对于养老保险制度而言,最根本的要求是实现社会财富经济的持续增长,以满足老年人物质和服务的需求,选择有利于经济增长的融资模式就成为重要的标准之一。

2. 平稳增长的个人可支配实际收入

随着年龄的增长,老年人在食品、服装、医疗、交通和住房方面的实际支出将不断增加。特别是医疗服务的开支会大幅增加,导致整体开支的上升。而且从全球的实践来看,医疗服务支出的增长速度将远远高于经济增长的速度。因此,对于老年人来说,除少数通过其他资产获得更多收入的人外,他们大多依靠家庭和老年人社会保障制度来获取收入。从本质上讲,大多数老年人对社会制度特别是养老保险制度提供的收入具有非常大的依赖性,如果不能从社会养老保障体系中按时获得收入,他们的正常生活必将受到严重的影响,这正是养老保险制度发挥作用的重要前提,也是收入平稳性的一个方面。平稳性的第二个方面是,老年人通过养老保险制度获取了货币收入,还要确保老年人生活水平的稳定。如果货币购买力下降,每个老年人的货币收入必须不断增加,才能抵消货币购买力的下降。一般来说,由于生活必需品和医疗服务实际需求的增加,个人可支配的货币性收入增长速度应该高于货币购买力下降的速度。所以,平稳增长的实际收入是选择筹资模式的第二个决定性因素。

3. 促进社会稳定

许多人认为，养老保险作为社会保障制度之一，理所当然地具有稳定社会的功能。其实这种观点具有一定的片面性和局限性，社会养老保险被视为社会保障制度不可分割的一部分是因为建立这一制度的目的就是为了稳定社会，相应的制度结构和制度设计也是围绕这个目的来进行的。例如，1889年德国建立的"老年和残障保险"制度仅限于工人，由雇主和雇员平均分摊费用，政府只提供补贴。这种模式不仅使工人得到安抚，而且对其他社会阶层的经济利益也没什么损害，从而促进了当时德国的社会稳定。然而，包括养老保险制度在内的任何制度的建立或改革，实质上都是财富分配权利的变化，在打破了现有的财富分配格局的过程中，既有利益获得者也有利益受损者，因此可能引起利益受损者的不满，从而造成社会不稳定。因此，在养老保险筹资模式的选择过程中，需要考虑社会稳定因素。

另外，一旦建立了新的社会养老保险筹资制度，领取养老金的老年人的权利就相对稳定。这意味着老年人不仅可以获得制度规则确定的养老金金额，而且金钱的购买力也不能发生较大幅度的贬值。否则，作为社会保障网的社会保险制度非但不能促进社会稳定，反而成为影响社会稳定的消极因素。这在历史上出现的经济危机中表现得很明显，许多老年人不得不重新进入劳动力市场寻找工作，导致了整个社会结构的失调。所以，社会养老保险制度应该是一个相对独立的、稳定的封闭系统，外部环境的变化对其产生的影响应该较小。

二 农村社会养老保险制度的筹资模式选择

根据缴费与养老金支付的关系，养老保险基金的筹资方式可分为现收现付制、完全积累基金制和部分积累制三种。现收现付制是以正在工作的一代人的缴费来支付同一时期已经退休的一代人的养老金的制度安排。它以当年或近期内资金收支的横向平衡为原则，以收定支，不留积累或很少积累。其显著特点是"代际赡养"，即由当前工作的一代人供养退休的一代人，互济性非常强。优点是不需要留有较大规模的养老储备基金从而容易操作，而且基金的平衡受通货膨胀和利率波动的影响比较小。但是，受人口结构变化的影响很大，当社会老龄化严重时，就很容易产生支付危机。

完全积累基金制指的是劳动者在工作期间以固定缴费率在养老金账户上积累资金，由基金管理机构对私人账户进行统一投资管理，劳动者退休后按个人账户积累的基金数量从个人账户上领取养老金。这种制度以远期纵向收支平衡为原则，其特点是"同代自养"，即劳动者在工作期间就为自己将来退休时期的消费做准备。其优势在于受人口年龄结构的影响较小，个人缴费的多少与退休时收益直接挂钩，可激励个人的缴费积极性，还可将积累的养老基金投入资本市场，促进经济的增长。但是，这种模式的管理成本较高，互济性弱，不具有代际和代内收入再分配功能，同时基金容易受到通货膨胀和政治经济波动的影响，存在较大的贬值风险。

部分积累制是将筹集到的资金的一部分按现收现付原则用于支付当前退休者的养老金，剩余部分为现在的劳动者预留，用于他们未来的养老金支出。从本质上讲，它是将短期横向收支平衡与长期纵向收支平衡结合起来，是前两种模式的兼收并蓄，吸纳了两者的优势。例如，它积累的基金规模在两者之间，这不仅可以避免现收现付制度下人口老龄化造成的财政压力，还可以在一定程度上保留社会保障制度的再分配功能。但是，部分积累制度不能完全克服现收现付制和完全积累基金制的缺陷，而且其计算过程非常烦琐。

从全球养老保险模式分布来看，现在大多数国家的农村养老保险制度都采用了现收现付制。但是，随着世界银行倡导的多支柱养老保险模式的发展，一些国家开始对农村养老保险制度进行改革。目前的趋势是在"第一支柱"即现收现付制农村社会养老保险的基础上，建设"第二支柱"即完全基金积累型农村养老保险制度。由此可见，任何一种筹资方式都有各自的优缺点，应该根据各国或各区域的实际情况进行选择。我国农村社会养老保险采用的筹资方式实际上是现收现付制和完全积累制的组合，也就是部分累积制。养老保险基金的筹资方式可分为完全由个人缴纳，集体企业缴纳以及国家、集体和个人共同负担。我国现在采用的是国家、集体和个人共同负担模式，它克服了传统农村社会养老保险融资方式的不足，适合中国的农村实际情况，具有一定的先进性，应该继续坚持。

三 养老保险的基金管理模式选择

一般而言，养老保险基金的管理模式与筹资方式关联密切，政府管理通常意味着通过强制手段筹集资金，而市场管理则意味着自愿缴费。当然事实也并非完全如此，例如许多拉丁美洲国家的养老基金由市场管理，但通过法律强制缴费；法国的养老保险基金由政府进行管理，而缴费却遵循自愿原则，由此可见，不能照搬国外的经验。那么，如何选择中国农村社会养老保险基金管理模式和缴费方式，从管理的角度看，模式和方式的经济效率应该是选择的标准，可以从三个方面加以掌握，一是管理模式和缴费方式本身的运作应该是成本或费用最低的；二是对养老保险制度的影响；三是对经济增长的影响。

(一) 政府管理的利弊分析

世界各国的实践经验表明，政府机构在管理社会保障基金方面的效率高于私营部门。这有如下几个原因：第一，市场管理中存在广告和营销成本；第二，市场管理未能完全达到规模经济的水平，特别是在有许多小型机构管理社会保障基金的小国家中，这种情况比较常见；第三，市场管理规模太小，无法容纳足够数量的基金管理公司在市场上相互竞争；第四，由中央政府管理并进入市场运行的资金面临的限制，原则上比私营养老金体系下的资金所面临的限制要少。

但是，政府管理也存在一些缺陷与不足，主要表现在治理能力薄弱、行为不当并存在一定的风险。治理能力薄弱主要是表现在法律规则的执行不力，以及惩罚违法行为和犯罪行为的能力欠缺。不当行为主要表现在以下几方面：第一，未履行监督雇主的义务，放任雇主违约或拒绝支付雇员的费用，或未履行提供资金的义务；第二，强制性要求社会保障基金投资在没有回报或低回报的公用事业领域，这意味着该基金阻碍了经济增长，并减少了退休人员的养老金收入；第三，要求养老储备金必须在没有补偿的情况下存储在政府银行中，或者拒绝提供合理比例的回报。新加坡政府对中央养老基金的投资管理非常有效，但还是存在一定的政治风险：第一，实际投资运作缺乏透明度和分散性，投资回报率不是很理想；第二，中央养老公积金在外国投资中的很大一部分回报，实行优先权归政府所有。在马来西亚，员工的养老公积金积累已主要通过公司债券的形式被用于政府负责的私有化和各种制度，这其中包含无效的资源分配。因此，如果政府部门直接管理养老保障制度，就必须建立公共监察和公共协商机制。还有一些财务问题，无论是来自雇主、雇员的缴费，还是来自中央政府的税收或公共支出，在实践中很难将筹资制度分离出来运行，如果政府管理层影响治理水平和投资效益，将影响制度的管理绩效。

（二）市场管理的得失

养老基金的市场化不仅可以减轻政府的财政负担，还有助于简化政府机构和职能，使个人对自己的养老金福利负有更大的责任。私人基金管理公司和保险公司可以蓬勃发展并帮助创造更具竞争力的市场经济。拉丁美洲的经验表明，基于市场的养老金保障通常比发展中国家的公共安全管理得更好，因为管理人员的能力很强，他们中的许多人是来自公共领域的出色人才，并且拥有特定领域，如财务管理或数据程序等领域的丰富经验。

市场化管理的第一个问题是养老基金的管理不能完全避免政治风险。例如，政府要求养老基金购买一定数量的政府债券。事实上是强迫养老基金补贴政府的财政。人为风险在市场化管理中也大量存在，发达国家的经验表明，私人养老金管理人员有很多方法可以改变养老金的投资方向，将其挪作他用，甚至欺骗性地将其投资于不存在的商品或服务，而不考虑预期回报率。近年来，英国的私营部门在管理缴费确定型养老金方面一直存在欺诈行为以及执行不力等问题。养老金推销员为了完成任务，想尽一切办法游说人们购买他们公司的产品，为达到个人目的甚至不惜将消费者置于风险之中，这会使购买养老金产品的个人损失本应属于他们自身的养老金收益。市场化管理的第二个问题是管理养老金保障的私营部门必须具有较高的缴费率，加重了雇主和雇员的负担，这将导致纳税资源的减少。同时，私人管理层容易受到股东、保险经纪人和投资管理公司的影响，很难确保社会保障基本原则的实施。因此，如果允许私营管理公司经营养老基金，政府必须建立防止腐败或滥用养老金的机制。

（三）农村社会养老保险的基金管理模式选择

中国的城镇养老保险基金管理模式由管理机构下属的一个经办

机构来执行，该机构名义上是全额拨款的事业单位，实际上是一个具有一定行政职能的机构。名义上，决策权由行政管理机构制定，执行过程由经办机构负责。事实上，行政机关和行政机关之间的人员可以相互流动，因此，决策和执行之间没有截然分开。同时，它也使这些经办机构缺乏独立运作的权利。虽然政策和法律赋予社会保障经办机构一定的自主权，但在现实生活中却缺乏这种自治效应。一些机构的管理方式不科学，有烦琐的文件处理和验证程序，没有有效的分权和授权机制，导致工作效率低下，难以实现制度的目标。通常在程序设计过程中，人们希望尽可能规避失误、滥用或内部欺骗，但在设计了太多的限制程序后，事情就可能会背离预期方向。此外，社会保障人员的素质、培训和人员管理水平也存在诸多"短板"，导致服务质量低下。许多公共社会保障机构的人员过多往往是政治干预的结果。这些情况的出现实际上是资源的低效利用。

新型农村社会养老保险制度与城镇养老保险存在诸多的相似之处，根据筹资模式的特点，我国农村养老保险的管理模式应与之相协调，又要具有一定的创新性。对于社会统筹部分的资金，应该坚持政府管理，采用财政收支两条线管理的方式。对于个人积累的部分，无论是强制缴费还是自愿缴费，都应该进行市场化管理，通过资本市场运作，确保基金的增长与经济增长和货币供应的增长保持同步，保障老年人的权益。同时，应加强相关的管理制度和规定，以防范风险的出现。

四 养老保险的缴费方式选择

用于养老保障的强制性缴费是基于个人的支付能力，无论参保人是有疾病和残疾，还是有可靠的亲属支持，这些个人风险的大小都不影响所有参保人实行统一的费率。无论缴纳多少费用，被保人的份额都是统一的。调整和重新分配人们在系统内的利益可以为低收入人群设定较低的缴费率。在强制性个人账户计划中，雇主自雇人员可由本人代缴费用。雇主可以将缴费与其他税收一起交给税务当局，或直接转给投资管理者。前者具有业务和政府成本最小化的优势，而后者具有直接资本流向投资管理者的优势。强制性制度中的私人管理人员有时会面临干扰式的监管制度，政府通常会严格限制他们持有的资产类型。极端的投资组合限制可能严重阻碍市场竞争或选择，政府可能会操纵政策，迫使私人基金按他们的计划进行投资。

在中国农村，基于农村的现实情况以及其他各种影响因素，所有社会保险项目当前均采用自愿缴费的方式，这对农村经济形势发展和维护社会稳定是很有必要的。但从长远来看，为实现社会保障制度的稳定，应该逐步从自愿缴费过渡到强制性缴费。总之，采用部分累积制度作为总体方向的融资模式是正确的，它吸收了现收现付制和完全积累制的优势。同样，管理模式应与筹资模式保持一致。缴费中的个人或集体部分应由市场管理，以提高资金使用效率，但政府应对其进行监督。鉴于中国各地农村经济发展存在巨大差异，可以实施差异化的制度措施，富裕地区应采取强制性缴费措施，中低贫困地区应采取自愿缴费方式。但是，随着农业生产力的提高和农民收入的增加，未来社会保障应逐步采用强制性缴费方式，农民专业年金层面可以采取自愿缴费方式。

第三节　加快农村商业养老保险的发展

充分发挥农村养老保险的作用，离不开商业养老保险的全面发展。因此，目前要大力发展农村商业养老保险市场，激发农民保险意识，调动保险公司开拓农村养老保险市场的积极性，鼓励保险公司实施制度和产品的创新，促进农村商业养老保险市场的发展，进入农村商业养老保险发展的新阶段。

一　宽松的财政税收政策

《中共中央国务院关于推进社会主义新农村建设的若干意见》指出，建设社会主义新农村的重要举措之一是建立和完善各种形式的农村社会保障制度，按照经济发展水平逐步增加公共财政对农村社会保障制度建设的投入。如果政府加强对农村商业养老保险的支持力度，予以适当的补贴，农村商业养老保险将迅速发展。从经济意义上讲，资金对项目的持续投资将出现边际收益递减的现象。因此，从效率的角度来看，国家可以从其他项目的补贴中转移部分资金用来补贴农村商业养老保险的建设。

税收特别是个人所得税具有改变个人可支配收入和分配消费的功能。降低税率可以增加可支配收入，从而刺激消费。递延税收则可以增加当前消费。这些效应也适用于农村商业养老保险。上海启动个人税收递延型养老保险产品试点项目，这是中国税收政策引导商业养老保险制度建设的开端。在农村地区可以实施相应的税收激励政策，调动保险公司开拓农村商业养老保险业务和农民参保的积极性。

二　完善适应中国农村特点的保险监管制度

由于我国农村地区经济相对落后，人均收入低，居住的地理位置分散，导致保险营业和结算成本的提高。为适应这种形势，农村保险监管应在以下几个方面取得突破。

（一）适当放宽市场准入制度

鼓励和支持有农村分支机构的企事业单位设立农村保险公司，例如中国电信、邮政和农业推广部等部门。这些部门长期服务于农村地区，可以充分发挥网络成熟、机构众多和深入基层的优势条件，开展保险业务，降低保险业务成本，快速扩大农村商业保险的覆盖范畴。

(二) 农村保险营销体系的创新

适当放宽农村保险销售人员资格，实行农村保险销售人员分级分类考试、产品销售资格考试等制度，加强销售行为管理，探索兼业代理资格直接申报和分类监管制度，加强与银监局等监管部门的沟通，充分发挥职能部门的管理作用，共同努力实现对市场的有效监管。在这方面，农村保险营销体系的创新已经取得了一些突破，例如保监会2008年出台了农村保险营销员资格分类管理制度。

(三) 积极推进信息化管理

当今社会已经进入了大数据时代，信息技术的发展为人们的生活工作带来巨大的便利，发展农村商业养老保险也离不开信息化的管理体系。应该建立专门农村地区的商业统计分析系统，重视养老保险业务重要信息和统计数据的收集与应用，开发养老保险数据处理系统的软件，逐步建立覆盖市、县、乡的养老保险基础数据库，实现三级联动，共建共享，及时地反映养老保险的变化状况。同时，监管机构需要与政府统计部门合作，推动各方面基础数据的收集和应用，以便快速了解最新的市场形势，防范运营风险，提高监管效率和监管质量。

(四) 建立适合农村客户的投诉渠道和机制

随着人们质量意识和维权意识的提高，需要有合理的信息反馈和投诉机制。商业保险机构应该主动加强与投保农民的交流与沟通，了解农民的思想和要求，及时回答农民的咨询，提出相关的建议和指导，帮助农民解决投保和索赔过程中遇到的问题，提高农民对商业保险的认同度，激发他们参与保险的积极性。

三 加强农民风险意识和保险意识的培养

如果没有风险意识,也就难以产生保险需求。深化农民对风险和保险的理解是将潜在保险需求转化为有效保险需求的重要途径。因此,应加强这方面的宣传和教育工作。作为一种准公共产品,教育宣传需要各方共同努力。

(一)保险公司加强风险和保险的宣传教育活动

风险和保险知识的宣传和普及应被视为企业社会责任的重要组成部分,不应从纯粹的成本、收益概念中加以考虑。由于农民的保险意识的增强有利于整个行业的发展,而不仅仅是某一家公司,而实际上宣传教育的成本往往由某一家企业承担,因此明确宣传教育的社会责任性质是非常重要的。事实上,许多保险公司都在这方面树立了榜样。例如,近年来,中国人寿新疆分公司通过举办乡村歌手大奖赛和"万村千乡送电影"等活动,在宣传和普及保险知识方面取得了很好的成绩。同时,它也在农牧民的心中树立了自己的形象。

(二)保险宣传教育应由政府主导

保险宣传教育具有公共物品的特征,各级政府有义务和责任开展保险宣传教育,普及风险和保险知识,启发农村居民的保险意识,为农村商业保险的发展奠定坚实的思想基础。近年来,浙江和云南等省以政府为主导,多方参与,积极推进"农村保险示范村"建设,扩大保险业务渗透率。这种经历值得在广大农村地区普及推广。

(三)保险宣传教育形式接近农村生活

宣传教育形式应来源于生活。可以开展贴近农民生活的社会公益活动,通过广播、电视、农村文艺活动等形式和渠道,对人们喜爱的事例进行宣传。例如,根据农村和农民的特点,通过宣传单、黑板报、流动宣传车、投影、墙报、幻灯片、人员讲解以及当地报纸、电视、广播等多种方式进行宣传教育;也可组织各种形式的文艺宣传队，深入农村地区，在田野、集市等地，通过小品、话剧、二人转、当地剧种等丰富多彩、生动活泼、广大农民喜闻乐见的文化娱乐活动，宣传保险知识，提供咨询服务；还可以结合有一定影响力的重大保险理赔事件和保险公司开展的社会公益活动，通过典型引路、示范先行的方法，进行重点宣传。

四 增加农村商业养老保险的有效供给

（一）紧紧依靠当地政府及有关部门的支持和配合

农村地区由于信息来源渠道的限制，很多农民的决策都会受到周围人群的影响，产生从众效应，即所谓的"村看村，户看户，群众看干部"。提高干部的保险意识，提高干部的参保率，就可以形成业务的"突破口"，村民会跟随干部参加保险。所以，保险公司应争取地方政府的支持和帮助，先重点发展村干部和有条件的农民参加保险，然后逐步推广到一般村民，提高整体的参保率。

（二）积极开展适合农民需求的产品创新

创新是推动人类社会不断进步的根本力量。保险公司应在产品设计和开发方面下功夫，根据不同地区农民的消费水平和习惯进行设计和开发。设计保险产品的基本原则是"低保费、保障适度、保单通俗易懂、投保核保理赔简便"，这样才能激发农民群众参保的积极性。农村小额人身保险产品已成为菲律宾、印度和孟加拉国解决农村人口风险的有效手段。"他山之石，可以攻玉"，借鉴他国的成功经验，我国自2008年以来在多个省（自治区、直辖市）开展了农村小额人身保险业务项目，农民的购买积极性很高，业务取得了良好的进展。但是，目前农村小额人身保险业务的项目种类有限，大多集中在意外保险和定期人寿保险上。未来应重点开发以下三类产品：产品费用低、可大大降低逆选择、体现互助共济功能的团体养老保险产品；可降低承保成本的、满足农民急需的医疗、养老、意外、少儿、部分家财等保障的"一揽子"保险产品；在保费支付上可变的灵活付费的储蓄性产品。

（三）积极探索创新销售和服务的新模式

保险公司应该积极探索服务新模式，降低保险营销的成本，让更多的低收入人群能够买得起适合自己需要的养老保险产品。在保持银行邮政代理、个人代理和团体保险直销三大渠道的同时，还要注重开拓适合销售小额保险产品的营销渠道，如网络直销、电话直销、手机直销、电视直销、信函直销等。深入挖掘现有农村社会服务网络，拓展保险服务渠道，发展遍布乡村的农业基层组织或机构，如种子公司、供销社、合作社、化肥公司、计生站、卫生所、农机站、畜牧站、农村金融机构以及邮政储蓄网点等单位作为保险公司的兼职代理，从事保险产品的营销和服务。

（四）完善农村销售和服务网络

保险公司需要积极发展"区有保险服务所、乡有保险站咨询点、村有保险协保员"农村三级保险服务网络，开展上门宣传推广、签单收费、理赔服务等工作，完善保险业务的宣传、发展和售后服务。完善理赔程序，简化理赔手续。建立起保险咨询、查询、投诉、报案、挂失、回访全面有效的客户服务体系，改进理赔程序，简化理赔程序，提升服务水平。

第四节　完善农村老年救助制度

一　政府承担老年社会救助的主要责任

公正、公平、共享是当代社会的核心价值理念，农村老年人救助制度的建立和完善首先应该明确政府的基本责任。特别是中央政府的政治地位和财政能力，决定了中央政府是社会救助最重要的责任主体。随着社会保障制度的发展，社会救助已经不再是偶尔的慈善行为，而是一项保护基本人权的稳定性社会制度。这种社会制度只能由掌控社会公共资源、代表社会公共权力的政府来承担。但需要指出的是，政府保障的是公民基本生活，而不是全面提供高水平的社会福利，西方福利国家的建设就曾在这方面出现了问题、遭遇了挫折。政府和社会有责任优先满足低于或接近底线的群体的基本需求，包括解决温饱的生存需求、公共卫生和医疗救助的健康需求、基础教育的发展需求等，这些基本需求的满足关系到底层群体的生存问题，也关系到社会的稳定，政府必须予以保障。同时所有公民在这个底线面前拥有的权利是一致的，这种基本需求的保障最能够显著地提高社会公平的整体水平。

其次，中央和各级地方政府应加大对农村老年人救助制度的财政投入，特别是中央财政向中西部地区、老少边穷地区的转移支付，为老年人的救助提供充足的资源，保护农村老年人的基本生活权利。同时，要积极发动社会力量，拓展多种筹资渠道，减轻中央和各级地方政府的财政压力。一是积极鼓励社会捐赠，最大限度地寻求社会各界的帮助和支持；二是完善跨区域转移支付方式，将富裕地区的资金转移到贫困地区，对国内资源进行合理的调配，完善跨地区的横向转移支付制度。

最后，完善农村老年人救助的相关制度建设。需要做好以下几方面的工作：一是尽快制定和颁布《社会救助法》，使老年人救助工作有法可依，使各项工作合法化、规范化；二是制定和发布《农村最低生活保障条例》及其实施的细则，确保制度的稳定性和可操作性；三是完善老年人救助机构的建设。根据农村社会救助工作的实际需要，在精简机构、提高效率的前提下，合理配置农村社会救助机构的人力资源，确保资金配置充足，确保老年人救助工作的顺利开展。

二 建立有效衔接的农村社会救助体系

建立健全农村社会救助体系，需要在农村最低生活保障制度的基础上，有机整合农村最低生活保障制度、"五保"制度和农村医疗救助制度，合理衔接城乡居民基本医疗保险制度，形成一个全面的农村老年人社会救助体系，构建保障农村贫困老年人群基本生活的社会安全网。例如，湖南省永州市探索将集中供养且登记为城镇户口的"五保"对象纳入城市低保范畴，参照城市低保对象管理；分散供养的"五保"对象作为农村"三无人员"与其他特困对象一起，纳入农村最低生活保障范围。在保障"五保户"和低保户基本生活的同时，还要考虑他们的卫生保健问题，为他们制定享有医疗救助的具体优惠措施，以避免"因病致贫""因病返贫"现象。对于低保线之上但又未能纳入低保范围的低收入人群，应建立分层次的梯度贫困评估体系，根据其贫困程度的差异给予公平、合理、科学的救助配额。例如，将贫困人群分为九个等级，第一等级的贫困人群可以领取90%的医疗救助费用，第二等级的贫困人群可以领取80%的医疗救助费用，以此类推，贫困程度越低，能够领取的医疗救助费用越少。非贫困救助对象则需要通过参与城乡居民基本医疗保险或者商业医疗保险来获取保障，从而缩小低保对象和非低保对象在医疗救助中的救助差距。

农村社会救助体系的构建是一个全面系统的复杂工程。作为社会救助主管部门的民政部门应该主动协调与卫生部等有关部门的关系，统筹农村医疗救助的相关工作，充分利用城乡居民基本医疗保险提供的公共服务，发挥医疗救助体系在农村基本医疗保障体系中的补充作用。老年人由于身体机能的退化，成为疾病多发群体，医疗消费需求大，但同时他们又是医疗消费中最困难的人群。在城乡居民基本医疗保险制度的帮助下，医疗救助可以为贫困老年人提供最基本的医疗服务。城乡居民基本医疗保险制度无法报销的医疗费用可以通过医疗救助渠道予以补偿，解决符合医疗救助条件的贫困老年人的医疗问题。同时，扩大农村重病、大病人群的医疗救助范围，特别是为重病、大病的农村老年人建立专门的救助基金。

三 建立普惠型老年津贴制度

为了实现公共服务的均等化，增强人民群众的获得感，有必要在农村地区建立普惠型养老津贴制度。目前我国已经开展了相关的试点工作，如北京、上海、天津、宁夏每月给80岁及以上的老年人发放高龄津贴，但具体标准存在差异。民政部于2010年在全国范围内统一了高龄津贴制度，凡80岁及以上的老年人均可享受。随着社会经济的发展，建议将高龄津贴年龄标准调整到70岁，这个年龄标准的调整不仅具有现实可行性，而且非常有必要。根据专家的估计，如果为70岁及以上的农村老人每人每月发放50元，建立社会普惠型养老津贴制度所需的资金总额很大，但占同期财政支出的比例却并不高。一般来说，70岁及以上的农村老年人一般都无法从事生产劳动，基本没有收入来源，容易陷入贫困境地。世界银行1994年的报告指出，普通保障型养老金的管理结构简单，交易成本较低，适用于金融机构不发达、员工工资等基本信息不足的发展中国家，还可以避免收入测试制度对工作和储蓄的负面影响，有利于实现消除贫困的目标，从而获得广泛的政治支持。因此，发放保障最低生活水平的普惠型老年津贴，是目前比较快地解决老年人生活贫困的有效举措。

四 完善农村最低生活保障制度

农村最低保障制度是一项"保底"性质的制度，旨在确保包括老年人在内的所有公民的生活水平能够达到当地最低基本生活标准。只要实际收入低于最低生活保障线，符合低保条件的群体，就应该能够享受最低生活保障。中国农村老年人和儿童的贫困发生率高于其他年龄组。2007年，农村贫困率为1.6%，65岁及以上的农村老年人贫困率超过2.2%，主要原因是老年人逐渐丧失劳动能力，需要依靠其他家庭成员来供养他们。因此，在核定保障对象时，应重点关注贫困的老年人口。另外，建议采用"参与式贫富排序"的方法来确定最低生活保障的对象，即按贫富程度对农村社区中所有农户进行分类和排序，找出谁是村里最贫困的家庭，谁是村里相对富裕的家庭，哪个村子里困难户多，哪个村庄相对富裕。这个方法的优点在于它可以减少或避免测量中的主观因素，目前已得到广泛的使用。许多国际机构（如世界银行）和非政府组织在贫困评估和发展项目（如小额信贷项目）中采用的就是这种方法。

各地应立足本地的社会实情，通过广泛、客观的调查研究，测算出当地最低生活消费水平，按照"低标准、广覆盖"的原则科学合理地设计农村最低生活保障标准，不仅要确保农民最低基本生活的物质需求，还要适应当地经济发展水平和财政承受能力，缩小城乡救助的差距。同时建立自然增长和动态调整的机制，确保所有人享有基本的生活保障。

五 完善"五保"供养制度

"五保"供养制度对我国农村无劳动能力、生活无保障的群体发挥了良好的保障功能，在新的时代背景下，需要对"五保"供养制度进行进一步的完善。

第一，鼓励"五保"供养形式的创新。重庆以乡镇敬老院集中供养为依托、村级"五保家园"相对集中供养为主体的集中供养方式改变了单纯的以敬老院为依托的集中供养模式；湖北以乡镇福利院为主体，以少数经济状况较好的村办福利院和民营福利院、养老院为补充的集中供养方式；以及广西"就村而建、集中供养、一家一户、自我服务、自我管理"的"五保村"方式都值得学习与借鉴，各地应根据自身的实际情况，积极创新"五保"供养方式。

第二，加强投入，做好"五保"供养硬件设施的建设，强化服务和管理。应通过加大政府财政投入、发动社会力量或发行福利彩票等多种方式，积极广泛筹集资金，对原有敬老院进行改建、扩建，或新建敬老院，特别是村级敬老院、"五保之家"的建设，以满足农村老人不愿离开熟人环境的养老需求并加强对现有敬老院、"五保之家"的管理。

第五节 建立健全农村老年医疗保障制度

根据国家的财政支付能力和疾病对老人健康的损害程度，医疗卫生可以细分为基本医疗、准基本医疗、重大疾病医疗以及特需医疗，针对不同类别的性质应该采取不同的医疗保障形式，而且在不同的社会经济状况下，基本医疗的水准也存在区分。就目前经济发展水平和财政支付能力而言，我国应建立健全面向农村老年人的多层次医疗保障制度体系，基层医疗卫生机构以提供公共卫生服务、常见病和多发病的诊疗为主。

一 加强农村多层次医疗保障之间的有效衔接

在建设"健康中国"过程中，农村老年人的医疗卫生工作不容忽视。城乡居民基本医疗保险、农村医疗救助制度和商业医疗保险构成了多层次的农村老年人健康保障体系，这些制度的有效衔接才能充分满足农村老年人的多样化健康服务需求。

(一) 正确处理城乡居民基本医疗保险和医疗救助之间的关系

城乡居民基本医疗保险和医疗救助之间存在密切的关联性,同时又有各自的侧重点。城乡居民基本医疗保险和医疗救助的目标是一致的,都致力于确保农村老年人拥有医疗保障的权利,提供农村老年人的健康状况,但是两者的侧重点又存在差别。城乡居民基本医疗保险取代原来的新型农村合作医疗,成为农村医疗保障制度的主体和核心,有助于缓解医疗救助体系的压力;医疗救助是城乡居民基本医疗保险制度的有益补充,可以弥补城乡居民基本医疗保险对贫困人口补助不足的缺陷。两者相互支持,形成双层健康保障网络,使农村老年人的医疗需求得到充分的保障。

为体现两种制度的合力,提高部门协作效率,需要加强卫生部门与民政部门之间的协调,做好城乡居民基本医疗保险与农村医疗救助制度在政策、技术、服务管理和费用结算等方面的有效衔接。一是在县级层面探索建立城乡居民基本医疗保险与农村医疗救助的统一服务平台,使贫困参合农民能够方便、快捷地获得城乡居民基本医疗保险补偿和医疗救助补助资金;二是有条件的地区,应实现两项制度的管理信息共享,简化报销程序,积极推行贫困农民就医后在医疗机构当场结算城乡居民基本医疗保险补偿和医疗救助补助资金的"一站式"服务。

(二) 充分发挥商业医疗保险的补充作用

商业医疗保险在满足农村老年人多层次医疗服务需求方面具有更加灵活的特性,能针对农村老年居民不同的疾病风险提供多样化的保障项目,是城乡居民基本医疗保险和农村医疗救助制度的有益补充,是建设农村多层次医疗保障体系不可缺少的重要组成部分。但是,由于农村经济相对落后,农村老年人保险意识薄弱,在接纳商业医疗保险方面存在一定的障碍。因此，为丰富农村多层次医疗保障体系，一方面需要积极促进商业医疗保险拓展农村市场；另一方面需要鼓励商业医疗保险与城乡居民基本医疗保险制度进行衔接，卫生部 2006 年发布的 13 号文件就已经提出要支持保险公司参与新型农村合作医疗业务服务的试点工作，在各地的探索实践中也涌现出商业保险参与新农合的成功典范。但也出现了一些问题，诸如商业化运作缺乏法律保障、保险公司参与新型农村合作医疗的管理费用得不到补偿等，需要引起关注与反思。现在，随着新型农村合作医疗制度向城乡居民基本医疗保险制度转型，商业医疗保险应把握机会，顺应社会发展，做好相应的衔接工作：第一，建立健全商业医疗保险参与城乡居民基本医疗保险制度建设的法律法规，建立商业医疗保险参与城乡居民基本医疗保险制度建设的准入、运行、退出的长效考评机制，明确相应的权利和义务。第二，商业医疗保险参与城乡居民基本医疗保险制度建设，应采用商业医疗保险公司承担业务的基金管理型模式，按照市场机制运行，商业医疗保险公司只负责具体的特定业务，而不承担政府财政部门管理基金的损益风险。政府卫生部门负责制定和改进医疗诊断和治疗制度，加强对服务机构的监督，"征、监、管"三方责任明确，这样才有利于提高基金的效率与安全。第三，为确保制度的可持续性发展，政府应通过财政拨款来降低商业医疗保险公司的管理成本。因为在现阶段商业医疗保险公司参与城乡居民基本医疗保险制度建设遵循的是非盈利原则，承担了政府的部分管理职能，降低了政府的管理成本，但商业医疗保险公司作为企业，以赚取利润为目标，为激发其参与城乡居民基本医疗保险制度建设的积极性，商业医疗保险公司履行职能所必需的办公、审核、理赔费用等应由政府合理负担。第四，商业医疗保险参与城乡居民基本医疗保险制度建设应根据实际情况分区域进行，先在经济发达的东部地区开展，通过项目试点，逐步总结经验和教训，不断地完善运营模式之后再将其推行到其他地区。

二 加大对农村医疗保障的资金投入

美国卫生经济学家福克斯认为，要实施普遍性的医疗保障，政府就需要对于低收入群体予以补贴，强制有能力支付但是不愿意参加的群体参与医疗保障，两项措施缺一不可，如果不进行补贴，强制对于穷人来说则更像是"一个残酷的恶作剧"。如果既不采取补贴也不采取强制措施，任何国家都不能实现普遍性的保险。而且，老年人群是疾病多发人群，一般情况下，60岁及以上年龄组的医疗费用是60岁及以下年龄组医疗费用的3—5倍，同时由于劳动能力的丧失，老年人也是容易出现贫困的群体。因此，中央和地方各级财政应加大对农村医疗保障的资金投入，想方设法提高筹资能力。鉴于中西部地区的财政负担能力薄弱，需要中央财政加强宏观调控，通过转移支付协调资源配置，为中西部地区提供更多的经济支持。同时充分发挥社会各界的力量，引导社会资金支持城乡居民基本医疗保险和农村医疗救助。

三 完善城乡居民基本医疗保险制度

首先，为保证城乡居民基本医疗保险制度的稳定性和可持续性，城乡居民基本医疗保险制度应逐步从自愿性转为强制性，使其具有社会保险的性质。私人医疗制度区别于社会医疗保险的一个重要特征就是自愿性原则。虽然城乡居民基本医疗保险制度有政府引导和财政支持，但尚未受到法律强制性的保护，还不是一个完全意义上的社会医疗保险。城乡居民基本医疗保险制度的自愿、互助和合作的性质决定了城乡居民基本医疗保险制度本身存在不可持续的风险。为了保证城乡居民基本医疗保险的主体性，实施方式上的适度强制及坚持其社会保险性质是十分必要的。我国现在已经开始由税务机关来接管社保费的征收职责，因此，社会保障的强制力度将逐步增大，根据我国经济和社会的客观情况，完善城乡居民基本医疗保险制度的社会保险属性将是未来大势所趋。

其次，在大病统筹为主的基础上，城乡居民基本医疗保险制度应更加重视门诊服务，提倡预防为主。随着社会"大卫生、大健康"事业的发展，人们的健康理念将发生改变，以前那种"轻预防、重医疗"的资源配置方式也将进行变革。贯彻"预防为主"的保健理念，可以有效地防止老年人将小病拖成大病，节省医疗费用，提高生活质量。老年人发病率高的常见病、慢性病和多发病逐渐纳入城乡居民基本医疗保险制度范围，在有限的筹资水平基础上提高补偿率，提高农村老年人的公共卫生服务可及性和利用率。另外，考虑到许多老年人出院后仍需要进行康复治疗，康复费用应逐步纳入城乡居民基本医疗保险的范围。

最后，应尽快完善城乡居民基本医疗保险管理主体的组织结构和人员配备。在实施政府管理和运作的同时，应积极探索多种运作模式。德国、韩国和其他国家的非政府组织管理的实践经验可供参考和借鉴。结合我国的实际情况，通过实践甄选最适合的运行方式来加以推广。同时，中央和省级政府应当为城乡居民基本医疗保险制度的管理提供补贴，以减轻欠发达地区基层政府的财政负担。

第六节　发挥非正式养老保障的作用

老年人的社会保障体系正在逐步建设和完善中，而中国传统养老模式中的非正式制度也不容忽视，应该在新时代将其继承和发扬。非正式制度主要是指家庭成员和老人亲属的支持，还包括社区服务、邻里互助、慈善机构和非政府组织等提供的服务。它主要受风俗习惯和社会道德的影响，而不是法律的约束，因此具有不稳定的特点。随着经济和社会变迁的发展，非正式制度的影响力逐渐减弱。但是也有一些研究指出，非正式制度能够形成影响力久远的文化氛围，从而产生内化作用，使人们自觉遵循文化习俗，所以，政府应该重视非正式制度的作用，建立强化非正式制度的政策和机制。

一 强化家庭养老保障的基础作用

一个完整的"老有所养"的概念应包括三个部分：经济支持、生活保健和精神慰藉。只有家庭参与才能真正改善和提高老年人的生活质量。早在21世纪初，国际老龄联合会就提出"21世纪养老将彻底摆脱功利色彩，走向情感联络和心理依托"。在家庭之外建立的正式社会保护制度不能取代家庭的职能和责任。无论在传统社会还是现代社会，作为人类社会最基本的社会组织，家庭是所有国家社会成员最重要的福利资源。联合国认为，以中国为代表的亚洲家庭养老模式是全世界的榜样。在20世纪70年代遭受"福利病"冲击之后，西方国家重新关注家庭，并再度强调了家庭养老保障功能的回归。

家庭养老模式在中国农村地区普遍存在，是一种基于血缘关系并由家庭成员承担责任的养老模式。它是几千年来社会、思想、经济、群体、环境、民族等因素融合的产物。它具有血缘道义、道德文化和长期稳定的特点。基于社会现实，我国不可能在短时间内建立覆盖全民的社会养老保险制度。家庭养老保障不仅在过去，而且在现在甚至将来都会在中国农村养老保险体系中发挥重要作用。中国正在经历巨大的社会变革，家庭养老的观念逐渐淡薄，这种情况需要引起重视并加以改变。政府和社会需要充分挖掘传统文化的特色，发扬传统文化的优势，继续保持和发挥家庭养老保障的作用。

(一) 规范家庭养老制度

要想实现家庭养老从单纯的伦理道德型向法制规范型转变,就必须加强家庭养老的制度建设。新加坡就是在这方面取得良好成效的典范。1994年新加坡制定了《赡养父母法》,规定凡拒绝抚养父母的人将被处以罚款或判刑。我国现行的宪法、刑法、民法、婚姻法、老年人权益保障法等法律法规都对子女赡养父母的义务做了原则性规定。目前,应配合相关法律法规制定可操作性强的实施细则,比如对子女承担具体责任的界定,不仅要强调物质赡养,还要强调精神慰藉,要明确未尽赡养义务的具体处罚措施,提倡男女平等,鼓励女儿参与养老,开发新的家庭养老资源。近年来,一些地方实施了家庭签订赡养协议,对巩固家庭养老金地位有很好的效果,保障了老年人的权益,实现了"老有所养,老有所依",值得在全国范围内推广。

(二) 制定家庭养老的激励政策

为保护和扶持家庭的赡养功能,国家可以向有老年人的家庭提供财政补贴。这种措施在国外得到了普遍采用,例如,在挪威,几代人共同生活的大家庭可以获得政府特殊津贴;在日本,政府为那些与父母一起生活和赡养父母的人提供税收优惠或住房补贴;在新加坡,为了鼓励儿童与老年人一起生活,政府推出了一系列补贴计划,为需要赡养老人的低收入家庭提供养老支持和医疗津贴,帮助他们减轻家庭负担,增强赡养老人的积极性。我国也可以借鉴这些国家所积累的经验,为赡养老人的农村低收入家庭提供经济补贴,对高收入家庭给予税收优惠或减免,特别是独生子女的老人家庭更应增加补贴。

(三) 弘扬传统孝道

我国的"孝"文化源远流长,影响广泛,形成了良好的社会氛围。应该在广大农村地区大力开展家庭养老的宣传与教育，让村民认识到赡养老人是自己的责任和义务。拒绝赡养老人是不道德的行为，会受到法律的惩处。作为人类社会特殊的软约束机制，道德约束需要借助社会舆论的力量才能发挥作用。因此，要加强对优秀传统道德文化的宣传，树立孝敬父母的典型，营造尊老、敬老、养老、助老的社会氛围，揭露和谴责遗弃老人、虐待老人的行为。同时，建立健全法律援助网络，为老年人提供相关法律咨询服务，解答老年人的问题与疑惑，切实维护老年人的合法权益。

（四）树立家庭养老保障新观念

在自给自足的小农经济时代，传统的家庭养老保障能够在一定程度上满足老年人的养老需求。进入工业化和城市化阶段后，随着社会保障的发展，养老保障的形式呈现多元化趋势。但家庭养老依然是不可取代的养老模式，只是家庭保障不再局限于传统的形式，而是以一种适应现代社会的方式存在并发挥重要作用。相比于传统家庭养老模式，现代家庭养老在养老资金来源、老年人居住方式及生活服务形式等方面都产生了很大变化，从原来的子女供养转变为养老金供养，从几代人共同生活转变为成立核心家庭的分居，从子女亲自照料转变为购买社会服务来照顾老人，子女的压力大大减轻，主要是提供心灵和情感上的慰藉。毋庸讳言，子女同住是老年人一种理想的家庭养老方式，可以将供养、生活照料和精神慰藉融为一体。但在现代社会，家庭的核心化使子女对父母已经很难做到"侍奉不离"，更多的是独立居住，分开生活。所以，"分而不离"成为现代社会日趋流行的家庭养老方式，即父母与子女虽然分开居住，但保持频繁接触，同时子女为父母提供必要的支持和帮助。由此可见，现代社会判断养老的责任不能再以传统的子女亲自供养和照顾为依据，而应以"养老支持"的提供者为依据。如果家庭成员是为老年人提供养老支持的主体，无论支持的形式是经济支持、劳务支持，还是情感支持、心理支持，也不管是共居养老，还是分居养老，都可以认为是承担家庭养老的责任。只不过此时家庭已从养老职能的执行者变为养老责任的承担者。

总之，现代家庭养老方式越来越多元化，人们可以根据自身条件灵活选择适当的赡养方式。在发达国家，老年人通常更喜欢独立生活，子女也因其事业而与父母分开，但这并不影响代际间的联系和支持。研究表明，50%的老年人有一个子女生活在离他们很近的地方，80%的老年人能够经常与子女会面，或者通过电话相互联系。当老年人需要帮助时，绝大多数老年人的子女能够及时来到身边，或者愿意投入时间和精力去照顾父母。所以，情感距离比地理距离更重要，即使双方空间上存在距离，但大多数父母感觉与子女的关系比较亲密。

二 开拓多渠道的养老方式

完善养老服务体系还应该注重社区服务、邻里互助、慈善机构或非政府组织等机构的补充作用。除了家庭，社区是人们彼此之间最密切互动的地方。特别是对于农村居民来说，社区是集血缘、亲缘、地缘与业缘于一体的村落，人们获得社区对老年人的养老支持相对容易。社区养老以社区为载体，以农村基层组织为主导力量，充分发挥政府、社区、家庭和个人多方面的力量，汇集社区的财力、物力和个人资源，全面支持老年人安老、养老，老人可以按照自己的意愿继续待在家里，在熟悉的环境中安享晚年。在市场经济体制下，社区养老也符合建立有限政府的要求。目前，中国政府正从全能型向有限型、有效型转变，依托社区养老，建立健全农村养老保障制度，也符合政府职能的转变。

（一）大力发展农村社区老龄服务产业

大力发展农村社区老龄服务产业可采取的措施包括：①开办"日托所"、兴办集体养老院等，以村为单位为老人的日常生活、医疗保健、精神慰藉提供服务，让社区服务走进家庭，推广居家养老，减轻子女负担，实现传统家庭养老方式与现代社会养老方式的结合。民政部门将在全国社区普及老年人日间照料中心，并开展专业护理员的培训工作。②在农村地区建立老年活动中心、修建老年活动室、开办老年人俱乐部和老年大学等社会养老文化服务设施，为老年人提供活动与交流场所，增进老年人之间的感情交往，丰富晚年生活，做到老有所乐、老有所好和老有所助。③根据各地实际情况，为老年人提供不同层次的服务。条件差的地区以满足老年人的基本生活需求为重点，主要做好生活照料、医疗保健等服务，条件好的地区在满足基本生活需要之后，以满足老年人的精神生活为重点，主要提供丰富多彩的社区文化服务。

（二）发展农村养老合作服务

在大力发展村级集体经济的基础上，建立村级或乡级老龄事业的专项基金，用于养老补贴、老年福利设施建设以及特困老年人的救助等。如萧山农村建立了村级老年人生活补贴制度，2005年年底全区共有387个村（占村总数的71.39%）、57780名老年人（占全区老年人总数的34.86%）得到补贴，年补贴总数近2000万元，人均近350元，极大地改善了老年人的物质生活和精神面貌。

（三）鼓励民间团体提供老年服务

社会慈善机构、非政府组织、社区志愿者等民间团体和组织往往比政府机构提供的养老服务具有更好的灵活性、应急性和适应性，应鼓励他们积极地投入老龄事业服务之中，为老年人提供资金和物质方面的帮助，发挥其对制度化养老保障的补充作用。

第六章 结论及展望

本书综合运用管理学、社会学、统计学、人口学等学科知识，以福利经济学理论、马斯洛需求层次理论、政府职能理论、公平效率理论等为基础，在城乡统筹发展、城乡公共服务均等化、社会主要矛盾转变、乡村振兴等重大战略思想指导下，综合运用文献研究法、社会调查法、案例分析方法、数理统计法等研究方法，围绕"乡村振兴战略下中国农村老年人社会保障制度的完善"这一核心议题展开研究，得出了如下主要结论和研究展望。

一 研究结论

依据本书研究内容，主要结论包括：

第一，我国老年人社会保障状况不断完善。我国党与政府历来重视老年人权利的保护，自新中国成立以来，出台了一系列老年人权利保护的政策与法规，确保了老年人社会保障状况的改善，老年人社会福利制度的建设取得了重大进展和显著成就。

第二，我国老年人社会保障状况仍存在许多有待完善之处。虽然我国老年人社会保障体系的建设取得了巨大的成就，但由于社会经济的发展状况、财政支出规模和结构等客观条件的限制，老年人社会保障状况仍存在许多有待完善之处。主要表现在尚未建立全面覆盖老年人的社会福利、福利内容中的补贴和福利项目有待增加、补贴标准和财政支出相对较低、需要整合老年人社会福利的管理功能等方面。这种状况的改善需要政府引导社会、家庭等各方主体做出努力,且经过一定时间才能达到老年人社会保障目标。

第三,城乡老年人养老保障方面存在差距,农村老年人社会保障体系亟待加强建设。由于城乡二元机制的历史因素影响,农村资源配置相对落后,这也导致农村老年人社会保障体系存在不足。无论是养老保障还是卫生保健服务,农村老年人能够享受到的社会福利均与城市老年人之间存在较大差距。需要通过加强社会保障的建设,让农村老年人能"老有所养、老有所依、老有所乐、老有所安"。

第四,农村老年人社会保障体系的完善只有通过乡村振兴才能完成。乡村振兴作为一个系统、复杂的工程,不可能一蹴而就,需要分阶段推进,需要与我国经济社会发展的阶段目标保持一致。中国农村老年人社会保障制度建设同样如此,需要构建好乡村振兴战略下中国农村老年人社会保障制度评价体系,并将各项指标的水平与乡村振兴进程保持同步提升。

二 研究展望

本书对中国乡村振兴背景下农村老年人社会保障制度及其完善进行了一定深度的探讨,得出了一些有价值的结论,也提出了相应完善建议。然而,该课题涉及多方面的内容,加上水平局限,本书不可能穷尽所有研究内容,因而尚有以下问题需要在未来的工作中深入探究。

第一,本书构建的乡村振兴战略下中国农村老年人社会保障制度评价体系,尽管得到了多位专家的认可,但其合理性和科学性还有待实践检验,且与乡村振兴战略推进阶段保持一致的相应指标水平,也存在比较多的主观成分。

第二,对于不同地区、不同层次、不同类型、不同标准的农村老年人，其社会保障的实际需求存在差异，本书没有进行深入探讨，这可能会导致相关的对策建议略显笼统。

第三，有关农村老年人社会保障的研究，既要探讨制度及政策所产生的宏观效应，也要探讨制度中所涉及的相关主体行为所产生的微观效应，但本书对农村老年人社会保障宏观效应的探讨仍有待进一步深入。

参考文献

1. Aaron, Henry J., "The Social Insurance Paradox", *Canadian Journal of Economics*, Vol. 32, 1966.

2. Barron, Robert J., and Glenn M. MacDonald, "Social Security and Consumer Spending in an International Cross Section", *Journal of Public Economics*, Vol. 11, No. 3, 1979.

3. Blau, David M., "Labor Force Dynamics of Older Men", *Econometrica*, Vol. 62, No. 1, 1994.

4. Chantal Euzeby, "No-contributory Old-age Pensions: A Possible Solution in the OECD Countries", *International Labor Review*, Vol. 128, No. 1, 1989.

5. Baozhen Dai, "The Old Age Health Security in Rural China: Where to Go?" *International Journal for Equity in Health*, Vol. 14, No. 1, 2015.

6. Christina Behrendt, "Privation Pentiona Viable Alternative? Their Distributive Effects in a Comparative Perspective", *International Social Security Review*, Vol. 53, No. 3, 2000.

7. Danziger, Sheldon, Robert Haveman, and Robert Plotnick, "How Income Transfer Programs Affect Work, Savings, and the Income Distribution: A Critical Review", *Journal of Economic Literature*, Vol. 19, No. 3, 1981.

8. Diamond, Peter and James A. Mirrlees, "A Model of Social Insurance with Variable Retirement", *Journal of Public Economics*, Vol. 10, No. 3, 1978.

9. Diamond, Peter, "A Framework for Social Security Analysis", *Journal of Public Economics*, Vol. 8, No. 3, 1997.

10. Feldstein, Martin, "Social Security, Induced Retirement, and Aggregate Capital Accumulation", *Journal of Political Economy*, Vol. 82, No. 5, 1974.

11. Feldstein, Martin, "The Optimal Level of Social Security Benefits", *Quarterly Journal of Political Economics*, Vol. 10, No. 2, 1985.

12. Giancarlo Marini and Pasquale Scaramozzino, "Social Security and Interregnal Equity", *Journal of Economics*, Vol. 70, No. 1, 1999.

13. Josef Zweimuller, Berkeley and Linz, "Miscellany Partial Retirement and the Earnings Test", *Journal of Economics*, Vol. 57, No. 3, 1993.

14. Kotlikoff, Laurence J., Avia Spivak, "The Family as an Incomplete Annuities Market", *Journal of Political Economy*, Vol. 89, No. 2, 1981.

15. Kotlikoff, Laurence J., J. Gokhalg, "Estimating a Firm's Age-productivity Profile Using the Present Value of Worker's Earning", *Quarterly Journal of Economics*, Vol. 107, No. 4, 1992.

16. Lucas, Robert E., "On the Mechanics of Economic Development", *Journal of Monetary Economics*, Vol. 22, No. 1, 1988.

17. Olivia S. Mitchell, James F. Moor, "Can Americans Afford to Retire? New Evidence on Retirement Saving Adequacy", *The Journal of Risk and Insurance*, Vol. 65, No. 3, 1998.

18. Peter Saunders, Xiao Yuanshang, "Social Security Reform in China's Transition to a Market Economy", *Social Policy & Administration*,

Vol. 35, No. 3, 2001.

19. Philip Taylor, "Older Workers, Employer Behaviour and Public Policy", *The Geneva Papers on Risk and Insurance*, Vol. 28, No. 4, 2003.

20. Richard Freeman, "Competition on Context: The Politics of Health Care Reform in Europe", *International Journal for Quality in Health Care*, Vol. 10, No. 5, 1998.

21. Rosen, H., "What is Labor Supply and How do Taxes Affect it?" *American Economic Review*, Vol. 70, No. 2, 1980.

22. Stephen Rubb, "Social Security Earnings Test Penalty and the Employment Rates of Elderly Men Aged 65 to 69", *Eastern Journal*, Vol. 29, No. 3, 2003.

23. Stephen Taylor, "Occupational Pensions and Employee Retention", *Employee Relations*, Vol. 22, No. 3, 2000.

24. Tomio Higuchi, "Pensions in Japanese Rural Sector", *International Labor Review*, Vol. 16, No. 3, 1977.

25. Tomes, N., "The Family, Inheritance, and the Intergeneratioual Transmission of Inequality", *Journal of Political Economy*, Vol. 89, No. 5, 1981.

26. Samuelson, P. A., "An Exact Consumption – loan Model of Interest with or without the Social Contrivance of Money", *Journal of Public Economics*, Vol. 66, No. 7, 1958.

27. Richard A. Ippolito, "Toward Explaining Earlier Retirement after 1970", *Industrial & Labor Relations Review*, Vol. 43, No. 5, 1990.

28. Martin Feldstein, "Social Security Induced Retirement and Aggregate Capital", *Formation Journal of Political Economy*, Vol. 82, No. 9, 1974.

29. Interorganizatinal Committee on Guidelines and Phnciples, "Guidelines and Principles for Social Impact Assessment", *Impact Assessment*, Vol. 12, No. 2, 1994.

30. 安格斯·麦迪森：《世界经济千年史》，北京大学出版社 2003 年版。

31. 阿尔弗雷·索维：《人口通论》，商务印书馆 1983 年版。

32. 布坎南：《自由、市场与国家》，北京经济学院出版社 1988 年版。

33. 安东尼·吉登斯：《第三条道路》，北京大学出版社 2000 年版。

34. 安增龙：《中国农村社会养老保险制度研究》，中国农业出版社 2006 年版。

35. 蔡昉、孟昕：《人口转变、体制转轨与养老保障模式的可持续性比较》，中信出版社 2004 年版。

36. 弗里德曼：《资本主义与自由》，商务印书馆 1986 年版。

37. 查尔斯·沃尔夫：《市场或政府》，中国发展出版社 1994 年版。

38. 陈洁、张亮：《老年医保所面临的挑战》，《市场周刊·财经论坛》2003 年第 12 期。

39. 陈锡文、韩俊：《中国农村公共财政制度理论、政策、实证研究》，中国发展出版社 2005 年版。

40. 慈勤英：《关于基本养老保险统筹"条块之争"的思考》，《湖北大学学报》（哲学社会科学版）2000 年第 5 期。

41. 邓大松、杨红燕：《人口老龄化与农村老年医疗保障制度》，《公共管理学报》2005 年第 2 期。

42. 卫松：《国际社会保障制度改革及其对中国的启示》，《改革与战略》2015 年第 7 期。

43. 陈佳贵：《中国社会保障发展报告（1997—2001）》，社会科学文献出版社 2001 年版。

44. 弗里德曼：《自由选择：个人声明》，商务印书馆 1982 年版。

45. 高广颖：《不同年龄城镇职工医改前后医疗需求行为的研究》，《卫生经济研究》2002 年第 3 期。

46. 高书生：《社会保障改革何去何从》，中国人民大学出版社 2006 年版。

47. 桂世勋：《中国老年人的健康状况及医疗保险改革新思路》，《华东师范大学学报》（哲学社会科学版）1995 年第 2 期。

48. 郭琳：《我国养老保障体系变迁中的企业年金制度研究》，博士学位论文，首都经济贸易大学，2006 年。

49. 郭士征：《社会保障研究》，上海财经出版社 2005 年版。

50. 何大昌：《公平与效率均衡及路径分析》，博士学位论文，南京师范大学，2002 年。

51. 何平：《中国养老保险基金测算报告》，《社会保障制度》2001 年第 3 期。

52. 何樟勇、袁志刚：《基于经济动态效率考察的养老保险筹资模式研究》，《世界经济》2004 年第 5 期。

53. 和春雷、陈小芹：《城镇养老保险制度创新的绩效、问题与再改革的路径》，《经济学动态》2001 年第 10 期。

54. 华迎放：《农民工社会保障模式选择》，《中国劳动》2005 年第 5 期。

55. 江春泽、李南雄：《中国养老保险省级统筹以后的矛盾分析与对策研究》，《改革》2000 年第 1 期。

56. 姜向群：《老年社会保障制度》，中国人民大学出版社 2005 年版。

57. 姜作培：《公平与效率关系简论》，《广西党校学报》1988 年第

3 期。

58. 解亚红：《西方国家医疗卫生改革的五大趋势——以英国、美国和德国为例》，《学术论坛》2006 年第 5 期。

59. 郑秉文：《社会保障体制改革攻坚》，中国水利水电出版社 2005 年版。

60. 凯恩斯：《就业、利息和货币通论》，商务印书馆 1977 年版。

61. 李春玲：《断裂与碎片：当代中国社会阶层分化实证分析》，社会科学文献出版社 2005 年版。

62. 李嘉图：《政治经济学及赋税原理》，商务印书馆 1962 年版。

63. 李连友：《论利益分化对我国养老保险制度变迁的影响》，《财经理论与实践》2000 年第 1 期。

64. 李绍光：《当前社会保障改革的两个体制性问题》，《经济社会体制比较》2006 年第 3 期。

65. 李一平：《失地农民基本生活保障制度：浙江的证据》，《改革》2005 年第 5 期。

66. 李迎生：《从分化到整合：二元社会保障体系的起源、改革与前瞻》，《教学与研究》2002 年第 8 期。

67. 林义：《农村社会保障的国际比较及启示研究》，中国劳动社会保障出版社 2006 年版。

68. 林毓铭：《中国社会保障制度可持续发展的分析与评估》，博士学位论文，武汉大学，2004 年。

69. 林治芬：《中国养老社会保险最终目标与现实路径选择》，《当代财经》2003 年第 12 期。

70. 刘翠霄：《中国农民社会保障制度研究》，法律出版社 2006 年版。

71. 刘钧：《社会保险缴费水平的确定：理论与实证分析》，《财经研究》2004 年第 2 期。

72. 刘苓玲：《我国可替代社会保障项目的保障水平研究》，《理论与改革》2005 年第 5 期。

73. 刘苓玲：《我国农民工社会保障的现状与思考——基于北京市建筑行业农民工的调查与研究》，《宏观经济管理》2007 年第 2 期。

74. 刘书鹤、刘广新：《农村老年保障体系的理论与实践》，中国社会科学出版社 2005 年版。

75. 刘岁丰、赛在金、贺达仁：《我国老龄化与老年医疗保障》，《医学与哲学》2006 年第 1 期。

76. 刘燕生：《社会保障的起源、发展和道路选择》，法律出版社 2001 年版。

77. 刘子兰：《中国农村养老社会保险制度反思与重构》，《管理世界》2003 年第 8 期。

78. 柳清瑞：《中国养老金替代率适度水平研究》，辽宁大学出版社 2004 年版。

79. 柳玉芝、张纯元：《高龄老人的经济和医疗保障现状、问题与对策思考》，《人口与经济》2003 年第 1 期。

80. 吕学静：《各国社会保障制度》，经济管理出版社 2001 年版。

81. 罗尔斯：《正义论》，中国社会科学出版社 1998 年版。

82. 马尔萨斯：《人口原理》，商务印书馆 1992 年版。

83. 马克·赫特尔：《变动中的家庭——跨文化的透视》，浙江人民出版社 1988 年版。

84. 汤水清：《论新中国城乡二元社会制度的形成——从粮食计划供应制度的视角》，《江西社会科学》2006 年第 8 期。

85. 庹国柱、王国军：《中国农业保险与农村社会保障制度研究》，首都经济贸易大学出版社 2002 年版。

86. 汪行福：《分配正义与社会保障》，上海财经大学出版社 2003 年版。

87. 张健、陈一绮：《家庭与社会保障》，社会科学文献出版社 2000 年版。

88. 张乐天：《告别理想——人民公社制度研究》，东方出版中心 1998 年版。

89. 张奇林：《美国医疗保障制度研究》，人民出版社 2005 年版。

90. 张琪：《中国医疗保障理论、制度与运行》，中国劳动社会保障出版社 2003 年版。

91. 郑功成、黄黎若莲：《中国农民工问题：理论判断与政策思路》，《中国人民大学学报》2006 年第 6 期。

92. 郑功成：《加入 WTO 与中国的社会保障改革》，《管理世界》2002 年第 4 期。

93. 郑功成：《中国社会保障制度变迁与评估》，中国人民大学出版社 2002 年版。

94. 张艳：《我国农村老年保障制度变迁研究》，博士学位论文，西北农林科技大学，2012 年。

95. 郑功成：《中国养老保险制度的未来发展》，《劳动保障通讯》2003 年第 3 期。

96. 钟仁耀：《养老保险改革国际比较》，上海财经大学出版社 2004 年版。

97. 周绿林、李绍华：《医疗保险学》，科学出版社 2006 年版。

98. 大须贺明：《生存权论》，林浩译，法律出版社 2001 年版。

99. 罗斯科·庞德：《法理学》（第三卷），廖德宇译，法律出版社 2007 年版。

100. 黑格尔：《法哲学原理》，张企泰、范扬译，商务印书馆 1982 年版。

101. 约翰·罗尔斯：《正义论》（修订本），何怀宏等译，中国社会科学出版社 2009 年版。

102. 史探径：《社会保障法研究》，法律出版社 2000 年版。

103. 王思斌：《社会学教程》（第三版），北京大学出版社 2010 年版。

104. 龚向和：《论社会权的经济发展价值》，《中国法学》2013 年第 5 期。

105. 郑贤君：《非国家行为体与社会权——兼议社会基本权的国家保护义务》，《浙江学刊》2009 年第 1 期。

106. 陈跃、占伟：《非政府组织在和谐社会治理中的角色与功能探索》，《行政论坛》2013 年第 1 期。

107. 钟会兵：《论社会保障权实现中的国家义务》，《学术论坛》2009 年第 10 期。

108. 刘耀辉：《国家义务的可诉性》，《法学论坛》2010 年第 5 期。

109. 汪进元：《基本权利限制的合宪性基准》，《政法论丛》2010 年第 4 期。

110. 龚向和：《以人权促进发展：工具性人权论》，《河北法学》2011 年第 5 期。

111. 郭道晖：《人权的国家保障义务》，《河北法学》2009 年第 8 期。

112. 夏正林：《社会权规范研究》，博士学位论文，中国人民大学，2006 年。

113. 徐永峰：《社会保障权研究》，博士学位论文，吉林大学，2013 年。

114. 刘合光：《乡村振兴战略的关键点、发展路径与风险规避》，《新疆师范大学学报》（哲学社会科学版）2018年第2期。

115. 张强、张怀超、刘占芳：《乡村振兴：从衰落走向复兴的战略选择》，《经济与管理》2018年第1期。

116. 钟钰：《实施乡村振兴战略的科学内涵与实现路径》，《新疆师范大学学报》（哲学社会科学版）2018年第5期。

117. 张京祥、申明锐、赵晨：《乡村复兴：生产主义和后生产主义下的中国乡村转型》，《国际城市规划》2014年第5期。

118. 张尚武、李京生：《保护乡村地区活力是新型城镇化的战略任务》，《城市规划》2014年第11期。

119. 王勇、李广斌：《乡村衰败与复兴之辩》，《规划师》2016年第12期。

120. 郑功成：《中国社会保障改革与发展战略（医疗保障卷）》，人民出版社2011年版。

121. 顾昕：《全民医保的新探索》，社会科学文献出版社2010年版。

122. 杨善发：《中国农村合作医疗制度变迁研究》，南京大学出版社2012年版。

123. 解垩：《城乡卫生医疗服务均等化研究》，经济科学出版社2009年版。

124. 方鹏骞：《中国农村贫困人口社会医疗救助制度研究》，科学出版社2008年版。

125. 赵卫华：《地位与健康》，社会科学文献出版社2012年版。

126. 王虎峰：《医疗保障》，中国人民大学出版社2011年版。

127. 冯占春：《农村公共卫生绩效研究》，科学出版社2011年版。

128. 姚洋、高梦滔：《健康、村庄民主和农村发展》，北京大学出版社 2008 年版。

129. 赵曼、张广科：《新型农村合作医疗保障能力研究》，中国劳动社会保障出版社 2009 年版。

130. 仇雨临、龚文君：《公共服务体系构建与全民医保发展》，《西南民族大学学报》2012 年第 33 期。

131. 李晓玲：《论我国农民医疗保障的选择路径》，《社会保障研究》2012 年第 12 期。

132. 孙志刚：《实施大病保险是减轻人民就医负担的负担》，《医药卫生体制改革》2012 年第 12 期。

133. 陈金甫：《试读健全全民医保体系》，《中国医疗保险》2013 年第 1 期。

134. 张茅：《县域医疗卫生改革发展的探索与实践》，《管理世界》2011 年第 2 期。

135. 孙群：《新型农村合作医疗保障能力提升的对策》，《经济体制改革》2012 年第 1 期。

136. 孙冬悦：《医务人员的工作状况描述及问题分析》，《中国医院》2011 年第 15 期。

137. 陈前：《人民公社制度与农村家庭经济》，《赣南师范学院学报》2006 年第 2 期。

138. 陈为雷：《论家庭关系变动中的农村老年赡养问题》，《华东理工大学学报》（社会科学版）2002 年第 4 期。

139. 陈欣：《税费改革后农村五保工作告急》，《乡镇论坛》2005 年第 1 期。

140. 陈颐：《论新型农村社会保障体系的筹资模式》，《学海》2003 年第 5 期。

141. 陈之楚：《发展中国家社会养老保障制度政策分析》，《天津社会保险》2007 年第 1 期。

142. 崔恒展、张军:《试论农村老年人的自养及农村养老中的政府作为》,《济南大学学报》2004 年第 2 期。

143. 崔伟娜:《人口变迁中的我国西部农村养老模式选择》,硕士学位论文,西北大学,2008 年。

144. 杜鹏、王武林:《论人口老龄化程度城乡差异的转变》,《人口研究》2010 年第 2 期。

145. 段庆林:《中国农村社会保障的制度变迁（1949—1999）》,《宁夏社会科学》2001 年第 1 期。

146. 洪大用、房莉杰、邱晓庆:《困境与出路:后集体时代农村五保供养工作研究》,《中国人民大学学报》2004 年第 1 期。

147. 宋士云:《1956—1983 年集体经济时代农村五保供养制度初探》,《贵州社会科学》2007 年第 9 期。

148. 胡绍雨:《新型农村合作医疗制度的执行评估与完善对策》,《农村经济》2009 年第 10 期。

149. 李朝峰、胡兵、赵海强:《我国农村健康保障制度的回顾与发展》,《中国初级卫生保健》2006 年第 1 期。

150. 李芳、张英洪:《当代中国农民的健康权》,《青海社会科学》2006 年第 5 期。

151. 宋士云:《新中国农村五保供养制度的变迁》,《当代中国史研究》2007 年第 1 期。

152. 李辉:《论建立现代养老体系与弘扬传统养老文化》,《人口学刊》2001 年第 1 期。

153. 穆念河、高登义:《农村健康保障制度筹资机制构想》,《中国农村卫生事业管理》2003 年第 7 期。

154. 聂众:《欠发达民族地区农村劳动力外流对家庭养老意愿影响

的分析》,《贵州民族研究》2008 年第 1 期。

155. 宋斌文:《农村劳动力转移对农村老龄化的影响及其对策建议》,《公共管理学报》2004 年第 5 期。

156. 宋金文:《日本农村社会保障——养老的社会学研究》,中国社会科学出版社 2007 年版。

157. 宋璐、李树茁:《劳动力迁移对中国农村家庭养老分工的影响》,《西安交通大学学报》2008 年第 5 期。

158. 宋士云:《中国农村社会保障制度结构与变迁（1949—2002）》,人民出版社 2006 年版。

159. 宋晓梧:《中国社会保障体制改革与发展报告》,中国人民大学出版社 2001 年版。

160. 王国军:《中国农村社会保障制度的变迁》,《浙江社会科学》2004 年第 1 期。

161. 吴小武:《中国农村社会救助及最低生活保障制度研究》,硕士学位论文,武汉大学,2004 年。

162. 吴晓林、彭忠益:《农村"五保"养老问题的研究综述》,《市场与人口分析》2007 年第 2 期。

163. 吴志澄:《论新型农村合作医疗监督机制创新》,《中共福建省委党校学报》2009 年第 12 期。

164. 杨复兴:《中国农村家庭养老保障的历史分期及前景探析》,《经济问题探索》2007 年第 9 期。

165. 袁俊:《中国人口老龄化的空间差异及其影响因素分析》,《中国人口科学》2007 年第 3 期。

166. 张艳:《我国农民的职业分化与养老保障的路径选择——基于年龄分层视角的分析》,《华中农业大学学报》（社会科学版）2009 年第 6 期。

167. 穆光宗、张团:《我国人口老龄化的发展趋势及其战略应对》,《华中师范大学学报》(人文社会科学版) 2011 年第 5 期。

168. 藤海英、董刚、熊林平、马玉琴、马丽:《老龄化趋势下中国城镇老年医疗保障的模式》,《中国老年学杂志》2013 年第 3 期。

169. 陈倩:《英国养老保险制度市场化改革的经验与启示》,《财经科学》2016 年第 7 期。

170. 穆怀中等著:《养老保险统筹层次收入再分配系数研究》,中国劳动社会保障出版社 2013 年版。

171. 徐淑金:《积极老龄化框架下的老年人心理健康》,《辽宁医学院学报》(社会版) 2011 年第 2 期。

172. 吴玉韶、党俊武:《中国老龄事业发展报告 2013》,社会科学文献出版社 2013 年版。

173. 郭爱妹:《多学科视野下的老年社会保障研究》,中山大学出版社 2011 年版。

174. 威廉·G. 盖尔等:《改革中的美国养老金制度——趋势、效果以及改革建议》,北京大学出版社 2013 年版。

175. 杨宜勇、杨亚哲:《从人口结构变化看我国城市居家养老服务体系的发展》,《经济研究参考》2011 年第 58 期。

176. 丁元竹:《关于社会服务的概念及其与公共服务的关系》,《中国民政》2011 年第 5 期。

177. 于兰华:《可持续生计视域中的老年失地农民养老资源供给问题研究》,《生产力研究》2011 年第 9 期。

178. 袁俊、吴殿廷、吴铮争:《我国农村人口老龄化的空间差异及其影响因素分析》,《中国人口科学》2007 年第 3 期。

179. 邓大松、薛惠元:《新型农村养老保险替代率的测算与分析》,

《山西财经大学学报》2010 年第 4 期。

180. 王延中、龙玉其：《改革开放以来中国政府社会保障支出分析》，《财贸经济》2011 年第 1 期。

181. 董理、李卢霞：《借鉴国外经验完善新型农村社会养老保险体系》，《现代经济探讨》2009 年第 11 期。

182. 潘楠、钱国荣：《我国建立城乡养老保险统筹机制问题探讨》，《法制与社会》2008 年第 11 期。

183. 吴湘玲、叶汉雄：《我国基本养老保险的城乡分割及其对策讨论》，《江汉论坛》2005 年第 1 期。

184. 万俊毅、曾丽军、周文良：《乡村振兴与现代农业产业发展的理论与实践探索——"乡村振兴与现代农业产业体系构建"学术研讨会综述》，《中国农村经济》2018 年第 3 期。

185. 徐文芳：《中国农村养老保障制度研究》，博士学位论文，武汉大学，2010 年。

186. 刘欢：《社会保障与农村老年人劳动供给——基于中国健康与养老追踪调查数据的研究》，《劳动经济研究》2017 年第 2 期。

187. 王峥、陈媛媛：《新型城镇化背景下有关农村家庭结构变化的思考——基于老年人社会保障视角》，《农村经济与科技》2016 年第 17 期。

188. 郭细卿、贺东航：《社会保障、社会资本对农村老年人健康的影响——基于 2010 年中国综合社会调查的实证分析》，《中国农村研究》2015 年第 2 期。

189. 丁建、童玉林：《社会支持来源、社会保障与农村老年人养老安全感》，《农林经济管理学报》2014 年第 5 期。

190. 罗冬梅、赵桉、陈仟仟：《农村老年人社会保障现状的解决办法》,《法制与社会》2014 年第 18 期。

191. 陈雄、王熹:《对〈新时期农村社会保障改革研究〉的述评——从国家对农村老年人医疗保障的义务的视角》,《湘潮(下半月)》2012 年第 12 期。

192. 黄祖辉:《准确把握中国乡村振兴战略》,《中国农村经济》2018 年第 4 期。

193. 廖军华:《乡村振兴视域的传统村落保护与开发》,《改革》2018 年第 4 期。

194. 刘彦随:《中国新时代城乡融合与乡村振兴》,《地理学报》2018 年第 4 期。

195. 周立:《乡村振兴战略与中国的百年乡村振兴实践》,《人民论坛·学术前沿》2018 年第 3 期。

196. 姜长云:《实施乡村振兴战略需努力规避几种倾向》,《农业经济问题》2018 年第 1 期。

197. 索晓霞:《乡村振兴战略下的乡土文化价值再认识》,《贵州社会科学》2018 年第 1 期。

198. 王亚华、苏毅清:《乡村振兴——中国农村发展新战略》,《中央社会主义学院学报》2017 年第 6 期。

后 记

中国是一个推崇孝道的国家,每一个家庭都希望"所有老年人都能够老有所养、老有所依、老有所乐、老有所安",这也形成了社会的责任与国家的义务。当社会老龄化越来越严重时,老年人的社会保障体系建设就更具有急迫性。千百年来,农村传统的家庭养老模式已经无法适应当今社会的发展需求,在乡村振兴战略下,达成"产业兴旺、生态宜居、乡风文明、治理有效、生活富裕"的总要求,就必须提高农村老年人的养老服务、卫生健康等各方面的质量。也唯有构建完善的农村老年人社会保障体系,才能让更多的人才留在乡村、建设乡村、振兴乡村。因而,聚焦乡村振兴战略下的农村老年人社会保障体系建设不仅是对广大农民群众权利的尊重,也是实现乡村繁荣、社会和谐,应对老龄化社会的必需举措,具有非常重要的时代意义。

湖南农业大学以"农"为特色,立足乡村,建设农业,关注农民。湖南农业大学公共管理与法学学院拥有公共管理一级学科博士点,社会保障专业是学院重点建设的学科之一。老年人社会保障是农村重要的民生问题,为其发展献计献策是我们责无旁贷的任务。在写作过程中,我们深深感受到神圣的使命感和强烈的责任感,希望能够为农村老年人的幸福生活、为乡村的振兴与繁荣奉献绵薄之力。

全书的完成要感谢湖南农业大学公共管理一级学科博士点建设基金的资助，特别是院长李燕凌教授，他为本书提出了诸多宝贵的建议，为本书的成稿付出良多心血，离开他的大力支持本书也就难以顺利出版。感谢国家社科基金"M-health 导向下农村公共卫生服务供给侧创新研究"（16BGL179）、"基于双层效率评价的农村公共产品与服务供给模式研究"（13CGL084）、"社会主要矛盾转变背景下被征地农民社会保障供给优化研究"（18BGL196）的资助。感谢湖南农业大学李立清教授，她带领社会保障学术团队努力奋斗，辛勤笔耕，按时按质地完成书籍撰写工作。三位作者在她的领导下通力合作，团结互助，多次对文章的结构进行深入细致的探讨，对文章内容进行了全面详细的设计，在写作过程中相互鼓励，常常共同工作到深夜，充分体现了团队的力量。感谢湖南农业大学李晚莲、贺林波、吴松江、王薇、刘远风、刘玮、刘冰等各位教授、老师，他们给予本书许多真知灼见，提升了本书的撰写质量。感谢我的妻子、儿女对我工作的理解，由于忙于写作，减少了陪伴他们的时间，但他们依然毫无怨言地支持我，做好后勤工作，是我坚强的后盾。最后对中国社会科学出版社的大力支持和编辑的热情帮助，在此一并致谢。

于勇

2018 年 8 月